STUDIENKURS RELIGION

Lehrbuchreihe für Studierende der Religions- und Kulturwissenschaft sowie für Lehramtsstudierende

Wissenschaftlich fundiert und in verständlicher Sprache führen die Bände der Reihe in die zentralen Themengebiete, Theorien und Methoden der Religionswissenschaft ein und vermitteln die grundlegenden Studieninhalte. Die konsequente Problemorientierung und die didaktische Aufbereitung der einzelnen Kapitel erleichtern den Zugriff auf die fachlichen Inhalte. Bestens geeignet zur Prüfungsvorbereitung u.a. durch Zusammenfassungen, Wissens-, Diskussions- und Verständnisfragen sowie Schaubilder und thematische Querweise.

Silke Gülker

Religion und Wissenschaft

Onlineversion
Nomos eLibrary

Die Deutsche Nationalbibliothek verzeichnet diese Publikation in der Deutschen Nationalbibliografie; detaillierte bibliografische Daten sind im Internet über http://dnb.d-nb.de abrufbar.

ISBN 978-3-8487-7260-5 (Print)
ISBN 978-3-7489-1270-5 (ePDF)

1. Auflage 2025
© Nomos Verlagsgesellschaft, Baden-Baden 2025. Gesamtverantwortung für Druck und Herstellung bei der Nomos Verlagsgesellschaft mbH & Co. KG. Alle Rechte, auch die des Nachdrucks von Auszügen, der fotomechanischen Wiedergabe und der Übersetzung, vorbehalten. Gedruckt auf alterungsbeständigem Papier.

Vorwort

Das Thema ‚Religion und Wissenschaft' in einem sehr breiten Sinne beschäftigt mich schon viele Jahre, sowohl in meiner empirischen Forschung als auch in der Lehre. Deshalb freue mich über die Gelegenheit, nun in kondensierter Form in Debatten und Gegenstände in diesem Feld einführen zu können und damit hoffentlich viele Leser:innen für eigene Vertiefungen zu interessieren.

Das Buch richtet sich in erster Linie an Studierende, aber auch an alle anderen Personen, die sich aus privatem oder beruflichem Interesse mit dem Thema vertraut machen möchten. Geschrieben ist es aus einer soziologischen Perspektive. Ich habe versucht, die manchmal im Fach übliche abstrakte und fremdwörterlastige Sprache zu verhindern. Für die Stellen, an denen mir das nicht gelungen ist, habe ich zwei alternative Leseempfehlungen: 1) Lesen Sie diese Stellen ganz genau, weil die komplizierte Sprache gute Gründe hat und hier etwas intellektuell Interessantes beschrieben wird. Oder 2) Überlesen Sie diese Stellen zügig, es wird bald wieder besser verständlich.

Ich danke den Studierenden am Institut für Kulturwissenschaften der Universität Leipzig, die in meinen Seminaren zum Thema intensiv mit mir diskutiert und mich mit ihrer Sicht auf die Dinge enorm inspiriert haben. Ebenso danke ich meinen Kollge:innen in Leipzig, wo ich die Arbeit an diesem Buch begonnen habe, wie auch meinen (nun schon nicht mehr ganz) neuen Kolleg:innen an der Katholischen Hochschule für Sozialwesen Berlin (KHSB). Es ist ein großartiges Privileg, in Umgebungen zu arbeiten, in denen nicht nur der Freiraum für die Umsetzung eines solchen Buchprojektes besteht, sondern in der die Arbeit daran auch immer wieder durch kurze oder längere Gespräche so sehr bereichert wird. Danke.

Für wichtige, hilfreiche und konstruktive inhaltliche Kommentare zu einzelnen Kapiteln danke ich Judith Könemann, Andreas Leinhäupl und Thomas Schmidt-Lux. Für Rechercheunterstützung danke ich Maximilian Scharnagl und für sorgfältiges Lektorat und diverse technische Unterstützung Maria Seidel. Den Verantwortlichen des Nomos Verlags, Alexander Hutzel und Fabiola Valeri, danke ich für die angenehme Zusammenarbeit und auch für die Geduld bei verschiedenen Fristverlängerungen. Anne Wessel danke ich für alles.

Inhalt

Vorwort   5

1 Einleitung   11

1.1 Worum es geht, oder: Was auf dem Spiel steht   11
1.2 Begriffliches   13
1.3 Logik und Aufbau des Buches   14
1.4 Eingrenzungen   15

Teil I: Soziologische Perspektiven

Einleitung: Warum die Frühzeit der Soziologie ein wichtiger Ausgangspunkt ist   17

2 Religion und Wissenschaft als Konfliktverhältnis   21

2.1 Einleitung   21
2.2 Debatten in der Frühzeit der Soziologie: Konfliktthese oder Wissenschaftsreligion?   22
    2.2.1 Das ‚Dreistadiengesetz' nach Auguste Comte   25
    2.2.2 Erst wenn Wissenschaft die Religion abgelöst hat, ist der Weg frei für die Revolution: Karl Marx   29
2.3 Die gesellschaftliche Bedeutung der Konfliktthese   32

3 Religion und Wissenschaft als Differenzverhältnis   37

3.1 Einleitung   37
3.2 Debatten in der Frühzeit der Soziologie   38
    3.2.1 Die Sinnperspektiven von Religion und Wissenschaft bei Wilhelm Dilthey und Georg Simmel   40
    3.2.2 Das Spannungsverhältnis zwischen Religion und Wissenschaft als Wertsphären bei Max Weber   43
    3.2.3 Bronislaw Malinowski und der Funktionalismus   46
3.3 Jüngere Debatten   48
    3.3.1 Religion und Wissenschaft in der Systemtheorie   49
    3.3.2 Jay Gould und das „NOMA-Prinzip"   54
3.4 Die gesellschaftliche Bedeutung der Differenzbeschreibung   56

4 Religion und Wissenschaft als epistemische Stile   59

4.1 Einleitung   59
4.2 Debatten in der Frühzeit der Soziologie   60
    4.2.1 Emile Durkheim zur Gleichursprünglichkeit von Religion und Wissenschaft   60
    4.2.2 Wissenschaftliche und religiöse Denkstile bei Ludwik Fleck   65
4.3 Wissen, Konstruktion, Kommunikation: Entwürfe nach dem Zweiten Weltkrieg   69
    4.3.1 Religion und Wissenschaft als Legitimierung: Peter Berger und Thomas Luckmann   70

Inhalt

		4.3.2	Wissenschaftliche und religiöse Sprache: Bruno Latour und Jürgen Habermas	75
	4.4		Die gesellschaftliche Bedeutung der Beschreibung von Wissenschaft und Religion als unterschiedliche epistemische Stile	84

Teil II: Religion und Wissenschaft als Thema der Wissenschaftsgeschichte

Einleitung: Neubewertungen zur ‚Wissenschaftlichen Revolution' — 87

5 Galileo Galilei (1564–1642) — 89

    5.1 Inhaltliche Brisanz der Forschung: Die neue Astronomie — 89
    5.2 Wie Fragen ausgetragen wurden — 92

6 Isaac Newton (1643-1727) — 95

    6.1 Inhaltliche Brisanz der Forschung: Der Ort Gottes in einem mechanistischen Universum — 95
    6.2 Wie Fragen ausgetragen wurden — 97

7 Charles Darwin (1809 – 1882) — 101

    7.1 Inhaltliche Brisanz der Forschung: Die Evolutionstheorie und der Schöpfungsglaube — 101
    7.2 Wie Fragen ausgetragen wurden — 103

Teil III: Aktuelle Debatten

Einleitung: Religion und Wissenschaft in zeitgenössischen Gesellschaften — 107

8 Theologie: Eine Disziplin zwischen Wissenschaft und Religion — 109

    8.1 Einleitung — 109
    8.2 Zur Institutionalisierung des Faches: Wer betreibt Theologie wo auf welcher rechtlichen Grundlage? — 110
    8.3 Das Selbstverständnis des Faches: Was kann Theologie wie leisten? — 115
    8.4 Theologie der Befreiung: Zwischen normativem Selbstverständnis, Wissenschaftlichkeit und Lehramt — 119

9 Geschlecht und geschlechtliche Vielfalt — 125

    9.1 Einleitung — 125
    9.2 Geschlecht als Ordnungskategorie in Organisationen der Religion, Wissenschaft und Gesellschaft — 126
    9.3 Die Kategorie Geschlecht: Konstruktionen im Spannungsfeld von Wissenschaft und Religion — 129
        9.3.1 Wissenschaftliche Erklärungen — 130
        9.3.2 Religiöse Erklärungen — 134

10	**Medizin zwischen Wissenschaft und Religion**	143
	10.1 Einleitung	143
	10.2 Medizin und Religion: Eine historische Skizze	144
	10.3 Religion in der Medizin heute	148
11	**Bioethik: Lebensdefinitionen zwischen Wissenschaft und Religion**	155
	11.1 Einleitung	155
	11.2 Wer „macht" Bioethik?	155
	11.3 Zentrale Kontroverse: Was ist schützenswertes Leben?	159
12	**Verschwörungsdenken**	167
	12.1 Einleitung	167
	12.2 Was macht Verschwörungsdenken aus und welche gesellschaftliche Bedeutung ist damit verbunden?	168
	12.3 Verschwörungsdenken und Wissenschaft	170
	12.4 Verschwörungsdenken und Religion	173
	12.5 Fazit	175
13	**Ausblick**	177
	Literaturverzeichnis	179
	Sachregister	195
	Personenregister	196
	Bereits erschienen in der Reihe STUDIENKURS RELIGION	197

1 Einleitung

1.1 Worum es geht, oder: Was auf dem Spiel steht

In diesem Buch geht es um das Verhältnis zwischen Religion und Wissenschaft – so in etwa wäre wohl der zu erwartende Satz, mit dem dieses Buch starten könnte. Nach kurzem Verweilen bei diesem Satz wird aber schnell deutlich: So eingängig und unauffällig er auch ist, er ist kein guter Start. Vielmehr transportiert er implizit so viele Annahmen und Festlegungen, um deren kritische Einordnung es in diesem Buch ja gerade gehen soll. So unterstellt der Ausdruck ‚das Verhältnis', dass es genau eine richtige Beschreibung dieses Verhältnisses zwischen Wissenschaft und Religion geben würde. Tatsächlich werden wir[1] feststellen, dass es nicht nur historisch ganz unterschiedliche Betrachtungen dieses Verhältnisses gibt, die alle aus ihrer jeweiligen Perspektive nachvollziehbar sind, sondern dass auch heute sehr unterschiedliche Beschreibungen dieses Verhältnisses gleichzeitig bestehen. Wir könnten nun diesem Umstand Rechnung tragen, indem wir den Satz verändern und von *den* Verhältnis*sen* zwischen Wissenschaft und Religion sprechen. Damit kommen wir der Komplexität des Themas schon näher. Tatsächlich unterstellen wir damit aber immer noch mehr Eindeutigkeit, als wir vorfinden werden. Denn die Begriffe ‚Religion' auf der einen und ‚Wissenschaft' auf der anderen Seite sind weder in der akademischen Debatte noch im alltäglichen Sprachgebrauch der Menschen so klar umrissen, wie es dieser Satz vorgibt. Je nach Kontext könnten wir überlegen, ob es besser wäre, von Religiosität und Wissenschaftlichkeit zu sprechen, in anderen Kontexten vielleicht von religiösen und wissenschaftlichen Organisationen, in wieder anderen mag auch die Gegenüberstellung von Religion und Wissenschaft die beste Formulierung sein.

Also, starten wir neu – weniger festlegend: Ziel dieses Buches ist es, ein Verständnis dafür zu entwickeln, wie gesellschaftliche Bereiche des Religiösen und des Wissenschaftlichen zueinander ins Verhältnis gesetzt werden und wurden, und welche Bedeutungen und Zuschreibungen damit jeweils verbunden sind.

Warum ist diese Frage wichtig? Was macht sie – auch über den unmittelbar akademischen Diskurs hinaus – gesellschaftlich relevant? Um sich dies zu vergegenwärtigen, müssen wir die Begriffe und Kategorien zunächst beiseitelassen und fragen, worum es inhaltlich eigentlich geht, was also auf dem Spiel steht, wenn Bereiche des Religiösen und des Wissenschaftlichen zueinander ins Verhältnis gesetzt werden. Dann wird klar: Es geht um die fundamentale Frage danach, wie Gewissheiten hergestellt und legitimiert werden können. Gewissheit kann dabei unterschiedliche Themen und Dimensionen betreffen. Üblicherweise denken wir beim Thema Wissenschaft und Religion gleich an Fragen zum Ursprung und zur Beschaffenheit der Welt. Im Streit zwischen sogenannten Kreationist:innen und Neuen Atheist:innen geht es darum, ob Gewissheit zu diesen Fragen in der Bibel oder in den Naturwissenschaften zu finden ist. Aber auch abgesehen von dieser

---

[1] Wenn ich ‚wir' schreibe, stelle ich mir einen gemeinsamen Diskursraum mit den Leser:innen dieses Buches vor. Viele Gedanken sind in einem gemeinsamen Diskursraum mit Kolleg:innen und Studierenden entstanden. Das Buch trägt den Stand meiner Auseinandersetzung zusammen, aber die Auseinandersetzung ist nicht abgeschlossen. Das ‚Wir' betont die Einladung, den Diskurs weiterzuführen.

polarisierten Gegenüberstellung gibt es unterschiedliche Annahmen dazu, was sich durch wissenschaftliche Methoden erkennen lässt, und dazu, ob und inwiefern es Grenzen dieser Methoden gibt und Gewissheit zur Beschaffenheit der Welt auch in einer Form des Glaubens zu suchen ist.

Annahmen zur Beschaffenheit der Welt – und hier kommt die eigentliche gesellschaftliche Brisanz des Themas ins Spiel – sind immer verflochten mit Annahmen dazu, welches Handeln und Verhalten wünschenswert und nicht wünschenswert ist. Gewissheit zur Beschaffenheit der Welt ist nicht unabhängig von Gewissheit in moralischer Hinsicht. Wenn ich[2] davon ausgehe, dass die Welt als Ganzes sowie jedes Element in ihr durch einen göttlichen Plan genau so vorhanden ist, wie es mir begegnet, und wenn ich gleichzeitig annehme, dass ich diesen Plan nicht durchkreuzen darf, dann werde ich alles daransetzen, keine Veränderungen in der Welt vorzunehmen. Wenn ich auf der anderen Seite davon ausgehe, dass Wissenschaft alles entschlüsseln kann und dass die Welt mit wissenschaftlich-technischen Mitteln vollständig unter Kontrolle zu bringen ist, dann werde ich alles tun und alles verändern, um diese Kontrolle zu erreichen. Ganz offensichtlich gibt es beide Wege in der Realität nicht. Sie beschreiben Pole und zwischen diesen Polen gibt es eine enorme Vielfalt von Wegen mit Ambivalenzen und (vielleicht scheinbaren) Widersprüchen, sprich: Es gibt Komplexität.

Gewissheiten, und auch das macht die Komplexität aus, werden nicht von einem Individuum allein hergestellt. Was ich für gegeben halte, für richtig und für falsch, habe ich in Sozialisationsprozessen gelernt. Meine Gewissheiten und auch meine Wege, zu Gewissheiten zu gelangen, können sich dabei im Laufe des Lebens erheblich verändern. Ich bleibe aber umgeben von anderen, die ihrerseits Wege suchen und finden. Dieser Prozess ist selten expliziert und reflektiert, er drückt sich vielmehr oft allein in der alltäglichen Praxis aus – darin, was im Umgang mit anderen, mit Menschen, Pflanzen, Tieren und mit Dingen für selbstverständlich gehalten wird und was nicht. Diese alltägliche Praxis findet statt im Rahmen von gesellschaftlichen Institutionen, beispielsweise Institutionen des Erziehungssystems oder rechtlichen und politischen Regulierungen, die je nach Ort und Zeit unterschiedlich sein können. Es geht also auch um Macht, denn eine spezifische Institutionalisierung ist immer auch Ausdruck aktueller Machtverhältnisse. Und Institutionen der Wissenschaft und der Religion sind von besonderer Bedeutung für diesen Rahmen, innerhalb dessen Gewissheit hergestellt und legitimiert wird. Welche Bedeutung genau diesen Institutionen zugeschrieben wird, welche Macht oder Autorität sie haben, ist sowohl innerhalb von Gesellschaften als auch zwischen Gesellschaften unterschiedlich. Und genau darum geht es in diesem Buch.

An dem bisher Gesagten erkennen nun sicherlich viele Leser:innen bereits die disziplinäre Perspektive, aus der diese Einführung geschrieben ist: Im Zentrum steht eine soziologische Betrachtung der Zusammenhänge rund um das Themenfeld Wissenschaft und Religion – es geht um die gesellschaftliche Bedeutung von Zuschreibungen, Festlegungen, Institutionalisierungen. Ein Buch zu diesem Thema

---

2 Wenn theoretische Gedanken aus einer ‚Ich'-Perspektive entwickelt werden, dann ist ein verallgemeinerbares, theoretisches ‚Ich' gemeint.

aus theologischer, philosophischer oder historischer Perspektive würde andere Fragen ins Zentrum stellen. Gleichzeitig können und sollen diese Perspektiven auch hier nicht unberücksichtigt bleiben, stehen schließlich theologische und philosophische Debatten nicht etwa außerhalb der Gesellschaft und sind aktuelle Auseinandersetzungen ohne deren historische Entwicklungen nicht zu verstehen. Orientierend für die folgenden Kapitel sind also soziologische Fragestellungen und Konzepte, wo immer es aber zum Verständnis erforderlich ist, werden wir uns auch mit Entwicklungen in den anderen genannten Disziplinen beschäftigen.

1.2 Begriffliches

Wir starten in dieses Buch nicht mit einer festen Definition von ‚der Religion' und ‚der Wissenschaft' – auch dies ist aus dem bisher Gesagten schon deutlich geworden. Vielmehr gehört zur Analyse von Zuschreibungen, Festlegungen und Institutionalisierungen von Verhältnissen des Religiösen und des Wissenschaftlichen immer auch eine Analyse der jeweiligen Definitionen selbst. Und wir werden feststellen, wie die jeweiligen Definitionen auch das Verständnis des Verhältnisses beider Sphären prägen.

Zur Orientierung der Analyse gilt es gleichwohl, sich mögliche Definitionen zu vergegenwärtigen. Und der Blick in die Literatur macht deutlich, dass sowohl mit Religion als auch mit Wissenschaft sehr Unterschiedliches gemeint sein kann.[3] So ist etwa in der Religionssoziologie eine Jahrzehnte währende Auseinandersetzung um die Angemessenheit von eher ‚substanziellen' oder ‚funktionalen' Definitionen von Religion bis heute nicht abgeschlossen. Eine substanzielle Definition beschreibt, was Religion von ihrem Wesen her ausmacht. Zentral in einer solchen Definition ist etwa der Bezug zu etwas Transzendentem – etwas, das jenseits aktueller Erfahrbarkeit liegt und nur durch Symbole repräsentiert ist. Diese Definitionen gehen schon auf die religionssoziologisch klassischen Arbeiten von Emile Durkheim zurück, der die Unterteilung der Welt in ‚heilige' und ‚profane' Bereiche zum Kern religiösen Denkens erklärt hat (Durkheim 2017 [1912]). Andere substanzielle Merkmale einer Religion können etwa spezifische Rituale oder Glaubenssätze sein. Der amerikanische Soziologe Charles Y. Glock hat schon in den 1950er-Jahren eine ideologische, eine ritualistische, eine erfahrungsbezogene, eine intellektuelle und eine handlungspraktische Dimension von Religion unterschieden (Glock 1973). Aus funktionaler Perspektive wird demgegenüber Religion über deren Funktion in einer Gesellschaft definiert. So kann Religion, wie etwa Niklas Luhmann (Luhmann 2015 [2000]) betont, zur Kontingenzbewältigung in einer komplexen Welt beitragen, oder – wie Ulrich Oevermann (Oevermann 1996) herausstellt – ein menschliches Bewährungsproblem zu bearbeiten helfen.

Beide Herangehensweisen an eine Religionsdefinition bringen Probleme mit sich: Der substanzielle Zugang wird schnell zu exklusiv und auf eine bestimmte institutionalisierte Form der Religiosität fokussiert. In einem funktionalen Verständnis hingegen wird Religion schnell zu weit gefasst – Kontingenzbewältigung kann

---

3 Vgl. für Debatten rund um die Definition von Religion z. B. Pickel 2011; Keller et al. 2013; Knoblauch 1999; Pollack 1995; Pollack et al. 2018.

durch sehr diverse Einrichtungen und Praktiken erreicht werden. Ob eine derart weite Religionsdefinition sinnvoll ist, wird beispielsweise häufig an der Frage diskutiert, ob Fußball als Religion zu bezeichnen ist oder nicht (Probst 2022, 2023; Herzog 2023).

Mit der Definition von Wissenschaft verhält es sich nicht einfacher. Der Begriff Wissenschaft wird manchmal verwendet, um über wissenschaftliche Organisationen zu sprechen, manchmal, um sich auf einzelne Wissenschaftler:innen oder eine wissenschaftliche Gemeinschaft zu beziehen, manchmal sind auch die Produkte der wissenschaftlichen Forschung oder ein spezifischer Stil der Wissensproduktion gemeint. Dass Wissenschaft eine besondere Autorität zugeschrieben wird, basiert auf einem spezifischen Ethos, den man Wissenschaftler:innen und wissenschaftlichen Organisationen unterstellt. Der US-amerikanische Soziologe Robert K. Merton hat dieses Ethos als „universellen Skeptizismus" (Merton 1942) beschrieben. Gemeint ist die grundsätzliche Offenheit der Wissenschaftler:innen dafür, bei jeder wissenschaftlichen Aussage von anderen in Frage gestellt und auch widerlegt zu werden.

Zur Untersuchung von Wissenschaft hat sich lange Zeit eine Unterscheidung zwischen ‚Entdeckungskontext' und ‚Rechtfertigungskontext' durchgesetzt, die von dem Physiker und Philosoph Hans Reichenbach (Reichenbach 1938) eingeführt wurde. Mit der Analyse des ‚Entdeckungskontexts' ist die Frage aufgeworfen, wie ein Thema überhaupt ein Forschungsthema wird – sei es im Kopf einzelner Wissenschaftler:innen oder durch institutionalisiertes Agenda-Setting. Eine Analyse des ‚Rechtfertigungskontexts' gibt darüber Aufschluss, nach welchen Regeln und mit welchen Mitteln Forschung betrieben wird. Die Unterscheidung ist inzwischen vielfach diskutiert, kritisiert und erweitert worden. Die Schweizer Soziologin Bettina Heintz hat mit dem „Kontext der Überzeugung" eine dritte Unterscheidung eingeführt, die gerade für das Thema dieses Buches relevant ist (Heintz 2000). Betont wird damit, dass ein wissenschaftliches Ergebnis immer auf die Akzeptanz nicht nur der wissenschaftlichen Gemeinschaft, sondern auch darüber hinaus gesellschaftlicher Akteure angewiesen ist, um wirksam zu werden.

Diese Skizze definitorischer Debatten soll hier nicht vertieft werden, sie soll aber den Blick schärfen für die Frage, worüber eigentlich gesprochen wird, wenn von Religion oder Wissenschaft die Rede ist.

1.3 Logik und Aufbau des Buches

Das Buch besteht aus drei Teilen. Im ersten Teil werden die konzeptionellen Grundlagen entwickelt und es wird erörtert, wie Wissenschaftliches und Religiöses in der Geschichte der Soziologie bis heute ins Verhältnis gesetzt werden. Dabei lassen sich – bei allen Überschneidungen – drei Perspektiven unterscheiden: Die Beschreibung von Wissenschaft und Religion als 1) Konfliktverhältnis, 2) Differenzverhältnis und 3) als unterschiedliche epistemische Stile. Alle drei Perspektiven fußen im Kern auf Auseinandersetzungen, die bereits zu Beginn der Soziologie im späten 19. und frühen 20. Jahrhundert geführt wurden und bis heute relevant sind. Die Kapitel skizzieren die historische Entwicklung der jeweiligen Perspektive und loten die Bedeutung für aktuelle Debatten aus.

Der zweite Teil geht auf Debatten der Wissenschaftsgeschichte ein, die für die Verhältnisbestimmung von Religiösem und Wissenschaftlichem von zentraler Bedeutung waren (und zum Teil noch sind). Dieser Teil ist deutlich kürzer als die anderen beiden. Im Unterschied zur Soziologie hat sich die Wissenschaftsgeschichte immer schon intensiv mit dem Thema Wissenschaft und Religion auf vielfältige Weise auseinandergesetzt. Entsprechend gibt es zahlreiche gute Einführungsbücher zu historischen Debatten und auch zu einzelnen Persönlichkeiten. Weil aber in aktuellen Debatten einzelne historische Persönlichkeiten und die Zeit der 'Wissenschaftlichen Revolution' häufig zum Sinnbild eines Konfliktes zwischen Wissenschaft und Religion stilisiert werden, gehört auch in dieses Einführungsbuch aus soziologischer Perspektive ein kurzer Blick in die Wissenschaftsgeschichte. Am Beispiel der Auseinandersetzungen rund um die Arbeiten von Galilei Galileo, Isaac Newton und Charles Darwin werden wir nachvollziehen, dass die Fronten längst nicht immer so klar waren, wie sie häufig dargestellt werden.

Im dritten Teil stehen schließlich aktuelle Themen und Debatten im Zentrum. Die Frage, wie Gewissheiten in zeitgenössischen Gesellschaften hergestellt und legitimiert werden und welche Bedeutung religiöse und wissenschaftliche Bezüge dabei haben, ist so grundlegend, dass sie sich an ganz unterschiedlichen Themenbereichen studieren lässt. Erläutert werden fünf solcher Themenbereiche, die in aktuellen gesellschaftlichen Debatten von besonderer Brisanz sind: 1) die Verortung des Faches Theologie, 2) Debatten zu Geschlecht und geschlechtlicher Vielfalt, 3) das Verhältnis zwischen Religion und Medizin, 4) die Bioethik und 5) Verschwörungsdenken. In all diesen Themen zeigt sich in je spezifischer Weise, dass bei Verhältnisbestimmungen zwischen dem Religiösen und dem Wissenschaftlichen keine einfachen Gegenüberstellungen möglich sind. Vielmehr werden Verhältnisbestimmungen auch aus strategischen Gründen politisiert, werden vielfach schon organisatorisch Bezüge zu beiden Sphären institutionalisiert und sind auch die epistemischen Stile beider Sphären nicht immer trennscharf. Wichtiger als die richtige kategoriale Zuordnung – so kann eine Schlussfolgerung vorweggenommen werden – ist demnach eine akribische Analyse von Wahrheitsansprüchen und damit verbundenen Öffnungen und Schließungen von Diskursen. Für diese akribische Analyse möchte dieses Buch schulen.

Wer das Buch in der Chronologie der Kapitel liest, wird in den späteren praktischeren Abschnitten von der konzeptionellen Vorarbeit der einführenden Kapitel profitieren. Gleichzeitig stehen aber alle Teile für sich und können entsprechend der eigenen Interessen in beliebiger Reihenfolge gelesen werden. Die Logik des Aufbaus ist auch als Lehrveranstaltung mehrfach erprobt – auf der Grundlage jedes der insgesamt 12 Hauptkapitel lässt sich eine Seminarsitzung konzipieren.

1.4 Eingrenzungen

Jedes Buch bietet einen Ausschnitt auf ein Thema, der von der/dem Autor:in gewählt wurde. Dieses Buch ist aus einer religionssoziologischen Perspektive

1 Einleitung

geschrieben, die wesentlich im christlich geprägten ‚Westen' entwickelt wurde. Entsprechend sind andere Denktraditionen und Diskurszusammenhänge hier unterrepräsentiert – dies nicht, weil sie nicht für ebenso relevant gehalten werden, sondern weil deren Analyse nicht im Kompetenzgebiet der Autorin liegt. Für interessierte Leser:innen werden am Ende der Kapitel Lektürehinweise zur Vertiefung der jeweiligen Themen auch in nicht-christlich geprägten Diskurszusammenhängen gegeben.

Teil I: Soziologische Perspektiven

Einleitung: Warum die Frühzeit der Soziologie ein wichtiger Ausgangspunkt ist

In diesem ersten Teil des Buches werden drei Beschreibungen des Verhältnisses zwischen Wissenschaft und Religion unterschieden, charakterisiert, ihre Entstehung historisch eingeordnet und ihre aktuelle gesellschaftliche Bedeutung reflektiert. Kurz gefasst sind dies die Beschreibungen von Wissenschaft und Religion a) als Konfliktverhältnis, b) als Differenzverhältnis und c) als unterschiedliche epistemische Stile.

In konkreten Debatten lassen diese Beschreibungen sich nicht immer voneinander trennen. Wir nehmen hier eine selbst hergestellte klare Unterscheidung vor und konturieren die jeweiligen Perspektiven möglichst scharf, um eine Schablone zu erhalten, vor der wir konkrete Gegenstände analysieren können (Teil II und III des Buches). Vor dem Hintergrund dieser Schablone können wir dann die Komplexität und Verwobenheit konkreter Gegenstände und Debatten besser nachvollziehen und benennen.

Alle drei Beschreibungen haben einen wichtigen Ausgangspunkt in der Frühzeit der Soziologie. Sie haben sich dann in unterschiedlicher Weise weiterentwickelt und sind bis heute von Bedeutung. Diese Entwicklung wird in den Kapiteln jeweils nachvollzogen. Dabei geht es insbesondere auch um die Frage, welche gesellschaftspolitischen Auswirkungen mit der einen oder der anderen Beschreibung verbunden sind.

Bevor wir die Auseinandersetzung mit den drei unterschiedlichen Beschreibungen beginnen, werfen wir einen kurzen Blick in die Frühzeit der Soziologie, von der in den folgenden Kapiteln vielfach die Rede sein wird und deren Bedeutung wir uns deshalb zunächst vergegenwärtigen.

Die Soziologie ist im Vergleich zu anderen Disziplinen recht jung. Als ihr Gründungsvater wird häufig Auguste Comte (1798–1857) genannt, weil er das Wort ‚Soziologie' als Erster benutzt hat. Wenn wir hier über die Frühzeit der Soziologie sprechen, dann geht es um die Jahrzehnte um die Mitte des 19. bis ins frühe 20. Jahrhundert[1]. Die zentralen Charakteristika dieser Zeit sind Krise und Unsicherheit. Die Soziologie ist entstanden im Geist der Krise (Repplinger 1999) und sie sollte Lösungen bieten – bis heute wird sie deshalb auch häufig eine Krisenwissenschaft genannt.

Was macht die Unsicherheit und Krisenhaftigkeit dieser Zeit aus und was hat dies mit dem Verhältnis zwischen Religion und Wissenschaft zu tun?

---

1 Nachzulesen sind die hier nur knapp skizzierten Zusammenhänge ausführlich und facettenreich in Schmidt-Lux 2008; Wagner 2007; Eßbach 2019.

Wichtige Ereignisse zeichnen sich dadurch aus, dass sie als Referenz für ein Vorher und ein Nachher fungieren. Eine solche Referenz war zweifelsohne die Französische Revolution. Der Sturm auf die Bastille im Jahr 1789 markierte dabei in doppelter Weise eine Zäsur: Die tradierte Ordnung wurde in ihren Grundfesten erschüttert und – jedenfalls zunächst – auf den Kopf gestellt. Dies bedeutete eine tiefgreifende Krise und Unsicherheit für alle, die in der bisherigen Ordnung gut zurechtkamen. Gleichzeitig steht der 14. Juli 1789 auch am Beginn einer viele Jahre währenden Phase von Gewalt und Gegengewalt, in der sich auch Anhänger:innen der Revolution als gleichsam brutal und machtorientiert erwiesen. Dies bedeutete bald ebenfalls eine Krise und Unsicherheit für diejenigen, die die tradierte Ordnung im guten Glauben an eine vernünftigere und bessere zu überwinden suchten.

Mit der Französischen Revolution waren zum einen politische Ziele verbunden: Die Rechte des Bürgertums sollten gestärkt und die Privilegien des Klerus und des Adels abgeschafft werden. Zum anderen gilt sie auch als Höhepunkt der französischen Aufklärung, die zwar auch eine politische, dabei aber wesentlich auch eine philosophische und intellektuelle Bewegung war. Zentrale Themen, über die in diversen aufklärungsfreundlichen Clubs schon in den rund 100 Jahren vor der Revolution debattiert wurde, waren Kirchen- und Religionskritik, Gewaltenteilung, die Potenziale einer erfahrungsbasierten Wissenschaft und die Freiheit des Geistes. Getragen war die Bewegung der Aufklärung von Männern des Bürgertums, jedenfalls sind es deren Schriften, die in die Geschichtsbücher eingegangen sind. Gleichzeitig machen Historiker:innen heute zunehmend auch auf die Bedeutung der literarischen Salons aufmerksam, die in dieser Zeit von Frauen initiiert und geleitet wurden (Wilhelmy-Dollinger 2017, 2000).

Die Aufklärungsbewegung war nicht auf Frankreich beschränkt, auch wenn dem Land eine besondere Bedeutung für die Entwicklungen der Zeit zukommt. In England waren die Ideen der Aufklärung schon früher verbreitet, hier wurde bereits 1688 der König entmachtet und später mit der ‚Bill of Rights' ein früher Parlamentarismus begründet. Politisch ging der Französischen Revolution außerdem die Unabhängigkeitserklärung der Vereinigten Staaten von Amerika im Jahr 1776 voraus – ein Ereignis, das die globale Ordnung grundlegend veränderte und das ebenfalls ein Akt gegen die Monarchie und für eine demokratische Verfassung war. ‚Demokratisch' meinte dabei länderübergreifend zunächst Beteiligungsmöglichkeiten für Männer – und auch hier längst nicht für alle Männer. Der Kampf um das Wahlrecht der Frauen begann erst rund 100 Jahre später – fällt damit aber auch in die Zeit der frühen Soziologie.

Wie angedeutet, hat die Französische Revolution nicht schon eine neue Ordnung hervorbringen können – vielmehr folgten gewaltvolle Machtwechsel. Das 19. Jahrhundert war zugleich die Zeit, in der die Industrialisierung der Produktion rasant fortschritt und in der Folge zu Massenfluchten in die Städte und Massenarmut führte. Die intellektuelle Debatte setzte sich fort im Angesicht dieser sozialen Not. In Deutschland wurde Berlin zu einem Zentrum der späten Aufklärung. Auch die Gruppe der Junghegelianer entstand im Kontext dieser Debatten – eine Gruppe, der auch Karl Marx und Friedrich Engels zeitweise angehörten und die sich zum Ziel gesetzt hatte, die Philosophie Hegels nicht mehr als abgehobene Gedankenspiele zu betreiben, sondern damit die Welt zu verändern (Eßbach 1988). Politisch scheiterte in Deutschland die bürgerliche Revolution von 1848, und die Revolution, die Marx und Engels vor Augen hatten, war nicht eine des Bürgertums, sondern des Proletariats.

Es ist diese historische Situation – die hier nur in wenigen Konturen angedeutet werden kann – in der die Soziologie als Disziplin entwickelt wurde. Viele der bisher als sicher und unhinterfragt gültigen Selbstverständlichkeiten wurden in dieser Zeit unsicher: die Verteilung von Rechten und Privilegien, die Praxis und die Regeln der eigenen Arbeit und damit die Möglichkeiten zur Existenzsicherung, das Verhältnis der Geschlechter, die globale Vormachtstellung der Kolonialmächte. Und unsicher war immer auch das eigene Überleben in dieser Zeit voller Unfrieden und Gewalt.

Gesucht wurden deshalb – und damit sind wir bei unserem Thema – Orientierungen für den Weg aus der Krise, gesucht wurden Quellen von Gewissheit. Die frühen Autor:innen der Soziologie haben es sich zur Aufgabe gemacht, eine solche Orientierung zu bieten. Und bei dieser Aufgabe steht die Verhältnisbestimmung zwischen Religion und Wissenschaft im Zentrum jeder Auseinandersetzung. Dabei wäre es verkürzt anzunehmen, dass die Religion durch die Debatten der Aufklärung intellektuell quasi schon abgeschafft worden wäre. Durchaus war die Bewegung eng verknüpft mit einer Kritik am Klerus und am institutionalisierten Christentum. Und auch gab es unter den Anhänger:innen der Aufklärung explizite Atheist:innen. Aber viel verbreiteter als ein expliziter Atheismus war ein Deismus: Die Idee von einer alles einenden Naturreligion, in der auch ein Gott weiterhin mitgedacht wird. Dieser Gott wird aber nicht als aktuell beobachtend oder strafend parallel zum Lauf der Welt gedacht, sondern als ein Schöpfer, der sein Werk vollbracht und sich dann zurückgezogen hat. Auf diese Weise ist für viele Denker der Aufklärung die Auseinandersetzung mit der Freiheit des Geistes durchaus mit einem religiösen Glauben vereinbar. Der eigentliche Gegner des aufklärerischen Denkens war vielmehr der Aberglaube als religiöse Glaubenssysteme. Letztere wurden sogar selbst in die vernünftige Analyse einzubeziehen versucht, wofür der Begriff des theologischen Rationalismus steht.

So lässt sich in dieser Frühzeit der Soziologie auch ein aktives und vielfältiges religiöses Leben mit einer Vielzahl unterschiedlicher Bewegungen beobachten. Gleichzeitig steht diese Zeit für die Weiterentwicklung dessen, was wir ein wissenschaftliches Weltbild nennen: die Idee, dass sich mit wissenschaftlichen Mitteln nicht nur technische, sondern auch soziale Probleme lösen lassen.

Die Lage ist also komplex und die Annahmen zum Verhältnis zwischen Wissenschaft und Religion sind keineswegs einheitlich. Wenn wir uns im Folgenden drei soziologische Perspektiven auf dieses Verhältnis erschließen, dann haben alle drei ihren Ausgangspunkt in dieser Frühzeit der Soziologie. Gleichzeitig sind diese Perspektiven in konkreten Debatten oder in Bezug auf konkrete empirische Gegenstände längst nicht immer so trennscharf zu unterscheiden, wie sie hier vorgestellt werden. Wir reduzieren also etwas die Komplexität, gewinnen aber damit ein Raster, an dem wir uns im späteren Teil des Buches bei der Analyse konkreter Debatten und Gegenstände orientieren können.

2 Religion und Wissenschaft als Konfliktverhältnis

> **Überblick**
>
> Wenn das Verhältnis zwischen Religion und Wissenschaft als Konflikt angenommen wird, dann kann dies zweierlei bedeuten: Es können unmittelbare Konflikte zwischen Wissenschaftler:innen und Vertreter:innen kirchlicher Institutionen gemeint sein, oder es kann damit die These verbunden sein, dass Religion und Wissenschaft inhaltlich prinzipiell und immer miteinander im Konflikt stehen müssen. Erstere unmittelbare Konflikte kommen in der Frühzeit der Soziologie häufig vor, die These vom grundsätzlichen Konflikt wird aber längst nicht von allen Vertreter:innen der Aufklärung in gleicher Weise vertreten. Prominent wurde sie von Auguste Comte entwickelt, der mit seinem ‚Dreistadiengesetz' davon ausging, dass die Menschheit sich von einem theologischen, über ein metaphysisches hin zu einem positiven Zeitalter entwickeln würde. Religion müsste demnach also überwunden werden, damit wissenschaftlicher Fortschritt möglich werden könnte. Karl Marx vertrat ebenfalls die These eines prinzipiellen Konflikts, aber mit einer anderen Betonung: Aus seiner Sicht muss sich die Menschheit von der Religion durch wissenschaftliche Analyse befreien, damit die wahren Missstände sichtbar werden und eine Revolution für eine bessere Welt möglich wird. In dieser grundsätzlichen Form ist die Konfliktthese heute vor allem in der polarisierten Auseinandersetzung zwischen ‚Kreationist:innen' und dem ‚Neuen Atheismus' bedeutsam. Diese Auseinandersetzung wird besonders intensiv in angelsächsischen Ländern ausgetragen, nimmt aber auch in Deutschland an Intensität zu.

2.1 Einleitung

> „I: Sie verfechten den Atheismus so leidenschaftlich, als wäre er ein Glaube.
>
> **R. Dawkins:** Wie kann man sich nicht leidenschaftlich für Vernunft und Logik einsetzen, wenn andere ihre Zeit mit Beten vergeuden oder damit, die Finger zu kreuzen, wenn ihnen eine schwarze Katze über den Weg läuft? Dieser ganze Aberglaube ist sinnlose Zeitverschwendung, er hindert die Menschen daran, die Schönheit der Wirklichkeit anzuerkennen, wie man sie naturwissenschaftlich und rational erfassen kann.
>
> **I:** Viele Menschen suchen im Glauben Trost, nicht Erkenntnis.
>
> **R. Dawkins:** Aber warum dieser Aberglauben gerade jetzt – in einem Jahrhundert, in dem wir schon so viel über das Leben, die Erde und das Universum wissen und auf der Schwelle zu neuen bahnbrechenden Erkenntnissen stehen? Das ist so eine großartige Aussicht, dass mich die Leidenschaft packt und ich leidenschaftlich sauer werde auf diejenigen, die dem Wissensfortschritt systematisch Steine in den Weg legen." (Herwig 2016)

Diese Zitate stammen aus einem Interview mit Richard Dawkins, das 2016 in der Wochenzeitschrift *Stern* veröffentlicht wurde. Dawkins gilt als einer der Begründer des so genannten *Neuen Atheismus* – einer kirchen- und religionskritischen

Bewegung, auf die wir weiter unten noch zurückkommen werden. Zum Einstieg in dieses Kapitel eignen sich diese Zitate deshalb besonders gut, weil sie pointiert alle Zuschreibungen enthalten, die das Verhältnis zwischen Religion und Wissenschaft unausweichlich zu einem Konfliktverhältnis werden lassen. Gewissheit, so die erste Kernaussage Dawkins, lässt sich nur mithilfe der Wissenschaft, mit Bezug zu wissenschaftlichen Institutionen erreichen. Religion oder Bezüge zu religiösen Institutionen, so die zweite Kernaussage, sind zur Erreichung von Gewissheit nicht nur nicht hilfreich, sondern schädlich. Und über die unmittelbaren Aussagen hinaus wird aus den Zitaten deutlich, wie sehr mit dieser Verhältnisbestimmung auch Emotionen und Bewertungen verbunden sind: Es geht um „Leidenschaft", um „sauer werden", um eine „großartige Aussicht", die von anderen „systematisch" verbaut wird.

Konflikt ist sicherlich die prominenteste Verhältnisbestimmung zwischen Religion und Wissenschaft, auch wenn sie nicht immer so leidenschaftlich vorgetragen wird wie hier von Dawkins. Wenn wir oben gesagt haben, dass längst nicht alle Vertreter:innen der Aufklärung von diesem Konflikt ausgingen, so war dies gleichwohl auch in der Frühzeit der Soziologie eine relevante vertretene Position. Wir werden im Folgenden also zunächst diejenigen Debattenstränge aus dieser Zeit betonen, die eine Unvereinbarkeit und Gegnerschaft zwischen Wissenschaft und Religion angenommen haben. Wir werden sehen, mit welcher Leidenschaft schon damals diese Position vertreten wurde und was dabei für die Autor:innen auf dem Spiel stand (Abschnitt 2.2). Daraufhin fragen wir danach, welche gesellschaftspolitische Bedeutung die Konfliktannahme hat (Abschnitt 2.3).

2.2 Debatten in der Frühzeit der Soziologie: Konfliktthese oder Wissenschaftsreligion?

Wir versetzen uns wieder zurück in die Frühzeit der Soziologie, diese Zeit voller Unsicherheiten. Auf der intensiven Suche nach Gewissheit und Orientierung stand das Verhältnis zwischen Wissenschaft und Religion im Zentrum der Auseinandersetzungen und jedenfalls für einen Teil der prominenten Autor:innen der Zeit war klar: Religion steht dieser Suche im Weg und muss überwunden werden.

Dabei können wir unterscheiden zwischen Konflikten aufgrund von Ablehnung des Klerus und der institutionalisierten Kirche einerseits und solchen aufgrund von inhaltlich-philosophischen Überzeugungen andererseits. Wie oben schon angedeutet, war Kirchenkritik weit verbreitet und ein Kernthema der Aufklärung. Eine umfassende Ablehnung von Religion war damit aber längst nicht immer verbunden.

Offene Konflikte zwischen Vertretern der Wissenschaft und der Kirche lassen sich an Fällen der Zensur gut nachvollziehen. Ein frühes Werk, gegen das sich starker sowohl staatlicher als auch kirchlicher Widerstand formierte, war die von Denis Diderot (1713–1784) und Jean d'Alembert (1717–1783) herausgegebene „Enzyklopädie der Wissenschaften, Künste und Gewerbe". Die insgesamt 28 Bände erschienen zwischen 1751 und 1780, und die Enzyklopädie war schon bald *das* zentrale Werk der frühen französischen Aufklärung. In rund 70.000 Einträgen sollte das weltweit verstreute Wissen der Zeit zusammengefasst und für nachfolgende Generationen nachvollziehbar gemacht werden.[2]

Damit war zugleich – und schon in der Einleitung – eine Positionierung gegenüber der Religion verbunden: „Das Zeitalter der Religion und der Philosophie ist dem Jahrhundert der Wissenschaft gewichen!" (d'Alembert 1955 [1751]). Und dieser Gedanke wird auch bildlich deutlich, wenn die Autoren ihre Interpretation des Wissensbaums beschreiben. Die Idee, die vielen unterschiedlichen Wissensgebiete im Bild des Baumes zu sortieren, hatte eine lange Tradition. Im Unterschied zum letzten prominenten Modell des englischen Philosophen Francis Bacon (1561–1626), platzierten Diderot und d'Alembert aber die Theologie und die Religion auf einem kleinen Ast am Rande des Baumes, weit entfernt vom Hauptast des Verstandes und des rationalen Wissens. Es waren solche Positionierungen und auch die Inhalte diverser Einträge, die Staat und Kirche beunruhigten. Die Herausgabe der Bände wurde immer wieder von der Zensur verboten beziehungsweise verzögert, einzelne Bände wurden zunächst heimlich veröffentlicht. Diderot selbst wurde wegen anderer kirchen- und religionskritischer Schriften noch vor der Herausgabe des ersten Bandes im Jahre 1749 für mehrere Monate inhaftiert.

Dabei war Diderot inhaltlich eigentlich kein radikaler Religionsverächter. Zwar bezeichnete er sich selbst als Atheist, behandelte die Möglichkeit eines Gottes aber eher – ganz im wissenschaftlichen Selbstverständnis – als eine nicht überprüfbare Hypothese. Deutlich radikaler war da beispielsweise Julien Offray de Lamettrie (1709–1751), ein französischer Arzt und Naturphilosoph, der aufgrund seiner materialistischen Auffassung davon überzeugt war, dass es einen Gott nicht nur nicht geben kann, sondern dass schon die Annahme eines Gottes dem Fortschritt der Wissenschaft auch unmittelbar schaden würde. Lamettrie wurde daraufhin zunächst aus Frankreich, dann auch aus seinem Exil in den Niederlanden vertrieben und schließlich am Hof von Friedrich dem Großen in Preußen aufgenommen.

Wissenschaftler:innen und Philosoph:innen der Zeit riskierten also viel, wenn sie sich gegen Kirche und Religion positionierten. Wissenschaft und Religion im Sinne von institutionalisierter Kirche standen also ganz offensichtlich in einem realen und physisch ausgetragenen Konflikt – der Ausdruck Konflikt*these* würde diese Offensichtlichkeit geradezu verschleiern. Gleichzeitig nahm aber auch die Konfliktthese in einem inhaltlich-philosophischen Sinne in dieser Zeit ihren Ausgangspunkt. Gemeint ist die Annahme eines unvermeidbaren Konflikts zwischen Wissenschaft und Religion ohne eine Unterscheidung zwischen institutionalisierter Kirche auf der einen Seite und Religion, Religiosität oder Glauben auf der anderen Seite. Eine solche Position wurde in Bezug auf Lamettrie oben schon angedeutet: Wissenschaft ist Fortschritt, und Religion kann dem Fortschritt nur im Wege stehen.

Diese Idee können wir auch noch später in der Wissenschaftsgeschichte wiederfinden. Der Philosoph und Naturwissenschaftler John William Draper erklärte 1873

---

2 Vgl. für die folgenden Ausführungen Schmidt-Lux 2008, S. 82–91.

in seinem Buch *History of the Conflict between Religion and Science* (Draper 2009 [1873]) den Konflikt zwischen Wissenschaft und Religion zum wichtigsten Kontinuum der Wissenschaftsgeschichte und seine Kernthese ist: „... faith is in its nature unchangeable, stationary; science is in its nature progressive" (ebd., S.vii). Es ist also „die Natur" des einen und des anderen, die einen Konflikt unausweichlich machen – ein Zustand also, der nicht veränderbar ist und keine Zwischentöne zulässt.

Etwas komplexer ist die Situation mit Blick auf die vielen *Vereine für Wissenschaftsreligion*, die ebenfalls in dieser Zeit auch gerade in Deutschland gegründet wurden.[3] Die bedeutsamste Vereinigung dieser Art war der Monistenbund, gegründet 1906 in Jena, gedanklich von seinem Hauptvertreter Ernst Haeckel aber schon viele Jahre zuvor vorbereitet. Auch hier wurde die herkömmliche Religion als Problem wahrgenommen, als etwas, das es durch Rationalität und wissenschaftliche Methode zu überwinden galt. Gleichzeitig zeigt der Titel Wissenschaftsreligion aber an, dass Religion jedenfalls als Wort doch in irgendeiner Weise Bedeutung behielt. Der Anspruch dieser Vereine ging nämlich über die Beobachtung von naturwissenschaftlichen Gesetzen hinaus. Wissenschaft sollte vielmehr auch gemeinschaftlichen Zusammenhalt fördern und in moralischen Fragen Orientierung bieten. Über die Frage, ob sich Zusammenschlüsse mit diesem Ziel selbst den Titel „Religion" geben sollten, wurde dabei heftig gestritten. Viele lehnten dies auch ab, um die Opposition zu allem Religiösen klar erkennbar zu halten. Gemeinsam war vielen unterschiedlichen Gruppierungen dieser Zeit aber der Anspruch, durch die Wissenschaft Religion in allen ihren Funktionen zu ersetzen.

Vor diesem Hintergrund können wir als soziologische Beobachter:innen auch trefflich darüber nachdenken, ob die Überschrift „Wissenschaft und Religion als Konfliktverhältnis" hier überhaupt passend gewählt ist, oder ob es nicht besser „Wissenschaft *als* Religion" heißen sollte. Tatsächlich wird heute auch diese Formulierung oft genutzt – dies aber auch als (nicht selten abwertend oder entlarvend gemeinte) Zuschreibung an Gruppierungen, die sich selbst auf keinen Fall als Religion oder als religiös beschreiben würden. Um hier präziser und weniger normativ vorgehen zu können, wurde in der soziologischen Auseinandersetzung der Begriff *Szientismus* oder auch *wissenschaftliche Weltanschauung* zur Beschreibung von Bewegungen dieser Art (die auch heute noch von Bedeutung sind) etabliert (vgl. Schmidt-Lux 2008).

Und wenn wir uns die Definition von Szientismus vergegenwärtigen, wird gleichzeitig auch deutlich, dass hier ein Konflikt zwischen Wissenschaft und Religion unausweichlich mit impliziert ist: „Szientistische Ideologien [haben den Anspruch] Sinnstiftung, Weltdeutung und Handlungsanleitung sein zu wollen." (ebd., S. 82). Für Religion bleibt also kein Platz, Wissenschaft übernimmt vollständig und muss – um dies tun zu können – Religion ausschalten.

---

3 Vgl. für die folgenden Ausführungen Eßbach 2019.

2.2 Debatten in der Frühzeit der Soziologie: Konfliktthese oder Wissenschaftsreligion?

Im Folgenden werden wir die Argumentationen zweier Autoren etwas genauer nachvollziehen, die sich mit durchaus unterschiedlichen Betonungen an unterschiedlichen Orten wirksam in die Debatten der Zeit eingebracht haben und deren Namen bis heute mit der Beschreibung von Wissenschaft und Religion als Konfliktverhältnis verbunden werden: Auguste Comte und Karl Marx.

2.2.1 Das ‚Dreistadiengesetz' nach Auguste Comte

„Gemäß dieser grundlegenden Lehre müssen alle unsere Theorien, welcher Art sie auch sein mögen, beim Individuum wie bei der Gattung notwendig nacheinander drei verschiedene theoretische Stadien durchlaufen, die durch die üblichen Benennungen als theologisches, metaphysisches und positives (Stadium) hier, wenigstens für diejenigen, die deren wahren allgemeinen Sinn gut erfaßt haben, hinlänglich genau bezeichnet sein können. Obgleich zunächst in jeder Hinsicht unentbehrlich, muß das erste Stadium hinfort stets als bloß provisorisch und vorbereitend aufgefaßt werden; dem zweiten, das tatsächlich nur eine auflösende Abart des ersten darstellt, kommt stets nur eine vorübergehende Bestimmung zu, um schrittweise zum dritten hinzuführen; in dem, als dem allein vollständig normalen (normgemäßen) in jeder Beziehung die endgültige Herrschaft der menschlichen Vernunft besteht." (Comte 2015 [1844], S. 5)

Dieses Zitat steht am Beginn der *Rede über den Geist des Positivismus*, die Auguste Comte (mit vollem Namen Isidore Marie Auguste François Xavier Comte) im Jahre 1844 veröffentlicht hat und die als eine Art Gründungsdokument des Positivismus gilt. Hierin wird unmittelbar deutlich, wie Comte das Verhältnis zwischen Religion und Wissenschaft denkt: Nach seinem „Dreistadiengesetz" steht die Theologie am Anfang der Entwicklung und die positive Wissenschaft, die „Herrschaft der menschlichen Vernunft", an dessen Ende. Weil es sich bei dieser Entwicklung um fundamentale Veränderungen handelt, geht Comte von einem metaphysischen Zwischenstadium aus, das zwischen dem alten und dem neuen vermitteln kann. Theologie, so sehr sie einmal unentbehrlich war, wird mit zunehmendem wissenschaftlichem Fortschritt zunehmend überflüssig und schließlich aufgelöst.

Thema dieses Dreistadiengesetzes ist also offenbar die Überlegenheit der positiven Wissenschaft gegenüber der Theologie. Tatsächlich drückt es aber darüber hinaus auch Comtes Weltsicht in einem grundlegenden Sinne aus. Aus heutiger Sicht und auch schon aus Sicht vieler Zeitgenoss:innen von Comte ist es ja gar nicht selbstverständlich, überhaupt von einer geradlinigen Entwicklung der sozialen Welt auszugehen. Genau dies war aber das Hauptanliegen in vielen Schriften Comtes: Er wollte die ein für alle Mal gültigen Gesetzmäßigkeiten herausfinden, die den Lauf der Geschichte bestimmen.

Heute, mit zeitlichem Abstand zum Leben Comtes, lässt sich dieses Anliegen auch mit der politischen und sozialen Situation erklären, die Comte erlebt hat: Als er 1798 in Montpellier geboren wurde, lag die Französische Revolution gerade einmal neun Jahre zurück und die heftigen und auch gewaltvollen Auseinandersetzungen auf der Suche nach einer geeigneten Staatsform waren längst nicht abgeschlossen. Mit den Verfassungen von 1791, 1793 und 1795 scheiterten nacheinander drei Versuche, das Land zu befrieden und Ordnung zu schaffen. In seinem nicht einmal 60jährigen Leben erlebte Comte das Kaiserreich von Napoléon Bonaparte, die Restauration des Ancien Régime unter Ludwig XVIII und Karl X, die Juli-Revolution von 1830 und danach die Monarchie des Bürgerkönigs Ludwig Philippe (Wagner 2007). Mit jedem Wechsel standen die Grundlagen der Staatsform erneut zur Disposition. Um uns diese Dynamik zu vergegenwärtigen, könnten wir uns vorstellen, dass das Grundgesetz der Bundesrepublik Deutschland mit all seinen Regelungen alle ca. 15 Jahre aufgelöst würde und alle Institutionen, die den Staat ausmachen, neu erfunden werden müssten.

In dieser tiefgreifenden Unruhe macht Comte es sich zur Aufgabe, den einen richtigen Weg in die Ordnung zu finden. Und die Richtigkeit dieses Weges, so folgert er aus der Beobachtung des politischen Geschehens, ist nicht abhängig von der Frage, wer die politischen Gesetze macht. Sie ist nach seiner Überzeugung vielmehr davon abhängig, ob den politischen Gesetzen eine systematische Analyse der Naturgesetze der menschlichen Entwicklung zugrunde liegt. Erst wenn diese Naturgesetze erschlossen wurden, kann Ordnung entstehen, denn – so schreibt er bereits in einer seiner frühen Schriften:

> „Welches auch die Form der Regierung im Einzelnen sein mag, die Willkür kann nicht wieder erscheinen, wenigstens in den Grundlagen nicht. Alles ist in der Politik nach einem wahrhaft souveränen Gesetz festgelegt, das als allen menschlichen Kräften überlegen anerkannt wird" (Comte 1973 [1822], S. 110; auch: Wagner 2007, S. 133)

Diese Gesetze zu erkennen, so weiter Comtes Sicht auf die Welt, ist Aufgabe der Soziologie. Comte ist Erfinder dieses Wortes, er hat es erstmals 1839 im vierten Band seines Hauptwerkes „Cours de philosophie positive" benutzt. Vorher hat er von „sozialer Physik" gesprochen und damit auch den Kern dessen ausgedrückt, was die Aufgabe der Soziologie sein soll: Analog zur Physik, die Naturgesetze wie beispielsweise das der Gravitation durch Beobachtung entdeckt, soll die Soziologie solche Naturgesetze der menschlichen Entwicklung durch Beobachtung entdecken. Und das zentrale und umfassende Gesetz, und damit kommen wir wieder zurück auf das Ausgangszitat oben, ist das Dreistadiengesetz.

Comte konzipiert also menschliche Entwicklung als eine Fortschrittsgeschichte von einem theologischen über ein metaphysisches zu einem positiven Stadium. Diese Stadien, so seine Annahme, macht jedes Individuum in seiner/ihrer persönlichen Entwicklung ebenso durch wie die „Gattung" Mensch insgesamt. Comte war davon überzeugt, dass es eine eindeutig erfassbare Kontinuität in der Geschichte gibt und dass er mit dem Dreistadiengesetz den Schlüssel zum Verständnis dieser Kontinuität gefunden hat. In seine Beschreibung dieser Entwicklung sind diverse Rassismen und eurozentristische Überzeugungen eingeflochten, die heute beim Lesen Widerstände erzeugen, die aber zu seiner Zeit bekanntlich nicht unüblich waren. Er konzipiert eine Weltordnung, in der „die Europäer" zwar auch das positive Stadium noch nicht vollständig erreicht haben, auf dem Weg dorthin aber bereits sehr weit fortgeschritten sind. Im Unterschied dazu wären die Menschen in allen anderen Teilen der Welt von diesem Fortschritt noch weit entfernt und befänden sich noch im theologischen oder metaphysischen Stadium. Das Entwicklungsgesetz aber gilt in dieser Konzeption überall gleich – Unterschiede in der Art und Weise zu leben und in der Art und Weise Gewissheit zu erlangen erklärt Comte mit der Ungleichzeitigkeit von Entwicklung: Wer sich demnach heute (also im Heute von Comte) von den Europäern unterscheidet, tut dies *noch*.

Was unterscheidet nun nach Comte die drei Stadien voneinander? Ein Blick in den Text zeigt, dass es dem Autor vor allem um die Art der Fragestellungen geht, die sich im Laufe der Entwicklung verändern würde. So beginnt die Charakterisierung des theologischen Stadiums folgendermaßen:

> „Bei ihrem ersten, notwendig theologischen, Aufschwung weisen alle unsere Forschungen spontan eine typische Vorliebe für die unlösbarsten Fragen über Gegenstände auf, die einer entscheidenden Nachprüfung am unzugänglichsten sind. Durch einen Widerspruch, der (zwar) heute zunächst unerklärlich scheint, der aber doch im Grunde damals vollständig mit der wirklichen Ausgangssituation unseres Intellekts übereinstimmte, sucht der menschliche Geist in einer Zeit, in der er den einfachsten wissenschaftlichen Problemen noch nicht gewachsen ist, begierig und fast ausschließlich nach den wesentlichen *Ursachen*, seien sie nun Erstursachen oder Endursachen – der verschiedenen Erscheinungen, die ihn beeindrucken, sowie nach der ihnen zugrunde liegenden Erzeugungsweise, mit einem Wort nach absoluten Erkenntnissen." (Comte 2015 [1844], S. 6, Hervorh. i. Orig.)

Die Art der Fragen, die laut Comte in diesem Stadium gestellt wurden, sind also Warum-Fragen. Solche Fragen, so wird in der weiteren Beschreibung der Stadien deutlich, sollen aber zunehmend abgelöst und durch Wie-Fragen ersetzt werden. Wie-Fragen zu stellen wird in dieser Konzeption aber erst möglich, je weiter die wissenschaftlichen Techniken zu ihrer Beantwortung entwickelt sind. Warum-Fragen können nur fiktiv durch Einbildungskraft beantwortet werden. Wie-Fragen können aber durch systematische Beobachtung bearbeitet werden, und Gewissheit im positiven Stadium soll allein aus systematischer Beobachtung – mithin aus der positiven wissenschaftlichen Methode – gewonnen werden:

> „Mit einem Wort, die grundlegende Revolution, die das Mannesalter unseres Geistes charakterisiert, besteht im Wesentlichen darin, überall anstelle der unerreichbaren Bestimmung der eigentlichen Ursachen die einfache Erforschung von Gesetzen, d. h. der konstanten Beziehungen zu setzen, die zwischen den beobachteten Phänomenen bestehen." (ebd., S. 16–17)

Diese beobachtende Erforschung soll allerdings kein Selbstzweck sein; Comte positioniert sich vielfältig gegen die zu seiner Zeit entstehende Statistik, eine aus seiner Sicht „eitle[] Gelehrsamkeit, [...] die mechanisch Fakten anhäuft, ohne danach zu streben, sie auseinander abzuleiten." (ebd., S. 20). Ziel der positiven soziologischen Methode ist vielmehr die Voraussicht und damit, wie oben eingeführt, die Schaffung von Ordnung:

> „So besteht der wahre positive Geist vor allem darin zu *sehen um vorauszusehen,* zu erforschen was ist, um darauf auf Grund des allgemeinen Lehrsatzes von der Unwandelbarkeit der Naturgesetze – das zu erschließen, was sein wird." (ebd., S. 20, Hervorh. im Original)

Die positive Wissenschaft bezieht also nicht eine neutrale Beobachtungsposition, sie soll vielmehr klare Handlungsanweisungen an die Politik geben. Wenn oben gesagt wurde, dass es laut Comte nicht darauf ankäme, wer die Gesetze in einem Land mache, dann muss dies nun eingeschränkt werden. Denn tatsächlich betont er die Notwendigkeit einer „geistlichen Gewalt", die die Prinzipien der Politik entwickeln und leiten kann. Und diese geistliche Gewalt soll übernommen werden von „Gelehrten, die sich in den beobachtenden Wissenschaften betätigen" (Comte 1973 [1822], S. 67)

Die positive wissenschaftliche Methode soll also beides bieten: Sie soll den Weg zu Gewissheit in Fragen der Beschaffenheit der Welt weisen und damit unmittelbar zusammenhängend auch ethisch und moralisch richtige Gesetze anleiten. Theologie und Religion im christlichen Sinne (worum es bei Comte ausschließlich geht) hat in dieser Konzeption keinen Platz mehr – ein religiöser Glaube, der explizit nicht an unmittelbare Beobachtung gebunden ist, wird vielmehr zum Störfaktor der von Comte erdachten Fortschrittsbewegung hin zu einem vollkommen positiven Stadium.

Interessanterweise anerkennt Comte gleichzeitig eine wichtige gesellschaftliche Funktion der Religion. Im Unterschied zu vielen seiner Zeitgenoss:innen war er nämlich nicht davon überzeugt, dass eine zunehmend arbeitsteilig organisierte Gesellschaft etwa durch eine „unsichtbare Hand" des Marktes von selbst zusammengehalten würde, wie dies der Ökonom Adam Smith (1723–1790) annahm. Vielmehr entwarf Comte eine eigene Religion, die zwar vollständig ohne Bezüge auf Theologie oder Metaphysik auskommen, durch den steten Bezug zu einer allumfassenden Humanität aber gleichwohl moralische Orientierung bieten sollte. In seinem „Katechismus der positiven Religion" (Comte 1891 [1852]) entwirft er detailgenau den Inhalt und Aufbau dieser „Menschheitsreligion". Das Leben des/der Einzelnen sollte demnach am Fortschritt des „Grand-Etre", an der ewigen Humanität ausgerichtet sein, der auch vergangene und zukünftige Generationen angehören. Altruistische Taten Einzelner würden demnach eingehen in das ewige Gedächtnis dieser Humanität, auf diese Weise sollte diese immanent gedachte Religion moralischen Zusammenhalt schaffen (vgl. Große Kracht 2019).

Comtes Religionskonzept sieht auch Priester vor, die als geistliche Führer Regierungen und Gesellschaften moralisch orientieren. Diese Priester sind Gelehrte der positiven wissenschaftlichen Methode und sollen aus eben dieser Methode moralische Prinzipien ableiten. In seinem Katechismus definiert Comte darüber hinaus Feiertage und „soziale Sakramente" und er beschreibt einen Kult, nachdem jedes Individuum täglich drei „Gebete der Dankbarkeit" an die Humanität richten soll. Sowohl in England und Frankreich als auch in den USA entstehen in dieser Zeit Gemeinden der neuen positivistischen Religion (vgl. Eßbach 2019, 137–159).

Diese Entwicklung hin zur Begründung einer neuen Religion war allerdings sehr umstritten und wurde längst nicht von allen Anhängern Comtes mitgetragen. Der britische Philosoph und Ökonom John Stuart Mill (1806–1873) beispielsweise, an sich ein glühender Verehrer Comtes, unterscheidet deutlich zwischen dem guten Comte vor dessen Schriften über die Menschheitsreligion und dem danach (Mill 2016 [1865]). Inhaltlich nachhaltig wirksam waren gleichwohl Comtes Zuschreibungen von Wissenschaft gleich Fortschritt auf der einen Seite und Religion und Metaphysik gleich Rückschritt auf der anderen Seite. Wer also für den Fortschritt war, konnte nicht für Religion sein. Und wer fortan in der Wissenschaft ernst genommen werden wollte, musste sich an positivistischen Prämissen orientieren – und musste sich gegenüber konfessionell geprägten religiösen Bekenntnissen eindeutig abgrenzen. Diese Überzeugung hat beispielsweise auch noch in der Gründung der amerikanischen Soziologie zu Beginn des 20. Jahrhunderts dazu geführt, dass religiös motivierte Soziolog:innen aktiv aus der Fachgemeinschaft ausgeschlossen wurden, um die Etablierung als ernstzunehmende Disziplin nicht zu gefährden (Evans 2008).

2.2.2 Erst wenn Wissenschaft die Religion abgelöst hat, ist der Weg frei für die Revolution: Karl Marx

„[Religion] ist das Opium des Volkes" (Marx 1973 [1882b], S. 378) – dies ist wohl der berühmteste Satz von Karl Marx, wenn es um seine Religionskritik geht. Umgangssprachlich wird er häufig auch falsch zitiert mit „Opium fürs Volk" – eine Veränderung, die Lenin zugeschrieben wird. Und offensichtlich macht es einen großen Unterschied, ob das Volk selbst zum Opium greift oder ob es ihm verabreicht wird. Was also hat Marx gemeint und was hat der Ausspruch mit dem Verhältnis zwischen Religion und Wissenschaft zu tun?

Um uns dies zu vergegenwärtigen, werfen wir einen Blick in die Schrift, in dem der Satz erschienen ist, und in deren Kontext: die „Einleitung zur Kritik der Hegelschen Rechtsphilosophie". Marx schrieb diesen Text im Jahre 1843/44. Die die mit diesem Titel angekündigte Kritikschrift hat er dann tatsächlich nie veröffentlicht, aber die Einleitung wurde als eigenständiger Beitrag im von ihm mit herausgegebenen „Deutsch-Französischen Jahrbuch" abgedruckt. Er war zu dieser Zeit in Paris, der Stadt der Revolution. Und im Unterschied zu Comte war Marx der Revolution und ihrer Folgen nicht überdrüssig, sondern er erwartete im Gegenteil ungeduldig eine echte Revolution auch in Deutschland – eine, die den „[…] Sturz der Bourgeoisie, die Herrschaft des Proletariats, die Aufhebung der alten, auf Klassengegensätzen beruhenden bürgerlichen Gesellschaft und die Gründung einer neuen Gesellschaft ohne Klassen und ohne Privateigentum" (Marx und Engels 1973 [1882], S. 596) schaffen würde, wie er später gemeinsam mit Friedrich Engels im „Kommunistischen Manifest" formuliert hat.

Für Marx waren Revolutionen die „Lokomotiven der Geschichte" (Marx 1973 [1882a], S. 85; vgl. auch Strehle 2019). Wie Comte sah also auch er die Welt und die Geschichte in einem steten Fortschritt. Er suchte aber im Unterschied zu diesem nicht nach der Formel für gesellschaftliche Ordnung, die diesen Fortschritt garantieren könnte, sondern er setzte auf Revolution als dessen Treiber. Und diesem Treiber – und damit kommen wir zum Opium – steht aus seiner Sicht die Religion im Wege, denn sie würde die Missstände in der Welt verdecken. Diese Missstände müssten aber sichtbar gemacht werden, damit ein Aufbäumen gegen sie, damit also eine Revolution überhaupt möglich wird. „Die Kritik der Religion", so steht es deshalb im ersten Satz des Textes, „ist die Voraussetzung aller Kritik" (Marx 1973 [1882b]). Wenn Marx von Kritik spricht, dann meint er – anders als im heutigen allgemeinen Sprachgebrauch oft üblich – nicht eine einfache Äußerung dazu, dass einem etwas nicht gefällt. Kritik ist hier immer zugleich Analyse, sie ist an bestimmte Voraussetzungen geknüpft und erfolgt methodisch kontrolliert. Um eine solche fundierte Kritik leisten zu können, braucht es die Wissenschaft – und zwar in Form einer Philosophie, die zugleich politische Ökonomie ist. So lautet zusammenfassend die Argumentation des religionsbezogenen Teils des Textes.

Interessant ist dabei, dass Religion auch hier – ähnlich wie bei Comte – als etwas behandelt wird, dass prinzipiell überwunden werden soll, das aber gleichzeitig in früheren Entwicklungsstufen eine wertvolle gesellschaftliche Funktion erfüllt hat, die nun für diese Überwindung genutzt werden könnte. Grundlegend dafür ist laut Marx folgende Einsicht:

> „Der *Mensch macht die Religion*, die Religion macht nicht den Menschen. Und zwar ist die Religion das Selbstbewußtsein und das Selbstgefühl des Menschen, der sich selbst entweder noch nicht erworben oder schon wieder verloren hat." (ebd., S. 378, Hervorh. im Original)

In diesen Sätzen steckt offenbar eine Aufforderung an „den Menschen", „sich selbst" zu erwerben oder wiederzufinden – sich also vom Opium zu befreien. Und die Grundlage dafür, dies tun zu können ist die im ersten Satz genannte Einsicht: In dem Moment, in dem „der Mensch" merkt, dass die Religion „seine" eigene Erfindung ist, steht der Weg zu sich selbst erst offen. Dieses Zu-Sich-Selbst-Finden ist dann nicht etwa gedacht als eine individuelle Einkehr, es geht vielmehr um die Aufdeckung der gesellschaftlichen Verhältnisse, in denen sich „der Mensch" selbst erkennen muss – so geht der Text unmittelbar weiter:

> „Aber *der Mensch*, das ist kein abstraktes, außer der Welt hockendes Wesen. Der Mensch, das ist *die Welt des Menschen*, Staat, Sozietät. Dieser Staat, diese Sozietät produzieren die Religion, ein *verkehrtes Weltbewußtsein*, weil sie eine *verkehrte Welt* sind." (ebd.)

In dem Maße, in dem ein Bewusstsein über diese Verkehrung durch die Religion entsteht, kann dann die Religion – beziehungsweise ihre Dekonstruktion – aber auch Aufschluss geben über das, was in der realen Welt zu wünschen wäre, denn:

> „[Die Religion] ist die *phantastische Verwirklichung* des menschlichen Wesens, weil das *menschliche Wesen* keine wahre Wirklichkeit besitzt. Der Kampf gegen die Religion ist also mittelbar der Kampf gegen jene Welt, deren geistiges Aroma die Religion ist." (ebd.)

2.2 Debatten in der Frühzeit der Soziologie: Konfliktthese oder Wissenschaftsreligion?

Es geht also um eine Dekonstruktion der Phantasie, um eine Umwandlung der Wünsche ins Jenseits zu Aufgaben im Diesseits. Je besser das gelingt, desto näher kommt der Mensch zu sich selbst und damit zu einer neuen Gesellschaft.

Erforderlich für diese Dekonstruktion ist eine wissenschaftliche Methode. Marx buchstabiert diese Methode an dieser Stelle noch nicht aus, insofern kann dieser Text als eine ideologische Grundlage für das aufgefasst werden, was er gemeinsam mit Engels später als den historischen Materialismus konzeptionell entwickelt. Fest verankert wird aber damit bereits mit diesem frühen Text die Opposition von Religion und Wissenschaft, hier als unüberwindbare Opposition von Religion und Vernunft. Erst durch eine fundamentale Kritik an der Religion – und damit an allen phantastischen Welten jenseits des aktuell Erfahrbaren – wird laut Marx der Gebrauch der Vernunft überhaupt möglich:

> „Die Kritik hat die imaginären Blumen an der Kette zerpflückt, nicht damit der Mensch die phantasielose, trostlose Kette trage, sondern damit er die Kette abwerfe und die lebendige Blume breche. Die Kritik der Religion enttäuscht den Menschen, damit er denke, handle, seine Wirklichkeit gestalte wie ein enttäuschter, zu Verstand gekommener Mensch, damit er sich um sich selbst und damit um seine wirkliche Sonne bewege. Die Religion ist nur die illusorische Sonne, die sich um den Menschen bewegt, solange er sich nicht um sich selbst bewegt." (ebd., S. 379)

Dieses Zitat beinhaltet eine klare Verheißung: In dem Moment, in dem Religion vollständig überwunden wird, wird der Mensch von einer „lebendigen Blume" und einer „wirklichen Sonne" erwartet. Wenn also diese gründliche, nach wissenschaftlichen Methoden vorgenommene Kritik an der Religion gelingt, dann ist der Weg frei zu einem Handeln im Sinne des wirklichen Menschen.

Mit seiner Gegenüberstellung von Religion und Vernunft war Marx überaus wirksam. Oben wurde gesagt, dass nach der Verbreitung des Positivismus nach Comte alle diejenigen, die in der Wissenschaft ernst genommen werden wollten, nicht gleichzeitig für Religion sein konnten. Mit Blick auf die Werke von Marx und Engels kann vielleicht die These aufgestellt werden, dass zusätzlich all diejenigen, die sich selbst als fortschrittlich und revolutionär (heute würde man vielleicht sagen „politisch links") identifizieren, nicht gleichzeitig für Religion sein konnten – jedenfalls nicht ohne gewisse kognitive Dissonanzen auszuhalten.

Wenn wir abschließend die Perspektiven von Marx und von Comte vergleichen, dann sehen wir allerdings grundlegend unterschiedliche Erwartungen, die an die Wissenschaft gestellt wurden: Während Comte mithilfe der Soziologie den Mechanismus entdecken wollte, der Fortschritt quasi selbstverständlich vorantreiben und damit Revolutionen unnötig machen würde, sollte die Befreiung von Religion und die Hinwendung zur Wissenschaft bei Marx die wahren gesellschaftlichen Missstände aufdecken und damit die Revolution herbeiführen.

2.3 Die gesellschaftliche Bedeutung der Konfliktthese

Oben wurde schon angedeutet, dass die Konfliktthese historisch überaus wirksam war und ist. Allerdings ist deren aktuelle Bedeutung regional sehr unterschiedlich. In der ehemaligen DDR wurde ein Szientismus staatlich verordnet mit dem Ziel, jeden religiösen Glauben zu unterdrücken. Inhaltlich konnten diese Politiken unmittelbar an die oben beschriebenen Ideen von Marx und Engels anschließen. Politisch zielte die systematische Durchsetzung eines szientistischen Weltbildes im Bildungswesen auf allen Ebenen darauf ab, den Einfluss sowohl der christlichen Kirchen als auch aller religiöser oder spiritueller Bezüge insgesamt in der DDR-Gesellschaft zu schwächen (Schmidt-Lux 2008; Anton und Schetsche 2020). Erfolgreich war diese Politik insofern, als bis heute in dieser Region die geringsten Kirchenmitgliedszahlen beziehungsweise die höchsten Zahlen Konfessionsloser gemessen werden (Pickel et al. 2019). Welche Bedeutung das wissenschaftliche Weltbild hier bis heute hat, wäre weiter zu untersuchen.

Die Konfliktthese in der Konsequenz, in der sie hier vorgestellt wurde, ist gleichzeitig in Westdeutschland und in anderen deutschsprachigen Ländern gesellschaftspolitisch heute deutlich weniger wirksam als etwa im angelsächsischen Raum. Zwar würde wohl auch hier das Wort Konflikt oder konflikthaft in einem Alltagsgespräch zu Wissenschaft und Religion vermutlich schnell fallen. Tatsächlich wäre aber zunächst die Frage, wann und warum überhaupt ein Alltagsgespräch zu diesem Thema zustande kommen würde. Stellen wir uns etwa eine Situation bei einer Party vor, bei der alle erzählen, womit sie sich beschäftigen, und wir würden sagen, dass wir auf das Verhältnis zwischen Religion und Wissenschaft spezialisiert sind. Als Reaktion würden wir sehr wahrscheinlich erst einmal fragende Gesichter sehen und wir müssten erklären, was daran überhaupt interessant sein könnte. Vermutlich würde auch gesagt werden, dass das eine ja mit dem anderen wenig zu tun hat und im Gespräch würden dann vielleicht Beispiele erwähnt wie der Deutsche Ethikrat (vgl. Kap 11) oder die Theologie an deutschen Hochschulen (vgl. Kap. 8), in denen die scheinbar ganz klare Trennung zwischen Religion und Wissenschaft gar nicht mehr so ganz klar ist. Sehr wahrscheinlich würde aber keine:r der Anwesenden eine leidenschaftliche Rede dazu halten, dass Religion unbedingt abgeschafft werden müsste, damit Wissenschaft besser fortschreiten kann, oder aber dass die Wissenschaft des Teufels ist und zugunsten der religiösen Lehre gestoppt werden müsste. Es sei denn, unter den Anwesenden befindet sich zufällig eines der deutschlandweit ca. 12.000 Fördermitglieder der *Giordano Bruno Stiftung* (gbs)[4] oder eine:r gehört zu den rund 1,2 Prozent der über 16jährigen im Land, die einer frei-/pfingstkirchlichen Gemeinde angehören (Müke et al. 2023, S. 34).

Dieselbe Situation auf einer Party in den USA würde sehr wahrscheinlich andere Reaktionen auslösen. Das liegt schon allein daran, dass hier Religion und Religionszugehörigkeit insgesamt eine wichtige Rolle im öffentlichen Diskurs spielen. Die USA gelten als eine „religiös höchst vitale moderne Gesellschaft" (Joas

---

4 Die *Giordano Bruno Stiftung* bezeichnet sich selbst als „Denkfabrik für Humanismus und Aufklärung" (gbs 2024), wir kommen weiter unten noch darauf zurück.

2009, S. 334) – ein Phänomen, das im Diskurs über Säkularisierung häufig als (vorübergehender) Sonderfall behandelt wurde, der mit der spezifischen Einwanderungsgeschichte des Landes zu erklären wäre.[5] Religiöse Lehren werden hier nicht nur privat, sondern auch für das öffentliche Leben als bedeutsam beschrieben.[6] Eine Besonderheit ist dabei in den USA die Vielfalt an Denominationen, Vielfalt bedeutet aber zunehmend auch Polarisierung. So hat hier seit etwa den 1980er-Jahren ein fundamentaler Flügel evangelikaler Protestanten an Einfluss gewonnen (Casanova 1994; Hunter 1983; Hochgeschwender 2017a, 2017b) und die Christliche Rechte nutzt heute ein weit verzweigtes Netzwerk in Politik und Wirtschaft, um Entscheidungen im Sinne ihres konservativen Wertesystems zu beeinflussen (Brocker 2004, 2007).

Religion polarisiert also in der US-amerikanischen Gesellschaft und in dieser Umgebung liegt auch nahe, dass Debatten um das Verhältnis zwischen Wissenschaft und Religion intensiver geführt werden als in Deutschland, wo Religion wesentlich als Privatsache behandelt wird. Diese Polarisierung wird besonders erkennbar in den öffentlich ausgetragenen Konflikten zwischen sogenannten „Kreationist:innen" und „Evolutionist:innen". Inhaltlich stehen hinter diesen Bezeichnungen zunächst die jeweiligen Ansichten zur Entstehung der Erde. Kreationist:innen sehen die biblische Schöpfungsgeschichte als Quelle des Wissens in dieser Frage. Die auf dieser Grundlage entwickelten Theorien sind durchaus unterschiedlich: Der *Old Earth Creationism* (OEC) und auch die Theorie des *Intelligent Design* (ID) nehmen ein sehr hohes Alter der Erde an, während der *Young Earth Creationism* (YEC) sehr wörtlich an den biblischen Texten argumentiert und von einer nur wenige tausend Jahre alten Erde ausgeht (Kaden 2014).

Eine kreationistische Weltsicht wird von fundamentalistischen evangelikalen Kirchen vertreten und sie beinhaltet eine grundsätzliche Ablehnung der Evolutionstheorie nach Darwin (vgl. Kap 7). In den USA hat es im Laufe des 20. und bis ins 21. Jahrhundert hinein immer wieder auch gerichtliche Auseinandersetzungen dazu gegeben, ob die Evolutionstheorie und/oder die kreationistische Weltsicht in Schulen gelehrt werden sollte. Dabei hat sich die Auseinandersetzung durchaus verschoben: In den 1920er-Jahren war es in fünf Staaten vollständig verboten, die Evolutionstheorie zu lehren. Bei einem neuen Aufflammen der Auseinandersetzung in den 1960er-Jahre ging es dann vielmehr um die Frage, ob nicht der Fairness halber Kreationismus neben der Evolutionstheorie Teil des Unterrichts sein sollte.

Wenn wir nach der gesellschaftspolitischen Bedeutung der Konfliktthese fragen, dann ist hier zu betonen, dass eine kreationistische Weltsicht nicht auf die Frage der Entstehung der Erde begrenzt bleibt (die ich ja für das aktuelle Miteinander auch für bedeutungslos halten könnte). Vielmehr stellt der Kreationismus die Prinzipien einer mit transparenten Methoden arbeitenden Wissenschaft und damit deren Wahrheitsansprüche grundsätzlich in Frage. Gleichzeitig entwickelt er eine

---

5 Ein differenziertes Bild zum Zusammenhang zwischen Einwanderungs- und Religionsgeschichte(n) in den USA zeichnet Evans 2013.
6 Edgell et al. 2006 heben beispielsweise hervor, welche Vorbehalte gegenüber (öffentlichen) Personen verbreitet sind, die sich als atheistisch bezeichnen.

Idee von Macht eines Schöpfergottes, die Diskriminierungen aller Art legitimieren kann. So ist der Kreationismus Teil eines fundamentalistischen Weltbildes, das sowohl eine traditionalistische Geschlechterordnung als auch – je nach spezifischer Gruppierung – rassistische Abwertungen (Numbers 2010; Giberson und Yerxa 2002) beinhaltet.

In Deutschland wird aktuell vermehrt darauf hingewiesen, dass fundamentalistische evangelikale Gruppen – und damit auch die kreationistische Weltsicht – auch hier an Bedeutung zunehmen würden. Tatsächlich unterscheidet sich hier aber die Situation weiterhin deutlich von der in den USA. Die repräsentative Erhebung im Rahmen des Religionsmonitors der Bertelsmann Stiftung macht zwar auch auf zunehmende Vielfalt des religiösen Lebens in Deutschland aufmerksam. Nur 2,3 % derjenigen, die sich dem Christentum zugehörig fühlen, geben aber eine frei-/pfingstkirchliche Zugehörigkeit an. Zum Christentum zugehörig erklären sich 50 % der Befragten, der Anteil der frei-/pfingstkirchlichen Zugehörigen an allen Befragten liegt also insgesamt bei unter 1,2 % (Müke et al. 2023). Dabei ist wiederum das Spektrum der Frei- und Pfingstkirchen in Deutschland sehr breit, und längst nicht alle Teilkirchen sind als fundamentalistisch einzuschätzen (Hempelmann 2014). Diejenigen Gruppen, die fundamentalistisch auch in dem Sinne sind, dass sie auf politische Veränderungen hinzuwirken versuchen, verfügen nicht über ein Netzwerk, das mit denjenigen der rechten fundamentalistischen Kirchen in den USA vergleichbar wäre.

Kreationistische Weltsichten in diesem fundamentalistischen Sinne dürften also die Ausnahme bleiben in Deutschland. Dass sie gleichzeitig auch als Ausnahmesicht nicht bedeutungslos sind, zeigt sich insbesondere an Schulen, wo durchaus von Schüler:innen kreationistische Weltsichten vertreten werden. Eine Befragung von 2010 hat immerhin herausgestellt, dass 15 % der befragten Lehramtsstudierenden und 7 % der Biologiestudierenden die Evolution ablehnen (Graf und Lammers 2011).

Dem Kreationismus entgegen stellen sich *Evolutionist:innen* oder eine Bewegung, die als *Neuer Atheismus* bezeichnet wird. Auch diese Bewegung hat in den angelsächsischen Ländern eine größere Bedeutung als in Deutschland, aber auch hierzulande lässt sich eine steigende Sichtbarkeit erkennen. Als die vier Hauptvertreter dieser Bewegung gelten Richard Dawkins, Daniel C. Dennett, Sam Harris und Christopher Hitchens, die zahlreiche Bücher und Beiträge mit dem ausgesprochenen Ziel veröffentlicht haben, ihre Leser:innen von der Religion zu befreien und der Wissenschaft näher zu bringen (Kaden 2011, 2014; Kaden und Schmidt-Lux 2016). Der Interviewausschnitt mit Richard Dawkins zu Beginn dieses Kapitels macht diese Zielrichtung sehr deutlich und zeigt, dass aus dieser Perspektive wissenschaftliches Wissen sich nur ohne Religion entwickeln kann.

Als Gegenüber dieser Kämpfe werden damit allerdings nicht allein christlich-evangelikale Fundamentalist:innen, sondern prinzipiell alle angenommen, die sich irgendeiner Religion zugehörig fühlen. Die Vertreter:innen des *New Atheism* vertreten, ganz in Kontinuität zu Comte, die wissenschaftliche Methode als die der Religion überlegene und evolutionär fortgeschrittene Weise der Weltanschauung.

Inhaltlich beschränken sie sich dabei nicht auf eine neutrale Erklärung naturwissenschaftlicher Phänomene, sondern sie beanspruchen einen Alleinerklärungsanspruch der Naturwissenschaft für alle Lebensbereiche. Dafür wird ganz im Stil einer weltanschaulichen Bewegung mobilisiert. Organisiert werden beispielsweise öffentliche Kampagnen wie die berühmt gewordene *Atheist Bus Campaign*, bei der Busse mit der Aufschrift ‚There is probably no God. Now stop worrying and enjoy your life.' versehen wurden (British Humanist Association 2012). Ganz im Sinne der Menschheitsreligion von Comte treffen sich Neue Atheist:innen auch zu sonntäglichen gemeinschaftlichen Treffen in der *Atheist Church*.

In Deutschland ist die Bewegung insgesamt weniger bedeutsam, hat allerdings mit dem 1993 gegründeten *Humanistischen Verband Deutschlands* (*HVD*) sowie der 2004 gegründeten *Giordano Bruno Stiftung* (*gbs*) durchaus eine Struktur, die sie auch zu sichtbaren Aktionen befähigt. Auch bei diesen Organisationen wird schnell deutlich, dass es ihnen nicht allein um Förderung wissenschaftlicher Erkenntnisse geht, sondern dass damit eine Weltanschauung verbunden ist, die auch in missionarischer Weise vertreten und verbreitet wird. Im Jahr 2019 hat etwa die *Giordano Bruno Stiftung* eine *Säkulare Buskampagne* unter dem Titel *Schlussmachen Jetzt!* umgesetzt, die Menschen zum Kirchenaustritt auffordert (gbs 2024).

Die Konfliktthese – in ihrer zugespitzten Form – wird also durchaus auch in Deutschland vertreten. Wie der Name schon sagt, wird damit inhaltlich ein Konflikt verbunden, und zwar einer, der für unausweichlich gehalten wird. Wenn Religion und Wissenschaft jeweils als geschlossene Entitäten angenommen werden, die einander nur schaden können, dann stehen sich auch die gesellschaftlichen Gruppen, die aus der einen oder anderen Perspektive sprechen, unversöhnlich gegenüber – und schließen sich weiter ab. Diese Prozesse sind, wie angedeutet, auch in Deutschland erkennbar, auch wenn hier die Idee eines Differenzverhältnisses gesellschaftspolitisch wahrscheinlich bedeutsamer ist. Und damit beschäftigen wir uns im folgenden Kapitel.

2 Religion und Wissenschaft als Konfliktverhältnis

Diskussionsfragen

- Inwiefern überzeugt Sie die Konfliktthese, inwiefern nicht?
- In der Einleitung zu diesem Buch wurde darauf hingewiesen, dass es gar nicht so einfach ist, Religion und Wissenschaft jeweils zu definieren. Gleichzeitig gehen wir – und gehen auch die an den beschriebenen Debatten Beteiligten – immer von bestimmten Definitionen aus. Wie würden Sie den Begriff von Religion und den Begriff von Wissenschaft beschreiben, der mit der Konfliktthese verbunden ist?
- Manche Autor:innen bezeichnen den *Neuen Atheismus* selbst als eine Religion. Wenn Sie sich die Internetauftritte der genannten Organisationen *Humanistischer Verband Deutschlands (HVD)* und *Giordano Bruno Stiftung (gbs)* anschauen: Was spricht für und was spricht gegen diese Bezeichnung?
- Im Laufe der historischen Beschreibung wurde immer wieder auf die besonderen Unsicherheiten verwiesen, die zur Zeit der Gründung der Soziologie geherrscht haben. Wie würden Sie die Situation im Vergleich dazu heute beschreiben? (Inwiefern) werden heute Bezüge zu Religösem oder Wissenschaftlichem zur Quelle von Gewissheit angesichts aktueller Unsicherheiten?

Literaturtipps

Literatur zum Einstieg
Kaden, Tom (2014): Kreationismus und Antikreationismus in den Vereinigten Staaten. Eine konfliktsoziologische Untersuchung. Wiesbaden: Harrassowitz.
Schmidt-Lux, Thomas (2008): Wissenschaft als Religion. Szientismus im ostdeutschen Säkularisierungsprozess. Würzburg: Ergon Verlag (Religion in der Gesellschaft, Bd. 22).

Literatur zum Vertiefen – aus unterschiedlichen konfessionellen Perspektiven
Eßbach, Wolfgang (2019): Religionssoziologie 2. Entfesselter Markt und Artifizielle Lebenswelt als Wiege neuer Religionen. 1. Auflage. Paderborn: Verlag Wilhelm Fink (Religionssoziologie 1 + 2, 2).
Jones, Stephen H.; Catto, Rebecca; Kaden, Tom (Hg.) (2019): Science, Belief and Society: International Perspectives on Religion, Non-Religion and the Public Understanding of Science. Bristol: Policy Press.

3 Religion und Wissenschaft als Differenzverhältnis

> **Überblick**
>
> Die Differenzbeschreibung geht von der grundsätzlichen Unterschiedlichkeit von Religion und Wissenschaft aus. Damit ist auch die Annahme verbunden, dass Beides in Gesellschaften gleichzeitig von Bedeutung sein kann – und je nach Ansatz auch *sein sollte*. Die Beschreibung lässt sich auch als eine Spezifizierung der Differenzierungstheorie lesen, eine seit Beginn der Soziologie und bis heute zentrale Gesellschaftstheorie. Für die frühen Autoren Dilthey und Simmel gehörten Religion und Wissenschaft unterschiedlichen Kultursystemen beziehungsweise Kulturgebilden mit jeweils unterschiedlichen Sinnperspektiven an. Max Weber beschrieb sie als unterschiedliche Wertsphären. Allen gemein war die Idee, dass aus je einer spezifischen Perspektive die Welt als Ganze gedeutet werden kann. Diese Idee wurde in der späteren Systemtheorie noch weiter zugespitzt, Luhmann sprach von autopoietisch geschlossenen Systemen. Der mit der Systemtheorie verbundene Funktionalismus wurde früh schon in einer Form von Malinowski vertreten und auf das Verhältnis zwischen Wissenschaft, Magie und Religion angewandt. Eine normative Perspektive auf Religion und Wissenschaft als sich nicht überlappende Magistrate vertritt Gould. Die Differenzbeschreibung ist auch normativ in zeitgenössischen Gesellschaften fest verankert.

3.1 Einleitung

Eine Differenz ist ein Unterschied und mit dem ursprünglich lateinischen Wort ist zunächst nichts gesagt über die Qualität des Unterschiedes – das eine ist einfach nur anders als das andere. Gleichwohl verbinden wir mit Differenzen im allgemeinen Sprachgebrauch schnell auch Spannungen: Differenzen im Sinne von Meinungsverschiedenheiten sind herausfordernd und bedürfen einer Bearbeitung. Ob eine solche Bearbeitung auch als Bereicherung wahrgenommen wird, hängt dann stark von den Interpretationen der Beteiligten ab. Und mit dieser Ambivalenz haben wir es auch zu tun, wenn von Religion und Wissenschaft als Differenzverhältnis die Rede ist: Dann wird die Unterschiedlichkeit der beiden Bereiche herausgestellt und dabei werden mal mehr die daraus entstehenden Spannungen betont und mal mehr eine friedliche Koexistenz oder auch Komplementarität von Wissenschaft und Religion. Anders als die oben unter der Überschrift ‚Konflikt' vorgestellten Perspektiven, meint ein Differenzverhältnis aber nicht, dass das eine (also Wissenschaft) das andere (Religion) ablösen wird.

Der Begriff der Differenz ist dabei in der Soziologie insgesamt von besonderer Bedeutung: Die Differenzierungstheorie ist ein zentraler Strang soziologischer Theoriebildung seit ihren Anfängen. Sie geht davon aus, dass die Entwicklung der Moderne vor allem eine Entwicklung der Ausdifferenzierung ist – sei es im Sinne einer zunehmenden Arbeitsteilung und Differenzierung von Rollen in Gesellschaften oder sei es im Sinne der Ausdifferenzierung ganzer gesellschaftlicher Teilbereiche wie beispielsweise Politik, Wirtschaft und eben auch Wissenschaft und Religion. Verbunden mit einer solchen Perspektive ist immer explizit oder implizit die Annahme, dass es eine vormoderne Zeit gab, in der diese Ausdifferenzierung nicht zu beobachten ist, dass also alle Bereiche, alle Rollen und Funktionen deutlicher ineinander verwoben waren[7].

Diese Perspektive der Differenzierungstheorie ist auch für die Religionssoziologie besonders relevant. Hier wurde in den letzten Jahrzehnten vielfältig über die sogenannte Säkularisierungsthese debattiert – die Annahme also, dass die gesellschaftliche Bedeutung von Religion im Laufe von Modernisierungsprozessen abnehmen würde (vgl. Pollack 2021, 2012, 2018). Gerade angesichts von rückläufigen Kirchenmitgliedszahlen in Westeuropa schien diese These über lange Zeit überaus plausibel. Inzwischen ist sie aber aus vielen Gründen brüchig geworden. Nicht nur sind außerhalb Westeuropas die Mitgliederzahlen in Kirchen weiterhin hoch oder steigen sogar, sondern auch wird für Westeuropa eine Religiosität angenommen, die sich zwar nicht in Mitgliedschaften messen lässt, aber gleichwohl gesellschaftlich bedeutsam bleibt. Insofern wird heute auch von „multiplen Säkularitäten" (Wohlrab-Sahr und Burchardt 2012) gesprochen und die Differenzierungsthese fungiert als eine Art kleinster gemeinsamer Nenner zum Thema Säkularisierung (vgl. Tschannen 1991): Auch wenn also die gesellschaftliche Bedeutung von Religion unterschiedlich angenommen wird, so wird doch weithin akzeptiert, dass Religion nicht (mehr) die alles integrierende Macht ist, der alle anderen gesellschaftlichen Teilbereiche untergeordnet sind, sondern dass sie eben als ein ausdifferenzierter Teilbereich neben anderen existiert.

Ein Teil der Religionssoziologie konzentriert sich entsprechend darauf, Religion in ihren Verhältnissen zu anderen gesellschaftlichen Teilbereichen zu studieren. Das Verhältnis zwischen Religion und Wissenschaft war aus dieser Perspektive zwar bei den soziologischen Klassikern noch von hervorgehobener Bedeutung, in den letzten Jahrzehnten stand es aber gar nicht so sehr im Fokus. Deutlich intensiver verhandelt wird etwa das Verhältnis zwischen Religion und Politik.[8]

Wir werden im Folgenden gleichwohl die Spuren zusammentragen, auf denen das Verhältnis zwischen Religion und Wissenschaft aus differenzierungstheoretischer Perspektive betrachtet wird. Wir starten wieder bei den soziologischen Klassikern und den Debatten in der Frühzeit der Soziologie und setzen uns dann mit jüngeren Ansätzen der Differenzierungstheorie auseinander, die im deutschsprachigen Raum insbesondere von Niklas Luhmann geprägt wurden. Abschließend diskutieren wir die gesellschaftspolitische Bedeutung einer Sicht auf Religion und Wissenschaft als Differenzverhältnis.

3.2 Debatten in der Frühzeit der Soziologie

Unsicherheit wurde oben als wesentliches Merkmal der Frühzeit der Soziologie herausgestellt. Die Protagonist:innen der Beschreibung eines Konflikts zwischen Religion und Wissenschaft sahen in der fortschreitenden Wissenschaft den Weg heraus aus der Unsicherheit und Religion stand aus dieser Perspektive diesem po-

---

7   Zur Bedeutung von Theorien gesellschaftlicher Differenzierung in der Soziologie vgl. Schimank 2007.
8   So auch der Titel eines international bedeutsamen Exzellenzclusters an der Universität Münster.

sitiven Fortschritt im Wege. Auch die Differenzbeschreibung geht mit Unsicherheiten der Ersten Moderne um. Aus dieser Perspektive liegt aber eine Lösung durch Wissenschaft nicht so einfach auf der Hand. Hervorgehoben werden hier vielmehr Ambivalenzen der Moderne: Technischer und wissenschaftlicher Fortschritt wird zwar auch positiv, gleichzeitig aber in seinen sozialen Folgen auch – je nach Autor unterschiedlich stark ausgeprägt – problematisch wahrgenommen.

Impulse zur Entwicklung der differenzierungstheoretischen Ideen kamen dabei einerseits aus der Biologie und andererseits aus der Bobachtung industrieller Produktionsprozesse. In der Biologie hatte Charles Darwin in den 1850er-Jahren seinen großen Durchbruch (vgl. Kapitel 7). Und auch wenn der Begriff Evolution erst etwas später von ihm genutzt wurde, erregte die Idee einer evolutionären Entwicklung schnell große Aufmerksamkeit. Die Grundidee, dass diejenigen Lebewesen die größte Überlebenschance haben, die sich über Generationen ihrer Umwelt am besten anpassen können, war auch schnell Inspiration für sozialtheoretische Überlegungen.

Arbeitsteilung war gleichzeitig das zentrale Merkmal industrieller Massenproduktion. Nach und nach wurden in großen Fabriken Fließbänder eingeführt. Ein Produkt wurde hier nicht mehr, wie noch im Handwerk üblich, von einer Person entworfen und vollständig hergestellt. Vielmehr waren Arbeiter:innen nur mit einem kleinen Ausschnitt des Produktionsprozesses beschäftigt, den sie dann aber in hoher Geschwindigkeit verrichten konnten. Auf diese Weise wurden Stückzahlen in der Produktion möglich, die auf herkömmliche Weise von den Arbeiter:innen nicht hätten erreicht werden können.

Beide Prozesse tragen die Ambivalenzen, mit denen sich die Soziolog:innen dann beschäftigt haben, schon in sich: Wenn von einer gesellschaftlichen Entwicklung im Sinne einer sich quasi selbststeuernden Evolution ausgegangen wird, dann stellt sich die Frage, wer überleben kann und wie Konkurrenz in diesem Überlebenskampf in friedliche Bahnen gelenkt werden kann. Die Beobachtung der arbeitsteiligen Produktion macht außerdem die Problematik der Lohnarbeit und mithin die Abhängigkeit der Lohnarbeiter:innen von den Kapitalist:innen offensichtlich. Darüber hinaus wurde ebenfalls mit Fortschreiten der Industrialisierung auch das Problem der Entfremdung der Menschen von den Dingen, die sie herstellen, thematisiert.

Mit diesen Ambivalenzen gehen nun die Differenzierungstheoretiker:innen der Zeit unterschiedlich um. Und je nach Konzeption von Moderne wird auch das Verhältnis zwischen Religion und Wissenschaft unterschiedlich gedacht[9]. Der englische Philosoph und Soziologe Herbert Spencer (1820–1903) zum Beispiel war überzeugt davon, dass eine evolutionäre Entwicklung hin zu stärkerer Arbeitsteilung eine Gesellschaft auf eine immer höhere Stufe und die in ihr lebenden Individuen zu immer mehr Freiheit und Glück leiten würde. Für ihn war dies der Weg von „inkohärenter Homogenität" hin zur „kohärenter Heterogenität" (Spencer 2009 [1862], S. 62): Während in nicht differenzierten Gesellschaften alle

---

9 Vgl. im Folgenden die Aufarbeitung zur Religionssoziologie und Differenzierungstheorie um 1900 bei Petzke 2020.

alles machen würden, auch wenn ihnen Vieles gar nicht liege, spezialisierten sich die Individuen und die Institutionen in ausdifferenzierten Gesellschaften auf das, was sie am besten könnten. Und diese Spezialisierung würde in der Summe eine positive Entwicklung für alle mit sich bringen, die ohne sie niemals möglich gewesen wäre. Spencer dachte in diesem Zusammenhang Religion als einen ebenfalls sich immer weiter spezialisierenden Bereich der „ecclesiastical institutions" (dt. *kirchliche Institutionen*), innerhalb derer sich spezifische Rollen – zunächst zum Beispiel die Priester und dann auch innerhalb der Priesterschaft spezialisierte Rollen – ausdifferenzieren würden. Und auch dieser Prozess wäre aus Sicht Spencers zum Wohle aller, denn nach und nach würden sich auch unterschiedliche religiöse Institutionen ausdifferenzieren, die der Gewissensfreiheit der Individuen angemessen wären. Wissenschaft würde sich in dieser Konzeption davon unabhängig weiterentwickeln und spezialisierte sich auf immer spezifischere wissenschaftliche Probleme. Wissenschaft und Religion hätten dann kaum Berührungspunkte, ihre Entwicklungen würden aber jeweils zu einer insgesamt positiven Entwicklung von Gesellschaft beitragen.

So positiv sah zum Beispiel der französische Soziologe Emile Durkheim (1858–1917) diesen Prozess nicht. Auch er beobachtete Prozesse der Ausdifferenzierung – oder wie er es nannte: der gesellschaftlichen Arbeitsteilung. So sehr er aber einerseits ebenfalls damit verbundene Fortschrittspotenziale annahm, so sehr drückte er in seinen Werken andererseits auch die Sorge aus, dass diese Ausdifferenzierung zu einem problematischen Auseinandertreiben der Gesellschaft führen könnte. Die Frage, die ihn immer wieder leitete, ist, wie angesichts dieses Auseinandertreibens eine moralische Integration möglich wäre. In diesem Zusammenhang sah er auch die Religion nicht als einen Institutionenbereich neben anderen, sie kommt tatsächlich in seinen differenzierungstheoretischen Arbeiten kaum vor. In seinem Spätwerk setzte er sich dann aber intensiv mit der Bedeutung von Religion auseinander, die nach seiner Auffassung gerade nicht einfach ein Teil der Differenzierung ist. Wir werden uns mit den Arbeiten von Durkheim aus diesem Grunde auch erst später unter der Überschrift „Religion und Wissenschaft als epistemische Stile" genauer befassen.

Für die weitere Entwicklung der Differenzierungstheorien im Allgemeinen und für die Beschreibung des Verhältnisses zwischen Religion und Wissenschaft im Besonderen sind die Arbeiten von Max Weber (1864–1920) von großer Bedeutung. Dessen Konzeption von differenzierten Sinnbereichen wurde allerdings schon von Wilhelm Dilthey (1833–1911) und Georg Simmel (1858–1918) entworfen (vgl. Petzke 2020). Wir bleiben daher in der Chronologie der Konzepte, befassen uns zunächst mit den Kernaussagen von Dilthey und Simmel und vertiefen dann die Konzeption des Verhältnisses von Religion und Wissenschaft bei Weber.

3.2.1 Die Sinnperspektiven von Religion und Wissenschaft bei Wilhelm Dilthey und Georg Simmel

Wilhelm Dilthey war Philosoph, Theologe und Gymnasiallehrer und seine Arbeiten gehören daher nicht selbstverständlich zu den Klassikern der Soziologie. In jüngerer Zeit wird aber herausgestellt, wie er gerade für die Differenzierungstheorie wesentliche Ideen vorgedacht hat, die auch in heutigen Entwürfen weiterhin relevant sind. Dabei hat sich Dilthey explizit gegen die Soziologie Spencers und auch Comtes positioniert. Er teilte nicht die Idee eines selbstverständlich verlaufenden positiven Fortschritts. Und er war darüber hinaus nicht davon überzeugt, dass die Prinzipien und Instrumente der Naturwissenschaften auch zur Untersuchung von sozialen Prozessen geeignet wären – wie dies ja von Comte und dem von ihm begründeten Positivismus prominent und einflussreich vertreten wurde. Vielmehr war es ihm ein Anliegen, gerade die Unterschiede zwischen Geistes- und Naturwissenschaften herauszustellen. Unter anderen auf Dilthey (1895) geht die wissenschaftstheoretisch bis heute relevante Unterscheidung von Erklären (als Aufgabe der Naturwissenschaften) und Verstehen (als Aufgabe der Geisteswissenschaften) zurück.

Der zentrale Beitrag Diltheys für das differenzierungstheoretische Denken liegt darin, dass er Differenzierung nicht als arbeitsteilige Spezialisierung, sondern als eine Differenzierung von unterschiedlichen *Sinnperspektiven* angenommen hat. Sein Konzept ist also abstrakter: Er sieht weniger die Aufteilung von Individuen, Rollen und Institutionen in unterschiedliche, auch physisch klar abgrenzbare Zuständigkeitsbereiche, sondern er betont, wie dasselbe Tun auf ganz unterschiedliche Sinnperspektiven bezogen werden kann.

Dilthey unterscheidet bei seiner Betrachtung soziologischer Prozesse zwischen „Systemen der Kultur", „äußeren Organisationen" und „natürlichen Gliederung[en] der Menschheit sowie der einzelnen Völker" (Dilthey 1970 [1883]). Zentrale Treiber der Differenzierung sind aber aus seiner Sicht nicht etwa die äußeren Organisationen, sondern die Kultursysteme. Als solche Kultursysteme beschreibt er Kunst, Recht, Wirtschaft, Sittlichkeit und Sitte, Sprache, Erziehung und eben auch Wissenschaft und Religion. Jedes dieser Systeme, und das macht den Bruch zu den früheren differenzierungstheoretischen Entwürfen aus, kann nun im Prinzip zur Bezugsperspektive für die Welt als Ganze werden. Und umgekehrt lässt sich jedes Handeln auf ganz unterschiedliche Kultursysteme beziehen, wie ein Zitat zur Abfassung eines wissenschaftlichen Werks verdeutlicht (Petzke 59):

> „Das einzelne Individuum ist ein Kreuzungspunkt einer Mehrheit von Systemen, welche sich im Verlauf der fortschreitenden Kultur immer feiner spezialisieren. Ja derselbe Lebensakt eines Individuums kann diese Vielseitigkeit zeigen. Indem ein Gelehrter ein Werk abfaßt, kann dieser Vorgang ein Glied in der Verbindung von Wahrheiten bilden, welche die Wissenschaft ausmachen; zugleich ist derselbe das wichtigste Glied des ökonomischen Vorgangs, der in Anfertigung und Verkauf der Exemplare sich vollzieht; derselbe hat weiter als Ausführung eines Vertrags eine rechtliche Seite, und er kann ein Bestandteil der in den Verwaltungszusammenhang eingeordneten Berufsfunktionen des Gelehrten sein. Das Niederschreiben eines jeden Buchstabens dieses Werkes ist so ein Bestandteil all dieser Systeme" (Dilthey 1970 [1883], S. 51, vgl. auch: Petzke 2020, S. 59)

Mit einer solchen Idee unterschiedlicher Kultursysteme, auf die sich im Prinzip alle Aspekte des Lebens beziehen können, sind nun ganz andere Spannungen verbunden als mit der Idee von Arbeitsteilung, wie sie oben nach Spencer skizziert wurde. Schließlich ist in dieser Konzeption keine Hierarchie der Bereiche selbstverständlich gegeben, haben im Gegenteil im Prinzip alle Kultursysteme einen Anspruch auf die Orientierung des Ganzen. Und so kommt es aus Sicht Diltheys auch zu besonderen Spannungen zwischen den Kultursystemen der Religion auf der einen und der Wissenschaft auf der anderen Seite. Dilthey bezeichnet den Verstand als den „natürlichen Feind" der Religion, ohne aber damit gleichzeitig die Religion als unwichtig oder gar problematisch zu bewerten (vgl. Dilthey 1970 [1911]; Scholtz 2011). Weil er – anders als Comte – nicht vom uneingeschränkt positiven Fortschritt durch Wissenschaft überzeugt ist, geht er vielmehr davon aus, dass Religion auch in der modernen Welt eine Funktion behalten wird. Er sieht diese Funktion vor allem in der religiösen Erfahrung, in einer subjektiven Religiosität, die einen Kontrast zur rationalen modernen Welt bieten kann und entsprechend auch nicht mit denselben rationalen Maßstäben zu bewerten wäre wie die Wissenschaft.

Georg Simmel hat die differenzierungstheoretischen Ideen von Dilthey in seinem kulturtheoretischen Spätwerk aufgenommen und weiterentwickelt. Die Unterscheidung in Früh- und Spätwerk ist in diesem Fall besonders interessant, weil Simmel auch schon in seinen frühen Schriften eine Differenzierungstheorie beschreibt, die sich aber konzeptionell stark von den späteren Arbeiten unterscheidet. Sowohl in seinen frühen als auch in seinen späten Schriften ist für ihn aber mit Differenzierung etwas Ambivalentes, Problematisches verbunden – auch er gehört also nicht zu den Fortschrittsoptimisten der frühen Soziologie. Vielmehr erkennt Simmel einen Verlust von Einheit und mithin ein besonderes Erlösungsbedürfnis der Moderne. In seinen frühen Schriften befasst er sich mit diesem Erlösungsbedürfnis auf der individuellen Ebene: Das in immer zahlreicheren sozialen Kreisen verwickelte Individuum ist auf der Suche nach der inneren Einheit. In seinen späteren Arbeiten beschreibt Simmel dann das Auseinandertreten unterschiedlicher gesellschaftlicher „Kulturgebilde", die jeweils – ganz im Sinne Diltheys – nach eigenen Sinnperspektiven funktionieren. Diese Gebilde sind jeweils autonom und schließen sich gegenseitig voneinander ab:

> „Das Kunstwerk soll nach den Normen der Kunst vollkommen sein, die nach nichts als nach sich selbst fragen und dem Werke seinen Wert geben oder verweigern würden, auch wenn es so zusagen auf der Welt gar nichts weiter als eben dieses Werk gäbe; das Ergebnis der Forschung als solches soll wahr sein und absolut weiter nichts, die Religion schließt mit dem Heil, das sie der Seele bringt, ihren Sinn in sich ab, das wirtschaftliche Produkt will als wirtschaftliches vollkommen sein und erkennt insoweit keinen anderen als den wirtschaftlichen Wertmaßstab für sich an" (Simmel 2017 [1919]; auch: Petzke 2020, S. 65)

Das Ganze wird also auch hier jeweils auf die eigene Sinnperspektive bezogen und an ihren Maßstäben gemessen: Religion und Wissenschaft bilden so zwei vollständig unterschiedliche Sinnperspektiven – Seelenheil auf der einen und Wahrheit auf der anderen Seite – die gar nicht aufeinander beziehbar sind. Und diese Abgeschlossenheit der Sinnperspektiven gegeneinander wird dann auch von Simmel noch deutlicher entwickelt als dies bei Dilthey der Fall war. Nämlich beschreibt er eine zunehmende Ausdifferenzierung und gegenseitige Abschließung im Zeitverlauf, die dazu führt, dass zwar die einzelnen Kulturgebilde immer spezialisierter werden, dass diese aber gleichzeitig den Bezug verlieren zu einer Kultur, die zur Einheit des Ganzen beitragen könnte. Die Suche nach Einheit ist für Simmels Denken immer eine zentrale Orientierung, der Verlust von Einheit macht aus seiner Sicht umgekehrt die Tragik der Moderne aus. Wissenschaft kommt durch diese dynamisch fortschreitende Eigengesetzlichkeit zu einer „Bearbeitung des Unwesentlichen" (Petzke 2020: 69) und Religion zur Hervorbringung immer neuer „transzendenter Güter", die aber nicht den Weg zur „Totalität" der „Seele" weisen können (ebd.).

Die bei Dilthey schon hervorgehobene Ambivalenz der Differenzierung wird damit bei Simmel noch weiter als problematische Spannung der Moderne betont. Beide Autoren haben einen wichtigen Einfluss auf die Arbeiten von Max Weber, mit denen wir uns im Folgenden befassen.

3.2.2 Das Spannungsverhältnis zwischen Religion und Wissenschaft als Wertsphären bei Max Weber

> „Aber freilich: am größten und prinzipiellsten wird schließlich die bewußte Spannung der Religiosität gerade zum Reich des denkenden Erkennens" (Weber 1988 [1916], S. 564)

Dieses Zitat bringt auf den Punkt, wie Max Weber das Verhältnis zwischen Religion und Wissenschaft konzipiert. Es stammt aus seinen berühmt gewordenen *Zwischenbetrachtungen* – einem Kapitel innerhalb eines größeren Werkes, in dem er theoretisch das Verhältnis von Religion und Religiosität zu anderen gesellschaftlichen Bereichen reflektiert.

Max Weber ist von den bisher genannten Autoren derjenige, der auch international am meisten gelesen wird, und dessen Arbeiten den größten Einfluss hatten und bis heute haben. Seine Einschätzung zu den Entwicklungen seiner Zeit steht dabei in Kontinuität zu den Arbeiten von Dilthey und Simmel: Auch Weber betont die Ambivalenzen der Moderne. Zentrale von ihm geprägte Begriffe zur Beschreibung dieser Entwicklungen sind Rationalisierung und Entzauberung – beides Begriffe, die gleichzeitig Fortschritt und Verlust ausdrücken.

Die Auseinandersetzung mit Religion spielt dabei eine besonders große Rolle im Werk von Weber. Berühmt geworden ist er mit der Schrift *Die protestantische Ethik und der Geist des Protestantismus* (Weber 1988 [1916], S. 1–206). Hier stellt er die Frage, wie es gerade in einer bestimmten Weltregion – nämlich dem sogenannten Okzident – zur Ausbildung des Kapitalismus in seiner hochrationalisierten Form kam. Eine wichtige Grundlage – wenn auch nicht die kausale Erklärung – dafür sah er in einer spezifischen Ethik des Protestantismus und hier insbesondere in der Heilslehre des Calvinismus, nach der weltlicher Reichtum anzeigen kann, wer für die Erlösung auserwählt ist.

Ausgehend von dieser Untersuchung hat er seine Frage noch grundlegender gestellt und auch empirisch den Blick erweitert: Es ging ihm fortan um das Verhältnis zwischen Mensch und Welt und darum, wie dieses Verhältnis in unterschiedlichen Religionen gestaltet wird. Für die westlichen monotheistischen Religionen stellt er eine spezifische Form der „Weltablehnung" fest, die mit den Entwicklungen der Moderne unmittelbar verbunden wären. Weltablehnung meinte, dass sich die Religion immer mehr im Kontrast zum dem entwickeln würde, was die rationalisierte moderne Welt ausmachte. Daraus würden Spannungen entstehen, diese Spannungen führten aber wiederum nicht etwa – wie bei Comte – zur Auflösung von Religion, sondern sie wären im Gegenteil konstitutiv für Religion *und* für die moderne Entwicklung. In einer rationalisierten, entzauberten Welt entsteht nämlich nach Weber auch ein spezifisches Erlösungsbedürfnis, das nur von einer spezifischen weltablehnenden Religion eingelöst werden kann.

Dieses Erlösungsbedürfnis kommt nach Weber in der Moderne umso deutlicher zum Tragen, als hier der Anspruch formuliert wird, das Leben und der Lauf der Welt möge einem Sinn folgen – ein Anspruch, der durch die Ungerechtigkeiten und Schicksale des Lebens gleichwohl niemals eingelöst werden könnte:

> „Das bewußt als Inhalt einer Religiosität gepflegte Erlösungsbedürfnis ist stets und überall, nur in sehr verschieden stark festgehaltener Deutlichkeit des Zusammenhangs, entstanden als Konsequenz des Versuchs einer systematischen praktischen Rationalisierung der Realitäten des Lebens. Anders ausgedrückt: des Anspruchs, – der auf dieser Stufe zur spezifischen Voraussetzung aller Religion wird –, daß der Weltverlauf, wenigstens soweit er die Interessen der Menschen berührt, ein irgendwie *sinnvoller* [Hervorhebung im Original] Vorgang sei. Dieser Anspruch tauchte, wie wir sahen, naturgemäß zunächst als das landläufige Problem des ungerechten Leidens auf, also als das Postulat eines gerechten Ausgleichs für die ungleiche Verteilung des individuellen Glücks innerhalb der Welt. Er hatte die Tendenz, von da aus stufenweise zu einer immer weiteren Entwertung der Welt fortzuschreiten. Denn je intensiver das rationale Denken jenes Problem des gerechten vergeltenden Ausgleichs aufgriff, desto weniger konnte seine rein innerweltliche Lösung möglich und eine außerweltliche wahrscheinlich oder sinnvoll scheinen. Der Gang der Welt, so wie er tatsächlich ist, kümmerte sich, soweit der Augenschein reichte, um jenes Postulat wenig." (Weber 1988 [1916], S. 567)

Die Erlösung würde deshalb – kurz gesagt – in die Transzendenz, ins Jenseits verlagert. In dem Maße, in dem Religion zur Spezialistin für das Jenseits wurde, müsste sie gleichzeitig in der Spannung zur Welt stehen.

Diese Spannung – und damit kommen wir zum spezifischen differenzierungstheoretischen Verständnis des Autors – konzipierte Weber nun aber nicht allgemein zur Welt, sondern er entwickelte unterschiedliche Typen von Spannungsverhältnissen. Wenn bei Dilthey von unterschiedlichen Kultursystemen die Rede war, dann spricht Weber von unterschiedlichen Wertsphären – so etwa der Wertsphäre der Ökonomie, der Politik, der Kunst, der Erotik und auch: der Wissenschaft. Gegenüber dem „System" ist der Begriff der Wertsphäre offener und er betont zugleich noch systematischer, was wir auch bei Dilthey und Simmel schon gesehen haben: Dass alle Aspekte des Lebens aus einer spezifischen Perspektive, aus einem Relevanzhorizont heraus gedeutet werden können.

Und die Spannung zwischen der Wertsphäre der Religion und der der Wissenschaft bezeichnet Weber nun „freilich: am größten und prinzipiellsten" (siehe Eingangszitat zu diesem Kapitel). Spannungen können für Weber dabei immer auf zwei Weisen entstehen: Aufgrund von Konkurrenz durch Gegensätzlichkeit oder aufgrund von Konkurrenz durch Ähnlichkeit (vgl. auch Schwinn 2019). Im Falle von Religion und Wissenschaft haben wir es nun zunächst mit einer Konkurrenz durch Ähnlichkeit zu tun, wenn wir davon ausgehen, dass auch Religion einen Anspruch auf Welterklärung gestellt hatte. Tatsächlich liegt eine gewisse Dialektik in diesem Verhältnis zwischen Religion und Wissenschaft insofern, als religiöse Organisationen die Wissenschaft ja gerade befördert hatten. Sie waren lange Zeit zuständig für die Bildung, so Weber:

> „Von den Zauberern, welche überall die typischen Bewahrer der Mythen und Heldensagen wurden, weil sie bei der Erziehung und Schulung der jungen Krieger zum Zwecke der Erweckung der Heldenaskese und Heldenwiedergeburt beteiligt waren, übernahm die Priesterschaft, als allein zur Erhaltung einer perennierenden Tradition fähig, die Schulung der Jugend im Gesetz und oft auch in rein verwaltungstechnischen Kunstlehren, vor allem: in der Schrift und im Rechnen". (Weber 1988 [1916], S. 565)

Diese Ausbildung, so Weber weiter, hat sich im Laufe der weiteren Entwicklung aber gegen die Priesterschaft und die Religion selbst gerichtet, denn:

> „Je mehr nun die Religion Buchreligion und Lehre wurde, desto literarischer und daher desto mehr ein priesterfreies rationales Denken provozierend wirkte sie." (ebd.)

Die Reaktion, die laut Weber auf die Spannung entsteht, ist Differenzierung – auch wenn er selbst diesen Begriff nie benutzt: Religion beschreibt und konkretisiert ihre spezifische Funktion in der Gesellschaft:

> „Die Erlösungsreligion wehrt sich gegen den Angriff des selbstgenugsamen Intellekts am prinzipiellsten natürlich durch den Anspruch: daß ihr eignes Erkennen in einer anderen Sphäre sich vollziehe und nach Art und Sinn gänzlich heterogen und disparat sei gegenüber dem, das der Intellekt leiste. Nicht ein letztes intellektuelles Wissen über das Seiende oder normativ Geltende, sondern eine letzte Stellungnahme zur Welt kraft unmittelbaren Erfassens ihre „Sinnes" (Hervorh. im Original) sei das, was sie darbiete." (ebd., S. 566)

3 Religion und Wissenschaft als Differenzverhältnis

Religion und Wissenschaft haben also unterschiedliche Aufgaben – während Wissenschaft sich mit dem Wissen über die Welt beschäftigt, gibt Religion Antworten auf Fragen des Sinns der Welt. Diese Aufgabenteilung ist nach Weber in der Entwicklung der Moderne angelegt und wird durch die hier entstehenden Spannungsverhältnisse immer weiter angetrieben, denn:

> „Mit jeder Zunahme des Rationalismus der empirischen Wissenschaft wird dadurch die Religion zunehmend aus dem Reich des Rationalen ins Irrationale verdrängt" (ebd., S. 564)

Weber geht also davon aus, dass die Spannungsverhältnisse bleiben und sogar zunehmen werden. Er würde also nicht, wie Comte, auf eine Ablösung der Religion wetten. Gleichzeitig würde er aber auch nicht, wie etwa Spencer, von friedlichen parallel verlaufenden Spezialisierungen der unterschiedlichen Wertsphären zum Wohle aller ausgehen. Vielmehr nimmt er an, dass die beschriebene Aufgabenteilung niemals vollständig trennscharf durchgehalten werden kann, sondern dass sich sowohl Wissenschaft als auch Religion „unkonsequenter Uebergriffe schuldig machen" (ebd., S. 566) werden.

Weber war mit seiner Konzeption von unterschiedlichen Wertsphären im Allgemeinen und mit seiner Beschreibung des Verhältnisses zwischen der religiösen und der wissenschaftlichen Wertsphäre im Besonderen überaus einflussreich. Bevor wir uns dem weiteren Verlauf der soziologischen differenzierungstheoretischen Debatte widmen, unternehmen wir im Folgenden einen kurzen Abstecher in die Anthropologie. Hier wurden zu ähnlicher Zeit ebenfalls intensive Debatten zum Verhältnis zwischen Religion und Wissenschaft geführt. Diese waren zwar nicht losgelöst vom soziologischen Diskurs, legten aber doch einen etwas anderen Schwerpunkt. Ausgangspunkt waren weniger abstrakte Konzepte zur Entwicklung von modernen Gesellschaften, sondern vielmehr Beobachtungen von Kollektiven, die als außerhalb der modernen Welt angenommen wurden. Aus diesen Beobachtungen, so die Idee, sollten anthropologische Grundlagen erkennbar werden, die unabhängig von Staats- und Gesellschaftsform bedeutsam wären. Diese Perspektive vergegenwärtigen wir uns im Folgenden am Beispiel eines klassischen Textes von Bronislaw Malinowski.

3.2.3 Bronislaw Malinowski und der Funktionalismus

Bronislaw Kasper Malinowski (1884–1942) gilt als ein bedeutender Begründer der ethnografischen Methode in der Anthropologie. Sein Werk *Magic, Science, and Religion* (Malinowski und Redfield 1948) von 1925 bietet eine viel beachtete anthropologische Perspektive auf unser Thema. Der hier entwickelte Funktionalismus stellt darüber hinaus eine wichtige Verbindung zu späteren systemtheoretischen Debatten her.

Malinowski hat sich auch an anderen Stellen seines Werkes mit dem Verhältnis zwischen Religion und Wissenschaft beschäftigt, die Schrift *Magic, Science and Religion* fasst aber kondensiert seine Beobachtungen und Theoretisierungen dazu zusammen. Und Beobachtung ist die wichtigste Grundlage seiner Aussagen.

Malinowski verbrachte einige Jahre auf den zu Papua-Neuguinea gehörenden Trobriand-Inseln und beobachtete das Leben der Trobriander:innen. Wie in der anthropologischen Literatur zu dieser Zeit üblich, bezeichnete er sie als „primitiv" – ein Ausdruck, der bei heutigem Lesen zu Recht Widerstand hervorruft. In der Kernaussage seiner Schrift macht Malinowski allerdings gerade darauf aufmerksam, dass in der sogenannten „primitiven Welt" eben nicht alles ganz anders wäre als in der sogenannten „modernen Welt". Er distanzierte sich auch von den zu seiner Zeit üblichen kolonialistischen Fortschrittsbeschreibungen (wie wir sie beispielsweise auch bei Comte kennengelernt haben).

Und in dieser Argumentation spielt die Beobachtung des Verhältnisses von Wissenschaft, Magie und Religion eine entscheidende Rolle. Die zentralen Aussagen des Textes stellt Malinowski gleich zu Beginn heraus: Alle wie auch immer ausgeprägt „primitiven" Menschen verfügen aus seiner Sicht sowohl über Religion und Magie als auch gleichzeitig über eine Art von wissenschaftlicher Haltung. Und: In allen „primitiven Gemeinschaften" lassen sich eine heilige und eine profane Domäne klar voneinander unterscheiden, wobei Religion und Magie zur heiligen und die Wissenschaft zur profanen Domäne gehören.

Magie ist nun ein Begriff, der bei uns alltagssprachlich nur noch selten genutzt wird. Schon das Verständnis von Wissenschaft und Religion ist, wie wir festgestellt haben, sehr vielfältig, aber was meint Malinowski mit Magie? Wir können uns dies in seiner Unterscheidung zwischen Wissenschaft und Magie am besten erschließen:[10]

Wissenschaft, so Malinowski, spielt auch in „primitiven" Gesellschaften bereits eine Rolle. In expliziter Abgrenzung von anderen Anthropolog:innen seiner Zeit beschreibt Malinowski, wie die Naturbeobachtung, die Entdeckung von Regeln und deren praktischem Nutzen zum selbstverständlichen Alltag der „primitiven" Menschen gehörte. Beim Gartenbau, beim Bootsbau und in der Fischerei beziehen und verlassen sich die Menschen demnach auf detaillierte Fachkenntnis nicht nur der Natur, sondern auch physikalischer Gesetze.

Das Vertrauen in dieses Wissen würde allerdings Hand in Hand gehen mit dem steten Wissen um die Grenzen dessen, was sich durch pures Wissen beeinflussen ließe. Für alles, was dagegen nicht aus eigener Kraft kontrollierbar wäre – die Launen der Natur, Schicksal oder Glück – würde *Magie* angewandt. Wie der Autor mehrfach betont, wäre Magie damit stets und unmittelbar an praktische Zwecke gebunden. Er grenzt sich hier wieder explizit ab gegen andere Darstellungen seiner Zeit, nach denen „primitive" Menschen die ganze Welt um sich herum als irgendwie ungerichtet mystisch und magisch wahrnehmen und magische Kräfte in allen möglichen Dingen und Tieren annehmen würden. Magie, so stellt Malinowski auf Grundlage seiner Beobachtung heraus, würde mit einem klaren praktischen Ziel eingesetzt und wäre an präzise Bedingungen und Abläufe gebunden. Die gesellschaftliche Funktion der Magie ist die Krisenbewältigung: Sie kanalisiert die emotionalen Ausbrüche, die ansonsten – und hier generalisiert

---

10 Für die folgenden Absätze siehe auch Gülker 2019a.

Malinowski über die „Primitiven" hinaus – mit der Erfahrung eigener Grenzen im praktischen Leben verbunden wären.

Magie richtete sich also an außerweltliche Kräfte und Malinowski ordnet sie der Sphäre des Sakralen zu. Gleichzeitig ist sie aber auf konkrete diesseitige Zwecke hin orientiert und dies unterscheidet sie von *Religion*. Religiöse Riten nämlich, so die Unterscheidung von Malinowski, wären für die Menschen Zweck an sich. Er argumentiert dies auf Basis der Beobachtung von Initiations-, Essens- und Fruchtbarkeitsriten, die in allgemeiner Weise an eine Göttlichkeit gerichtet sind, ohne von diesen eine konkrete Gegenleistung zu kalkulieren. Aus soziologischer Perspektive allerdings erfüllen sie laut Malinowski klar definierbare Funktionen: Indem sie die Tradition sakralisieren, stellen sie eine starke Verbindung aller Mitglieder mit der Tradition eines Stammes her, sichern eine gemeinsame Moral und damit schließlich das Überleben eines Stammes. Religiöse Riten sind insbesondere für die Bewältigung von kritischen Übergängen im Leben von Bedeutung. Als Übergang mit dem größten Krisenpotenzial befasst sich Malinowski besonders mit dem Tod und den ihn begleitenden Riten und Kulten. Die zentrale Funktion von Religion, so seine Schlussfolgerung, ist die Bewältigung der fundamentalen menschlichen Krise angesichts eigener Endlichkeit.

Damit religiöse Rituale diese Funktionen erfüllen können, müssen sie laut Malinowski auch kollektiv und öffentlich vollzogen werden – nur so erhalten sie ihre Glaubwürdigkeit und Verbindlichkeit.

Am Ende des Textes fasst Malinowski die Funktionen sinngemäß wie folgt zusammen: Wissenschaft hilft dem Menschen, sich gegenüber anderen Spezies zu behaupten und damit zu entwickeln. Die Funktion von sowohl Religion als auch Magie ist Krisenbewältigung auf moralische Art und Weise, nämlich in den Bahnen der Tradition. Religion dient der Bewältigung der fundamentalen menschlichen Krise angesichts des Wissens um die eigene Endlichkeit. Magie schließlich ermöglicht einen friedlichen und vor allem hoffnungsvollen Umgang mit Krisen angesichts praktischer Grenzen innerhalb des Lebens: Anstatt an unerfüllter Liebe, aus Angst vor Naturgewalten und Krankheit zu verzweifeln und diese Verzweiflung möglicherweise in Aggression umzuwandeln, geben magische Rituale die Möglichkeit aktiv zu sein und zu hoffen.

Aus dieser anthropologischen Perspektive braucht es also aus funktionalen Gründen sowohl Wissenschaft als auch Magie als auch Religion – und dies sowohl für die individuelle Lebensführung und Krisenbewältigung als auch für den kollektiven sozialen Zusammenhalt.

3.3 Jüngere Debatten

Differenzierung, so wurde oben schon eingeführt, ist bis heute ein wichtiger Begriff zur Beschreibung insbesondere der sogenannten westlichen Moderne. Auffällig ist allerdings, dass im Laufe der Jahrzehnte nach Gründung der Soziologie das besondere Verhältnis zwischen Religion und Wissenschaft zunehmend weniger im Fokus der differenzierungstheoretischen Debatten stand. Das gilt jedenfalls für den im engeren Sinne soziologischen Diskurs, der seit den 1950er-Jahren stark durch die Systemtheorie bestimmt wird. Ein anderer differenzierungstheoretischer Vorschlag der jüngeren Zeit positioniert sich dagegen explizit in der polarisierten Debatte um Religion und Wissenschaft im anglo-amerikanischen Kontext (vgl. Kapitel 2). Er stammt von dem Naturwissenschaftler Steven Gould.

Wir beschäftigen und uns im Folgenden zunächst mit Religion und Wissenschaft in der Systemtheorie und sodann mit dem Beitrag von Gould.

3.3.1 Religion und Wissenschaft in der Systemtheorie

Die Grundideen der Systemtheorie sind eigentlich in dem, was bisher zu Differenzierung und Funktionalismus gesagt wurde, schon angelegt. Mit „The Social System" (Parsons 1951) präsentierte der Soziologe Talcott Parsons im Jahr 1951 dann aber eine Zuspitzung dieser Ideen mit dem Anspruch einer umfassenden Gesellschaftstheorie. Das Analyse von System-Umwelt-Verhältnissen wurde für einige Jahrzehnte die dominierende Aufgabe (nicht nur) der US-amerikanischen Soziologie. Und wenn oben gesagt wurde, dass die Differenzierungsperspektive auch durch Entwicklungen in der Biologie inspiriert war, dann wird dies in systemtheoretischen Konzepten besonders deutlich.

Von einer Gesellschaft als System zu sprechen betont, dass die Elemente einer Gesellschaft alle miteinander verbunden sind und gegenseitig Funktionen füreinander erfüllen. Diese Art des wechselseitigen aufeinander Bezogenseins sorgt für Stabilität trotz dynamischer Veränderungen in der Umwelt. Deutlicher als in den früheren differenzierungstheoretischen Arbeiten etwa von Dilthey, Simmel oder Weber, betont die Systemperspektive die Grenze zwischen dem Innen und dem Außen eines Systems. Ein System ist immer darauf ausgerichtet, sich selbst zu erhalten – die Funktionserfüllung für andere Systeme dient am Ende immer auch dem eigenen Fortbestehen. Diese Grenze zwischen dem Innen und dem Außen wurde schon von Parsons herausgestellt. Niklas Luhmann (1927–1998) – der deutsche Soziologe, dessen Systemtheorie gerade in den deutschsprachigen Ländern bis heute die wichtigste Referenz ist – hat diese Grenze noch weiter theoretisiert. Luhmann (1995) spricht von Selbstreferenzialität und meint damit, dass jedes Prozessieren in einem System am Ende auf das eigene System bezogen bleibt. Er spricht auch von autopoietischer Geschlossenheit und nimmt damit an, dass Systeme so abgeschlossen sind, dass sie nicht unmittelbar auf Einflüsse von außen in der Logik des Außen eingehen können. Autopoietisch geschlossene Systeme können höchstens von außen irritiert werden, diese Irritation muss aber in die Sprache und Logik des eigenen Systems übersetzbar sein.

Diese sehr groben Andeutungen der systemtheoretischen Perspektive legen schon nahe, wie innerhalb eines solchen Gerüstes Religion und Wissenschaft wahrscheinlich gedacht werden: nämlich getrennt voneinander. Bedeutsam ist allerdings, dass sich beide – Parsons und Luhmann – eingehend auch mit Religion befasst haben. Religion bleibt in der systemtheoretischen Gedankenwelt einer funktional ausdifferenzierten Gesellschaft auch weiterhin von Bedeutung. Mit der Funktion von Wissenschaft beschäftigen sich ebenfalls beide Autoren. Das Verhältnis beider Funktionsbereiche wird aber wenig thematisiert – am intensivsten noch von Luhmann in seinem Frühwerk.

Aber der Reihe nach. Was ist eigentlich ein System und was macht es aus? Diese Frage wird von Parsons und Luhmann unterschiedlich beantwortet. Parsons spricht von Handlungssystemen und von Subsystemen, die einem allgemeinen Handlungssystem hierarchisch untergeordnet sind. Handlung – bei ihm in einem sehr breiten Verständnis gemeint – ist die Grundlage von allem. Handlungen, in ihrer Verkettung und Aufeinander-Bezogenheit sorgen für die Aufrechterhaltung der Subsysteme und, in der Summe ihrer Verkettung, zur Aufrechterhaltung des allgemeinen Handlungssystems. Als Subsysteme unterscheidet Parsons zwischen dem Organismus, dem Persönlichkeitssystem, dem Sozialsystem und dem kulturellen System. Das allgemeine Handlungssystem besteht aus den Verkettungen und Wechselwirkungen von Handlungen innerhalb dieser Subsysteme. Damit ein System dauerhaft stabil bleibt, so Parsons weiter, müssen stets vier Grundfunktionen erfüllt sein: Die Handlungen müssen Anpassung an die Umwelt gewährleisten, Zielerreichung ermöglichen, alle beteiligten Einheiten integrieren und sie müssen es schaffen, alle explizit und implizit Beteiligten auch über die aktuelle Situation hinaus zu binden. Diese vier Grundfunktionen werden auch das AGIL-Schema genannt, entsprechend der englischen Begriffe **a**daption, **g**oal-attainment, **i**ntegration und **l**atent pattern maintenance (vgl. auch Schimank 2007, S. 80–93).

Für unser Interesse an dem Verhältnis zwischen Religion und Wissenschaft ist nun das kulturelle System von besonderer Bedeutung. Als Subsystem des allgemeinen Handlungssystems ist nämlich das kulturelle System für die vierte Grundfunktion zuständig: „latent pattern maintenance". Das kulturelle System sorgt für die situationsübergreifende Sinnhaftigkeit von konkreten Handlungen. Es bietet Werte und Normen, die Handeln übergreifend orientieren können. Die Bedeutung von Religion für die Entwicklung von Werten und Normen wird von Parsons an unterschiedlichen Stellen hervorgehoben. In seinem Hauptwerk zur Entwicklung seiner Handlungstheorie (Parsons 1968 [1937]) grenzt er sich von der Idee rein nutzenorientierten und rationalen Handelns ab. Vielmehr geht er davon aus, dass neben rationalem Kalkül immer auch Emotionen und Werte für jede Handlungssituation von Bedeutung sind. Bezogen auf seine Gesellschaftstheorie positioniert er sich damit gleichzeitig gegen die positivistischen Ideen zur Ablösung von Religion durch Wissenschaft. Auch bei fortschreitender wissenschaftlicher Entwicklung würde Religion eine wichtige Funktion zur Motivierung von Werten und Normen behalten (vgl. Breuer 2019).

In der Weiterentwicklung seiner Systemtheorie zur übergreifenden Gesellschaftstheorie ist nun interessant, dass Parsons Wissenschaft und Religion in ihrer Funktion zur Stabilisierung von Gesellschaftssystemen jeweils eine ganz ähnliche Bedeutung zuschreibt. Sowohl die Institutionen der Religion als auch der Wissenschaft sind nämlich Teil des so genannten „Treuhandsystems" (fiduciary system), das – ganz im Sinne des kulturellen Systems – für die dauerhafte Wertebindung von Handeln zuständig ist. Diese gemeinsame Verortung sollte nicht so verstanden werden, dass Parsons keinen Unterschied zwischen Religion und Wissenschaft – oder zwischen religiösem und wissenschaftlichem Wissen – machen würde. Aber rein mit Blick auf die Stabilisierung einer Gesellschaft sieht er doch beide in derselben Funktion.

Das kulturelle System hat bei Parsons in der Hierarchie der Subsysteme eine hervorgehobene Bedeutung: Für ihn hängt die Stabilität einer Gesellschaft entscheidend davon ab, wie gut die übergreifende Orientierung durch Werte und Normen funktioniert. Luhmann, der zunächst von der Arbeit Parsons stark beeinflusst wurde, grenzt sich von dieser Auffassung explizit ab. Anstatt von Werten spricht er von Erwartungen und löst sich damit gleichzeitig von der Vorstellung einer Hierarchie zwischen unterschiedlichen Systemen und der Idee, dass einzelne Systeme zu einem größeren Ganzen beitragen würden. Vielmehr stehe jedes System für sich und prozessiere die Grenze zwischen System und Umwelt. Umwelt ist die komplexe und immer nur ausschnitthaft wahrnehmbare Komplexität aller Möglichkeiten. Systeme dienen dazu, diese Komplexität so zu kanalisieren, dass sich aus einer spezifischen Systemperspektive heraus sinnvolle Verbindungen ergeben.

In seiner frühen Werkphase unterscheidet Luhmann zwischen personalem und sozialem System, für beides bleibt aber das Handeln zentral. Indem das personale System (das, was eine individuelle Persönlichkeit ausmacht) die vielfältigen Erfahrungen und Eindrücke aus der eigenen Systemperspektive heraus deutet und so Komplexität reduziert, bleibt es handlungsfähig. Das Gleiche gilt für das soziale System – beispielsweise eine Familie oder eine Wirtschaftseinheit: Auch hier werden aus der komplexen Vielfalt an möglichen Sinnzuschreibungen diejenigen herausgehoben, die für weitere Handlungen im Sinne des jeweiligen Systems bedeutsam sind.

Religion wird schon in dieser frühen Phase in Luhmanns Werk ausführlich zum Thema: „Funktion der Religion" (Luhmann 2016 [1982]) heißt die erste Monografie von 1982, die sich konzentriert mit einem einzelnen Funktionssystem beschäftigt. Und wie der Titel schon andeutet, folgt Luhmann in diesem Werk noch durchaus einer Logik, die die Funktion einzelner Teilbereiche für ein größeres Ganzes zu rekonstruieren sucht. Die Funktion der Religion erkennt Luhmann darin, Unbestimmbares in Bestimmtes zu überführen und so Kontingenz ertragbarer zu machen (vgl. auch Pollack 2019). Wenn oben gesagt wurde, dass im Prinzip jedes System dafür da ist, Komplexität zu reduzieren und aus einer Vielfalt von Möglichkeiten sinnvolle Verbindungen zu selektieren, dann ist die Religion spezialisiert auf den Umgang mit dem, was nicht ausgewählt wird. Diese vielfältigen Möglichkeiten, die nicht in den Blick kommen können, alles, was auch hätte anders sein können, bleibt ja als diffuser Möglichkeitsraum auch innerhalb des Systems angezeigt. Um mit dieser Kontingenz umzugehen, operiert das System Religion mit Chiffren: Die Chiffre Gott überführt Unbestimmbares in Bestimmtes. Chiffren

> „[…] konstituieren Wissen, indem sie das Bestimmte an den Platz des Unbestimmten setzen und dieses dadurch verdecken. Was durch sie verdeckt wird, bleibt Leerhorizont; es hat keine Realität, nicht einmal negierbare Realität, aber es wird miterlebt als das, was kontingente Form notwendig macht." (Luhmann 2016 [1982], S. 33)

3 Religion und Wissenschaft als Differenzverhältnis

Mit dieser Funktionsbestimmung macht Luhmann gleichzeitig deutlich, dass es bei Religion um etwas grundsätzlich anderes geht als in der Wissenschaft: Es geht hier nicht um Erkenntnis der Realität: Was verdeckt wird „hat keine Realität". In einem Abschnitt zum Verhältnis zwischen Religion und Wissenschaft weist er interessanterweise zusätzlich darauf hin, dass es auch für die Wissenschaft nicht möglich sei, „systemunabhängiges ‚objektives Sein'" zu entdecken, sondern dass es auch für die Wissenschaft „nur Strategien der Objektivierung" (ebd., S. 69) von Umweltkomplexität gäbe. Diese Strategien der Objektivierung sind für Religion und Wissenschaft unterschiedliche – beide haben damit auch mit dem Problem umzugehen, dass ihre eigene Wahrheit in anderen Systemen nicht unmittelbar auch als solche angenommen wird.

In dem Maße, wie sich in Gesellschaften Systeme ausdifferenziert und Grenzen zwischen System und Umwelt verfestigt haben, sieht Luhmann dann allerdings auch keinen Anlass für Konflikte zwischen Religion und Wissenschaft mehr:

> „Diese Formulierungen entsprechen einer gesellschaftlichen Situation, in der man konstatieren kann, daß offene Konflikte und gegenseitige Übergriffe zwischen Wissenschaft und Religion abklingen, weil sich in *beiden* Systemen interne Anpassungen an Systemdifferenzierung durchgesetzt haben. Deshalb haben wir den nutzlosen Streit über die Möglichkeit, einen streng wissenschaftlichen Begriff des Transzendenten (Übernatürlichen, Absoluten, Letzten) zu formulieren, umgangen." (ebd., S. 70, Hervorh. im Original)

Und ein paar Zeilen später fasst er zusammen:

> „In jedem Fall gehören Pauschalkonfrontationen von Religion und Wissenschaft zu den Überbleibseln einer Entwicklungsphase der Gesellschaft, in der um die Differenzierung von Religionssystem und Wissenschaftssystem noch gekämpft werden musste" (ebd., S. 71)

Diese Zusammenfassung ist auch aus geschichtsphilosophischer Perspektive sehr interessant. Sie verdeutlicht, wie selbstverständlich Luhmann von einer einheitlichen Entwicklung von Gesellschaften ausgeht, die auf immer mehr Differenzierung hin ausgerichtet ist. Wenn es keine Konflikte zwischen Religion und Wissenschaft (mehr) gibt, ist dies demnach Ausweis einer vorangeschrittenen Entwicklung.

In seiner späteren Schaffensphase in den 1980er-Jahren hat Luhmann sich dann auch von dem Begriff des Handelns explizit gelöst und hat seine Systemtheorie ganz auf den Begriff der Kommunikation umgestellt. An der Grenze zwischen System und Umwelt wird weiterhin Komplexität reduziert. Nun aber konzentrierte sich Luhmann ganz auf die semantische Leistung, die mit dieser Komplexitätsreduktion verbunden ist: Aus der Vielfalt der Phänomene außerhalb des Systems werden nur solche kommunikativ überhaupt aufgegriffen, die sich in die Sprache des Systems übersetzen lassen. Luhmann widmet nun den Systembeschreibungen der Wirtschaft, der Wissenschaft, des Rechts, der Kunst, der Massenmedien, der

Politik und der Religion jeweils eigene Monografien und identifiziert jeweils einen systemspezifischen binären Code, auf den hin jede Kommunikation ausgerichtet ist. Der Code im Wissenschaftssystem ist demnach wahr/unwahr, der im Religionssystem ist immanent/transzendent. Kommunikation – in einem breiten Sinne verstanden – wird innerhalb eines Systems nur prozessiert, wenn sie in der Logik dieser Codes zu verarbeiten ist.

Mit der Umstellung seiner Theorie auf den Begriff der Kommunikation anstelle von Handeln betont Luhmann noch sehr viel deutlicher als in seinen früheren Arbeiten die Geschlossenheit von Systemen, und mehr noch: In der selbstreferentiellen Kommunikation schließen sich Systeme gegen die Umwelt und gegen andere Systeme ab und sie entwickeln darüber hinaus die Fähigkeit, sich selbst zu erzeugen. Kommunikation hält das eigene System am Laufen und indem beispielsweise in der Unterscheidung wahr/unwahr kommuniziert wird, wird gleichzeitig die Wissenschaft hergestellt und aufrechterhalten.

Das Verhältnis zwischen Religion und Wissenschaft wird in dieser Schaffensphase nicht mehr eigens thematisiert. Auffällig ist allerdings, dass Luhmann der Religion nun eine zweite Monografie widmet (Luhmann 2015 [2000]) und deren Bedeutung als "Realitätsverdopplung" hervorhebt. Auch wenn Luhmann insgesamt betont, dass zwischen den Teilsystemen keine Hierarchie bestehe, kommt hier doch dem Religionssystem eine hervorgehobene Bedeutung zu. Denn im Prinzip alles, wie auch immer es in anderen Systemreferenzen unterschieden wird, kann zusätzlich in Bezug auf die Referenz immanent/transzendent unterschieden werden. Die Religion ist demnach spezialisiert auf diese Dopplung:

> „Die alte Unterscheidung von realen bzw. real imaginierten Dingen und Ereignissen kann weiterhin praktiziert werden, aber sie wird überformt durch eine sehr viel radikalere Unterscheidung, die die Welt selbst betrifft und für alles, was es gibt, eine zweifache Bewertung bereithält – im Falle der Religion die Doppelbewertung als immanent und als transzendent." (Luhmann 2015 [2000], S. 62–63)

Für das Verhältnis zwischen Religion und Wissenschaft ändert sich dadurch theoretisch im Vergleich zu Luhmanns Frühwerk nichts. Er widmet diesem Verhältnis auch kein gesondertes Kapitel in dem späteren Werk. Mit der weiteren Konkretisierung der spezifischen Funktion von Religion, so können wir selbst ableiten, wird auch der Raum für potenzielle Überschneidungen oder gar Konflikte zusätzlich kleiner.

Vorstellbar ist in der Theorie Luhmanns allerdings durchaus eine Art mittelbare Abstimmung zwischen unterschiedlichen Funktionssystemen. So geht Luhmann schließlich auch davon aus, dass ein System auf seine Umwelt angewiesen ist – tatsächlich existiert es überhaupt nur durch die Unterscheidung zwischen System und Umwelt. Die Religion ist dabei Umwelt für die Wissenschaft und umgekehrt. Die beiden können zwar nicht in dem Sinne miteinander kommunizieren, dass der jeweils andere Code angenommen würde. Möglich wäre aber eine „strukturelle Kopplung": Eine gegenseitige Irritation durch Erwartungen, deren Nichterfüllen dauerhaft Konsequenzen für die Kommunikation im eigenen Code haben kann. Das gängige Beispiel für eine strukturelle Kopplung ist die zwischen dem Politik- und dem Wirtschaftssystem. Aggregierte Informationen über das Bruttoinlandsprodukt beispielsweise kommunizieren im Wirtschaftscode Zahlung/Nicht-Zahlung und drücken gleichzeitig eine Erwartung an die Politik aus, deren Nicht-Befolgen auf Dauer Auswirkungen auf die Referenz Macht/Ohnmacht haben wird. Eine solche strukturelle Kopplung zwischen Wissenschaft und Religion wurde meines Wissens bisher in der Literatur nicht ausbuchstabiert, ihre Bedeutung wäre aber durchaus interessant empirisch zu befragen.

3.3.2 Jay Gould und das „NOMA-Prinzip"

Zum Abschluss unserer Auseinandersetzung mit Beschreibungen von Religion und Wissenschaft als Differenzverhältnis befassen wir uns mit dem Aufsatz „Nonoverlapping Magisteria" von Steven Jay Gould (2014 [1997]) aus dem Jahre 1997. Gould ist kein Soziologe und er hat – im Unterschied zu allen bisher in diesem Kapitel behandelten Autoren – kein umfassendes sozialtheoretisches Werk verfasst. Gould ist Evolutionsbiologe und sein Beitrag ist als Positionierung in den weiter oben behandelten polarisierten Auseinandersetzungen zwischen „Neuen Atheist:innen" und „Kreationist:innen" zu verstehen. Dass das von ihm entworfene NOMA-Prinzip einen festen Platz auch in der sozialwissenschaftlichen Beschäftigung mit dem Verhältnis zwischen Religion und Wissenschaft hat, ist vor diesem Hintergrund zu verstehen. Denn hier meldet sich ein prominenter Naturwissenschaftler in einer Debatte zu Wort, in der die Rollen eigentlich klar verteilt scheinen. Anstatt von Konflikt schreibt er von sich wechselseitig nicht überlappenden Magistraten und dies bei genauerem Hinsehen mit einem durchaus normativen Impetus, der der Religion viel Gutes zutraut.

Den Begriff des Magistrats übernimmt er dabei von einer päpstlichen Enzyklika – Papst Pius XII. hatte sich in „Humani Generis" im Jahre 1950 mit der Evolutionstheorie auseinandergesetzt und dabei vom Lehrbereich (Magistrat) der Kirche gesprochen. In dieser Schrift macht der Papst auch bereits eine Unterscheidung zwischen kirchlichem und wissenschaftlichem Magistrat: Sollte sich die Evolutionstheorie als fundiert herausstellen, wäre davon der Glaube an die von Gott geschaffene Seele des Menschen unberührt. Sein Prinzip der „nonoverlapping magisteria" (NOMA) entwickelt nun Gould in einer Diskussion dieser frühen Enzyklika im Vergleich mit einer im Oktober 1996 veröffentlichten Aussage von Papst Johannes Paul II. Der zentrale Satz dieser Aussage war, dass die Evolutionstheorie „mehr als eine Hypothese" sei und sie bekam weltweit große mediale Aufmerksamkeit. Gould stellt nun fest, dass mit dieser Aussage in der Tat eine neue Wendung in der päpstlichen Auffassung verbunden ist. Denn während Pius XII. die Evolutionstheorie noch als unwahrscheinliche und normativ höchst problematische Hypothese beschrieben hatte, erkennt nun Johannes Paul II. deren wissenschaftliche Gültigkeit an. Gould fasst seine Analyse folgendermaßen zusammen;

> "Sincere Christians must now accept evolution not merely as a plausible possibility but also as an effectively proven fact. In other words, official

> Catholic opinion on evolution has moved from 'say it ain't so, but we can deal with it if we have to' (Pius's grudging view of 1950) to John Paul's entirely welcoming 'it has been proven true; we always celebrate nature's factuality, and we look forward to interesting discussions of theological implications'". (Gould 2014 [1997], S. 17)

In seiner weiteren Bewertung dieser Entwicklung bezieht sich Gould dann insbesondere auf die Bedeutung von Austausch zwischen naturwissenschaftlichen und theologischen Perspektiven. Indem er diesem Austausch einen positiven Wert zumisst, grenzt er sich gleichzeitig explizit von den Naturwissenschaftler:innen des Neuen Atheismus ab. Vielmehr platziert er das NOMA-Prinzip normativ als Maßstab für Vertreter:innen der Theologie wie der Naturwissenschaft gleichermaßen:

> "I believe, with all my heart, in a respectful, even loving concordat between our magisteria — the NOMA solution. NOMA represents a principled position on moral and intellectual grounds, not a mere diplomatic stance. NOMA also cuts both ways. If religion can no longer dictate the nature of factual conclusions properly under the magisterium of science, then scientists cannot claim higher insight into moral truth from any superior knowledge of the world's empirical constitution." (ebd., S. 18)

Am Beispiel des Begriffes der Seele macht Gould dann das NOMA-Prinzip noch einmal deutlich und hebt gleichzeitig hervor, wie wertvoll ein Austausch zwischen den Magistraten aus seiner Sicht sein kann. Denn auch wenn er selbst als Wissenschaftler mit dem Begriff der Seele nicht wissenschaftlich umgehen könne, so würde er doch den metaphorischen Wert eines solchen Begriffes erkennen können. Und sich über die moralischen Implikationen solcher Begriffe zu verständigen sei wertvoll und auch notwendig, weil mit der Erkenntnis naturwissenschaftlicher Vorgänge noch keinerlei moralische Orientierungen verbunden wären. Im letzten Absatz heißt es dazu:

> "Here, I believe, lies the greatest strength and necessity of NOMA, the no-noverlapping magisteria of science and religion. NOMA permits — indeed enjoins — the prospect of respectful discourse, of constant input from both magisteria toward the common goal of wisdom." (ebd., S. 19)

Wir haben es hier also mit einer durchaus normativen Positionierung zu tun. In der sozialwissenschaftlichen Debatte insbesondere zu Auseinandersetzungen im anglo-amerikanischen Raum wird auf diesen Beitrag regelmäßig verwiesen. In der Logik dieses Buches greift er einerseits sicherlich die Grundperspektive der Differenzierungstheorie auf, auch wenn sie hier theoretisch nicht weiter ausbuchstabiert wird. Gleichzeitig ließe sich die Aufforderung zum Diskurs auch kommunikationstheoretisch weiter entwickeln – ein Ansatz, den Jürgen Habermas verfolgt, mit dessen Beitrag wir uns weiter unten noch ausführlicher beschäftigen werden.

3.4 Die gesellschaftliche Bedeutung der Differenzbeschreibung

Die Beschreibung von Religion und Wissenschaft als ein Differenzverhältnis enthält mindestens auf den ersten Blick deutlich weniger gesellschaftspolitisches Polarisierungspotenzial als die Konfliktthese. Schließlich nimmt diese Beschreibung an, dass sowohl Religion als auch Wissenschaft prinzipiell bedeutsam sind, unterschiedliche gesellschaftliche Funktionen erfüllen und dabei weitgehend unabhängig voneinander funktionieren. Das Thema, das in der Frühzeit der Soziologie die Gemüter so erhitzt hat, könnte mit dieser Synthese also auch als erledigt angesehen werden.

Tatsächlich wird dieses Nebeneinander von Religion und Wissenschaft als unterschiedliche Funktionsbereiche heute in Deutschland und in vielen anderen Ländern als weitgehend unhinterfragte Selbstverständlichkeit angenommen. Sie ist im deutschen Grundgesetz institutionalisiert, hier werden sowohl den Institutionen der Wissenschaft als auch der Religion weitgehende Bestands- und Freiheitsrechte zugesprochen. Und wir erkennen funktionale Differenzierung von Religion und Wissenschaft auch aus alltäglicher Anschauung: Wir sehen selbstverständlich unterschiedliche professionelle Rollen in der Kirche und in der Wissenschaft, unterschiedliche spezialisierte Organisationen, unterschiedliche Medien – und die Wissenschaft beantwortet andere Fragen als die Religion. Doch das *Aber* folgt.

Und dieses Aber entsteht aus unterschiedlichen Ebenen der Betrachtung. Zunächst hat schon Max Weber darauf hingewiesen, dass Wissenschaft und Religion zwar unterschiedlichen Wertsphären angehören, dass sie aber gleichwohl in Spannungsverhältnissen zueinanderstehen würden. Aus seiner Perspektive bleiben diese Spannungen dauerhaft Bestandteil moderner Gesellschaften, weil es immer wieder „Übergriffe" in die jeweils andere Wertsphäre geben würde. Auch wenn also zwar die prinzipielle Bedeutung von sowohl Religion als auch Wissenschaft für Gesellschaften anerkannt wäre, blieben gleichwohl stete Auseinandersetzungen an den Grenzen bestehen. Spannungsverhältnisse dieser Art können wir auch in Deutschland weiterhin gut beobachten und die Kapitel im dritten Teil dieses Buches lassen sich gut aus dieser Perspektive lesen: Als Beispiele für andauernde Spannungsverhältnisse, die je nach Kontext immer neu ausgehandelt werden. Damit kann die Differenz*beschreibung* eine Orientierung dafür geben, unterschiedliche Verhältnisse zwischen Wissenschaft und Religion in zeitgenössischen Gesellschaft empirisch zu untersuchen.

Auf einer weiteren Ebene der Betrachtung gilt es allerdings auch zu prüfen, inwiefern mit der Beschreibung von Differenz auch eine *normative Idee* transportiert wird und welche gesellschaftspolitische Bedeutung diese Idee dann möglicherweise hat. Und auch hier können wir zunächst aus der Anschauung feststellen, dass eine solche Idee von Differenz in der deutschen Gesellschaft auch normativ verankert ist. Oben wurde schon auf das Grundgesetz verwiesen, alltäglich würden wir es auch intuitiv ablehnen, wenn beispielsweise eine wissenschaftliche Publikation mit einem Gebet beginnen würde, oder wenn in einem Gottesdienst eine neue Erklärung zur physikalischen Beschaffenheit der Welt vorgestellt würde.

Die Selbstverständlichkeit, mit der gemeinhin von einer Differenz der beiden Sphären ausgegangen wird, sollte soziologisch allerdings neugierig und aufmerksam machen. Drei Aspekte können hier nur skizziert werden:

Erstens bleibt – wenn die Beschreibung funktionaler Differenzierung zutrifft – weiterhin die Frage der frühen Soziologie danach virulent, was Gesellschaften im Kern zusammenhält. Diese Frage wird auch aktuell in vielfältiger Weise thematisiert. Religion wird dabei weiterhin eine integrierende Funktion zugetraut (vgl. z. B. Schnabel 2012), allerdings ist gleichzeitig erkennbar, wie Parallelwelten entstehen, in denen weder die institutionalisierte Religion noch die institutionalisierte Wissenschaft als Referenz für Gewissheit wahrgenommen werden (vgl. auch Kap. 12 zu Verschwörungsdenken).

Zweitens ist mit der Differenzbeschreibung implizit immer auch die Annahme verbunden, dass sich ein Funktionsbereich Religion und ein Funktionsbereich Wissenschaft klar voneinander unterscheiden lassen. Damit sind wir wieder bei der Definition beider Bereiche: Die Differenzbeschreibung legt eine institutionalisierte Form beider Bereiche nahe und übersieht damit möglicherweise religiöse und wissenschaftliche Bezüge, die außerhalb dieser institutionalisierten Formen stattfinden. Gesellschaftlich und für die Frage der Herstellung von Gewissheit ist die Trennung dann möglicherweise viel weniger ausgeprägt als die Beschreibung nahelegt – auch hierzu geben die Kapitel in Teil III Beispiele.

Drittens schließlich ist mit der Differenzbeschreibung zwischen Religion und Wissenschaft wie mit der Differenzierungstheorie insgesamt auch eine normative Entwicklungstheorie verbunden: Es wird implizit oder explizit davon ausgegangen, dass sich weltweit alle Gesellschaften früher oder später im Sinne dieser Theorie entwickeln. Damit kann sie auch als ein ideologisches Fundament für die Gegenüberstellung der „modernen westlichen" und der „nicht-modern nicht-westlichen" Welt fungieren (vgl. Goncalves 2016). Schließlich wird heute Differenzierung mit Modernität vielfach gleichgesetzt (vgl. Pollack 2007) und dabei davon ausgegangen, dass diese Moderne die gewünschte Zukunft für alle sein muss.

Diese Gewissheit bekommt allerdings längst Risse, schließlich sind heute die problematischen Seiten wissenschaftlicher Entwicklungen ebenso auffällig wie deren Errungenschaften. Angesichts von weltweiter Ungleichheit durch Ressourcenverbrauch und Klimawandel werden in der aktuellen sozialwissenschaftlichen Literatur Lateinamerikas beispielsweise ganzheitliche Lebenshaltungen indigener Völker (in zum Teil romantisierender Weise) wiederentdeckt. Ganz entgegen der Differenzbeschreibung werden hier auch Bezüge zu wissenschaftlichem und zu religiösem Wissen keineswegs klar voneinander getrennt (vgl. Guerra et al. 5).

So nachvollziehbar also die Differenzbeschreibung auf der einen Seite ist, so deutlich bleiben auf der anderen Seite gesellschaftspolitisch relevante Phänomene außerhalb ihres Fokus. Im Folgenden befassen wir uns mit solchen Beschreibungen von Religion und Wissenschaft, die von vornherein keine klar getrennten Bereiche annehmen.

3 Religion und Wissenschaft als Differenzverhältnis

Diskussionsfragen

- Wenn von Religion und Wissenschaft als Differenzverhältnis gesprochen wird: Welches Verständnis von Religion und welches von Wissenschaft ist damit verbunden?
- Inwiefern überzeugt Sie die Beschreibung eines Differenzverhältnisses, inwiefern nicht?
  - Welche Beispiele sprechen aus Ihrer Sicht für diese Beschreibung?
  - Inwiefern halten Sie es auch normativ für wünschenswert, dass Religion und Wissenschaft in einem Differenzverhältnis zueinanderstehen? Inwiefern nicht?

Literaturtipps

Literatur zum Einstieg
Petzke, Martin (2020): Religionssoziologie und Differenzierungstheorie um 1900. In: Krech, Volkhard; Tyrell, Hartmann. Religionssoziologie um 1900. 1. Aufl. Baden-Baden: Ergon Verlag.
Schimank, Uwe 2007: Theorien gesellschaftlicher Differenzierung. 3. Aufl. Wiesbaden: VS Verlag für Sozialwissenschaften.

Literatur zum Vertiefen – aus unterschiedlichen konfessionellen Perspektiven
Hermann, Adrian (2013): Differenzierungsnarrative. Narrationsbezogene Überlegungen zum Verhältnis von ‚Religion' und ‚Wissenschaft' in modernen buddhistischen Kontexten. In: Brahier, Gabriela; Johannsen, Dirk (Hg.): Konstruktionsgeschichten. Würzburg: Ergon Verlag, S. 295–318.

4 Religion und Wissenschaft als epistemische Stile

Überblick

Wenn von Religion und Wissenschaft als unterschiedliche epistemische Stile gesprochen wird, dann ist damit die Annahme verbunden, dass sich beide in einer wesentlichen Hinsicht ähnlich sind, sich gleichzeitig in ihrem jeweiligen Stil aber unterscheiden. Diese Zugänge betrachten Religion und Wissenschaft nicht allein und nicht vorrangig in ihrer institutionalisierten und organisierten Form, sondern nehmen religiöse und wissenschaftliche Bezüge in ganz unterschiedlichen Situationen und an unterschiedlichen Orten in den Blick. Auch diese Perspektiven können sich auf Konzeptionen der frühen Soziologie beziehen: Durkheim ging von einer Gleichursprünglichkeit von Religion und Wissenschaft in der Gesellschaft aus und beschrieb unterschiedliche Stile der Klassifikation. Der frühe Wissenschaftssoziologe Fleck knüpfte daran an und machte unterschiedliche religiöse und wissenschaftliche Denkstile aus. Bei den späteren konstruktivistischen Arbeiten von Berger und Luckmann erfüllen wissenschaftliche und religiöse Bezüge ganz ähnliche Funktionen in einer Gesellschaft, unterscheiden sich aber im jeweiligen Stil der Legitimation von Wirklichkeitskonstruktionen. Latour und Habermas befassen sich in jeweils unterschiedlicher Weise mit der religiösen und der wissenschaftlichen Sprache und machen so unterschiedliche Sprachstile aus. Gesellschaftspolitisch macht diese Perspektive darauf aufmerksam, wie anfällig Gesellschaften für diskursive Schließungen sind – auch unabhängig von der institutionalisierten Religion und Wissenschaft.

4.1 Einleitung

Unter dem Titel „epistemische Stile" werden hier solche Perspektiven eingeführt, die etwas Gemeinsames bei Wissenschaft und Religion annehmen. Damit ist gleichzeitig nicht verbunden, dass keine Unterschiede gemacht werden. Aber den Ausgangspunkt bilden jeweils Ähnlichkeiten, von denen ausgehend dann spezifische wissenschaftliche oder religiöse Ausprägungen herausgestellt werden. Diese Ausprägungen lassen sich als spezifische epistemische Stile beschreiben.

Mit dem Gesagten wird schon deutlich, dass wir es im Folgenden noch weniger als in den vorangegangenen Kapiteln mit Religion und Wissenschaft in einem fest institutionalisierten – allein an Universitäten oder in Kirchenräumen stattfindendem – Sinne zu tun haben werden. Es geht hier vielmehr um Religiosität oder Wissenschaftlichkeit als Zugänge zur Welt, die nicht an feste Personen und Orte gebunden sind und die sich je nach Situation auch fluide verändern können.

Im Unterschied zur Konfliktthese und zur Differenzbeschreibung ist der Titel „Religion und Wissenschaft als epistemische Stile" in der Fachdebatte nicht fest etabliert, sondern wird in diesem Buch vorgeschlagen. Der Begriff der epistemischen Stile ist dabei der Wissenschaftssoziologie entnommen, Karin Knorr Cetina (1999) hat ihn geprägt, dazu weiter unten mehr.

Wir beginnen unsere Auseinandersetzung wieder mit einem Blick in die Literatur zur Frühzeit der Soziologie. Denn auch wenn die hier vorgenommene Sortierung bislang nicht etabliert ist, so wurden doch die im Folgenden vorgestellten Ansätze wie auch die der vorangegangenen Kapitel bereits bei den soziologischen Klassikern grundgelegt (Abschnitt 4.2). Sodann befassen wir uns mit Entwürfen, die nach dem Zweiten Weltkrieg prominent wurden, und die in unterschiedlicher Weise Religion und Wissenschaft als epistemische Stile beschreiben (Abschnitt 4.3). Abschließend reflektieren wir die gesellschaftspolitische Bedeutung einer Beschreibung von Wissenschaft und Religion als unterschiedliche epistemische Stile (Abschnitt 4.4).

4.2 Debatten in der Frühzeit der Soziologie

In den vorangegangenen Kapiteln wurde schon herausgestellt, wie intensiv in der Frühzeit der Soziologie über die Verheißungen und über die bereits erkennbaren Pathologien moderner Entwicklungen debattiert wurde. Annahmen zum Verhältnis zwischen Religion und Wissenschaft standen im Zentrum dieser Debatten. Diese Annahmen waren vielfältig und standen teilweise in Konkurrenz zueinander. Den langfristig wohl stärksten Einfluss auf die weitere soziologische Theoriebildung hatten die Konzepte, die eine zunehmende Differenzierung moderner Gesellschaften annahmen. In dem Zusammenhang sind auch Max Webers Ausführungen zu zunehmender Rationalisierung und Entzauberung von besonderer Bedeutung.

Die im Folgenden dargestellten Gedankengänge zeigen allerdings, dass neben dieser dominierenden Beschreibung immer auch Brüche darin thematisiert wurden – und dies insbesondere in Bezug auf das Differenzverhältnis zwischen Religion und Wissenschaft, das uns heute als so selbstverständlich erscheint. Interessant ist dabei, dass gerade Emile Durkheim, ansonsten ein wichtiger Protagonist der frühen Differenzierungstheorie, für Religion und Wissenschaft ein solch klares Differenzverhältnis gerade nicht annahm. Mit seinen Vorstellungen befassen wir uns im folgenden Abschnitt 4.2.1, bevor wir uns dann dem frühen wissenschaftssoziologischen Werk von Ludwik Fleck zuwenden, das unmittelbar an Durkheim anschließt (Abschnitt 4.2.2).

4.2.1 Emile Durkheim zur Gleichursprünglichkeit von Religion und Wissenschaft

Der Name Emile Durkheim ist in diesem Buch schon einmal gefallen, als es um die differenzierungstheoretische Sichtweise auf Religion und Wissenschaft ging. Mit seinem Werk zur sozialen Arbeitsteilung (Durkheim 1996 [1893]) hat der französische Philosoph und Mitbegründer der Soziologie einen wesentlichen Beitrag zur differenzierungstheoretischen Betrachtung von Gesellschaft geleistet. Gleichzeitig – so wurde es weiter oben schon angedeutet – nimmt er Religion nicht ohne weiteres als einen gesellschaftlichen Teilbereich an. Sein spätes religionssoziologisches Werk beschäftigt sich vielmehr mit der Frage, was Religion eigentlich ist, was sie ausmacht. Um zu verstehen, wie Durkheim das Verhältnis zwischen Religion und Wissenschaft konzipiert, müssen wir uns deshalb auch zunächst mit dieser grundlegenderen Frage beschäftigen.

Durkheims inhaltlicher Antrieb für diese Frage erklärt sich durch ähnliche – durchaus sorgenvolle – Beobachtungen, wie sie auch andere zeitgenössische Autoren gemacht haben. Angesichts eines arbeitsteiligen Auseinandertreibens der Gesellschaft stellte sich verschärft die Frage nach dem, was Zusammenhalt, moralische Integration oder Solidarität begründen konnte. Anders als Malinowski und spätere funktionalistisch denkende Autoren, ging es Durkheim aber nun nicht darum, die spezifische moralische Funktion der Religion für die Gesellschaft herauszustellen. Das würde schließlich bedeuten, dass schon klar wäre, was Religion und was Gesellschaft ist. Genau das stellte Durkheim aber fundamental in Frage und legte in seinem späten Werk „Die elementaren Formen des religiösen Lebens" (Durkheim 2017 [1912]) eine Analyse zu Religion und Gesellschaft vor. Seine zusammenfassende Schlussfolgerung ist: Religion *ist* die Gesellschaft.

Zu dieser Schlussfolgerung kommt Durkheim nach dem Studium ethnografischer Beobachtungen seiner Kolleg:innen in Australien. Seine Arbeit ist also wesentlich durch die Anthropologie seiner Zeit inspiriert. Anstatt naheliegende religiöse Formen des Katholizismus oder Protestantismus in Europa zum Untersuchungsgegenstand zu machen, setzte er sich mit australischen Stammesgemeinschaften und deren Ritualen auseinander. Seine Idee war, dass in diesen Formen etwas Elementares erkennbar wird, was Religion grundsätzlich ausmacht.

Mit dieser Idee war Durkheim nicht allein, die Anthropologie seiner Zeit hat sich viel mit dem auseinandergesetzt, was von den Beobachtenden als ‚Totemismus' beschrieben wird: Stammesgruppen verehren bestimmte Symbole aus der Tier- oder Pflanzenwelt und identifizieren sich gleichzeitig mit diesem Symbol. In seiner Analyse dieses Totemismus von Stammesgruppen hat Durkheim eine berühmt gewordene Unterscheidung eingeführt: die Unterscheidung zwischen Heiligem und Profanen. Er sieht nämlich das Leben der Gruppenmitglieder in zwei grundlegend unterschiedliche Zeiten eingeteilt: Während in der profanen Zeit alle ihren alltäglichen und auch eintönigen Aufgaben nachgehen und wenig Interaktion und Abwechslung passiert, ist die heilige Zeit eine der ekstatischen Begegnung aller Stammesmitglieder. In der heiligen Zeit finden gemeinschaftliche Rituale statt, es wird gemeinsam getanzt, nicht selten werden aufputschende Substanzen konsumiert, Regeln des sexuellen Lebens werden außer Kraft gesetzt. Die gemeinschaftliche Ekstase, die aus diesem Gemisch entsteht, nennt Durkheim die kollektive Efferveszenz und sie ist konstitutiv für seine theoretische Idee von Gesellschaft und Religion.

Diese kollektive Efferveszenz verbindet aus Durkheims Sicht nämlich eine Gemeinschaft und bindet ihre Mitglieder an deren moralische Erwartungen. Diese außerordentliche Erfahrung und die damit verbundenen moralischen Erwartungen werden demnach auch über die Situation der Erfahrung hinaus alltäglich lebendig gehalten und erinnert. Dafür wiederum ist die Unterscheidung zwischen heilig und profan zentral: Nicht nur nimmt Durkheim eine Unterscheidung zwischen heiliger und profaner Zeit an, sondern vielmehr wird die beobachtbare Welt und alle Dinge in ihr in ein System von heiligen Dingen auf der einen Seite und profanen Dingen auf der anderen Seite klassifiziert. Und die heiligen Dinge symbolisieren die Kraft des Rituals: Sie erinnern an die ekstatischen gemeinschaftlichen Zustände und damit an die Erwartungen des Kollektivs auch in Zeiten des einsamen Alltags. Als heilig verehrt werden nämlich nach Durkheim solche Dinge, die mit

4 Religion und Wissenschaft als epistemische Stile

diesem Moment der Efferveszenz verbunden werden. Diese Übertragung vollzieht sich aus seiner Sicht für ‚den Primitiven'[11] unbewusst, denn:

> „Er weiß nicht, daß die Annäherung einer bestimmten Anzahl von Menschen, die in einem gleichen Leben vereint sind, die Wirkung hat, neue Energien zu erzeugen, die jeden einzelnen von ihnen verwandeln. Alles, was er fühlt, ist, daß er über sich selbst erhöht wird und ein anderes Leben lebt als gewöhnlich. Indessen muß er diese Eindrücke auf ein äußeres Objekt als deren Ursache projizieren. Was sieht er aber um sich? Was sich rund um ihn seinen Sinnen bietet, was seine Aufmerksamkeit berührt, sind die vielen Bilder des Totems. [...] Wie soll dieses Bild, das überall und in allen möglichen Formen wiederholt wird, seinen Geist nicht besonders beeindrucken? Weil es im Zentrum der Szene steht, wird es zum Vertreter." (Durkheim 2017 [1912], S. 327)

Als Totems werden in der Regel Tiere, aber auch Pflanzen oder andere Gegenstände verehrt. Ihnen wird eine religiöse Kraft zugesprochen – der tatsächliche Ursprung dieser Kraft ist nach Durkheim aber eben diese Gemeinschaftserfahrung:

> „Da die religiösen Kräfte nichts anderes sind als die kollektiven und anonymen Kräfte des Clans und da diese Kräfte nur in der Form des Totems vorstellbar sind, wird das Totemzeichen so etwas wie der sichtbare Körper Gottes. Von ihm scheinen alle wohlwollenden oder gefürchteten Handlungen auszugehen, die der Kult hervorbringt oder verhüten soll; in der Folge wenden sich die Riten speziell an es. Damit ist auch erklärt, warum es in der Reihe der heiligen Dinge den ersten Rang einnimmt." (ebd., S. 328)

Das Totem – und ihm zugeordnet eine Reihe anderer heiliger Dinge, die im Zusammenhang mit der besonderen gemeinschaftlichen Situation auftreten, steht also im Alltag stellvertretend für diese erfahrene Kraft. Und sie verkörpert hier einerseits das „Abgesonderte" und „Wohlwollende", zu dem die Mitglieder des Clans hinstreben, und gleichzeitig auch das „verbotene", das gefürchtet wird. Heilig in diesem Sinne sind aber nicht nur die an der Situation beteiligten Gegenstände, sondern auch die Mitglieder des Clans selbst begreifen sich als von dieser Energie ergriffen und damit als Teil des heiligen Prinzips. Denn die „religiöse Kraft" kann sich

> „[...] wie der Clan, dessen Symbol sie ist, nur in und durch dessen Mitglieder realisieren; in diesem Sinne ist sie ihnen immanent, und sie stellen sie sich als solche notwendigerweise vor." (ebd., S. 328)

So ist die Idee gemeint, dass die Religion die Gesellschaft *ist*: Die religiöse Kraft, die als bindend und machtvoll wahrgenommen wird, ist tatsächlich nicht etwas, das von außerhalb der Gesellschaft oder gar von außerhalb der Welt wirkt, son-

---

11 Dieser Ausdruck wurde schon früher in diesem Buch kommentiert: Er dokumentiert die unhinterfragte Überlegenheitsannahme der europäischen Forscher:innen dieser Zeit, war in diesem Sinne aber geläufig und keine spezifische Wortwahl von Durkheim. Inhaltlich positioniert sich Durkheim vielmehr gegen manche Rassismen seiner Zeit.

dern sie entsteht durch die Kraft der Gesellschaft selbst. Diese gesellschaftstheoretische Aussage steht im Zentrum der meisten Auseinandersetzungen rund um das religionssoziologische Werk von Durkheim. Den Gedanken, dass Religion ein sozial hergestelltes Konstrukt ist, haben wir natürlich auch schon in anderen Konzepten kennengelernt. Auch Karl Marx hat dies ja beispielsweise betont und die Religion als „das Selbstbewußtsein und das Selbstgefühl des Menschen, der sich selbst entweder noch nicht erworben oder schon wieder verloren hat" beschrieben (vgl. Kap. 2 in diesem Buch). Durkheim betont hier aber noch etwas anderes als Marx. Ihm geht es um den Gleichklang von Gesellschaftswerdung und Religionsentwicklung – beides, Religion und Gesellschaft, ist für ihn nicht voneinander zu trennen. Viele haben diese Grundidee auch kritisiert, weil das damit verbundene Gesellschaftsbild zu positiv wäre, oder auch, weil der damit verbundene Religionsbegriff zu beliebig sei.

Erst in jüngerer Zeit kommt nun einem anderen Aspekt verstärkt Aufmerksamkeit zu, der ebenfalls mit Durkheims Studie verbunden ist und der für unser Interesse am Verhältnis zwischen Religion und Wissenschaft von besonderer Bedeutung ist. Heike Delitz (2020) hat dies den wissenssoziologischen Gehalt des Buches genannt und er lässt sich in folgendem Zitat zusammenfassen:

> „Damit können wir erneut festhalten, daß die logische Evolution eng mit der religiösen Evolution verbunden ist und wie diese von sozialen Bedingungen abhängt." (Durkheim 2017 [1912], S. 321)

Um zu verstehen, was Durkheim hier mit „logischer" und „religiöser Evolution" meint, kommen wir wieder zurück auf die oben angedeutete Klassifizierung von heiligen und profanen Dingen und Lebewesen. Durkheim geht davon aus, dass diese – aus religiösen Gründen im oben beschriebenen Sinne vorgenommene – Klassifizierung überhaupt die erste beziehungsweise ursprüngliche Art und Weise war, eine Vorstellung von Ordnung zu schaffen. Wenn es keinerlei Idee von Naturgesetzen gibt, so die Annahme, dann ist die umgebende Welt ein großes Durcheinander, nichts ist mit dem anderen verbunden und alles besteht für sich. Der Totemismus, die Projektion des Gemeinschaftsgefühls auf andere Dinge und Lebewesen also, schafft nun eine Verbindung zwischen den Menschen des Klans und anderen Dingen und Lebewesen. Er schafft so also eine Idee von Ordnung. In den Worten von Durkheim klingt dies so:

> „Der sinnhaften Beobachtung ist alles verschieden und unzusammenhängend. Wir sehen nirgends in der Wirklichkeit, wie die Wesen ihre Natur vermischen und sich ineinander verwandeln. Es muß also eine außergewöhnlich mächtige Ursache eingetreten sein, die das Wirkliche so verwandelt hat, daß es nicht mehr unter seinem eigentlichen Aspekt erschienen ist. Die Religion hat diese Verwandlung bewirkt. Religiöse Überzeugungen haben an die Stelle der sinnhaft erfaßbaren Welt eine andere Welt gestellt, Das beweist der Totemismus. Grundlegend an dieser Religion ist, daß die Leute des Klans und die verschiedenen Wesen, deren Form vom Totemwappen wiedergegeben wird, als aus derselben Essenz gebildet gelten." (ebd., S. 322)

Verbindungen herzustellen zwischen „Leuten des Klans und [den] verschiedenen Wesen" hebt Durkheim nun als den grundlegenden Vorgang heraus, auf dem auch die gesamte wissenschaftliche Methode basiert. Denn:

> „[...] erklären bedeutet, die Dinge miteinander zu verbinden; heißt unter ihnen Beziehungen herzustellen, die sie als Funktionen voneinander erscheinen lassen, als sympathisch nach einem inneren Gesetz zu schwingen, das in ihrer Natur liegt." (ebd., S. 324)

Durkheim setzt damit die Form der Verbindung, die durch den Totemismus hergestellt wurde, zwar nicht mit Wissenschaft gleich. Er betont aber deren Gleichursprünglichkeit und stellt damit die Religion als Wegbereiterin der Wissenschaft vor:

> „Der große Dienst, den die Religionen dem Denken geleistet haben, ist, daß sie eine erste Vorstellung von dem gegeben haben, welches diese Verwandtschaftsverbindungen zwischen den Dingen sein könnten. Unter den gegebenen Bedingungen konnte das Unternehmen natürlich nur zu unsicheren Ergebnissen kommen. Aber kommt man überhaupt zu endgültigen Ergebnissen? Muß man nicht ständig von neuem beginnen? Es war nicht wichtig, Erfolg zu haben, sondern es gewagt zu haben.
> [...]
> Denn von dem Augenblick an, in dem der Mensch das Gefühl hatte, daß eine innere Bindung zwischen den Dingen besteht, wurde die Wissenschaft und Philosophie möglich, Die Religion hat ihnen den Weg bereitet. Aber die konnte diese Rolle nur spielen, weil sie eine soziale Angelegenheit ist" (ebd., S. 324 f.)

Nicht nur die Religion, sondern auch die Wissenschaft ist nach Durkheim also eine soziale Angelegenheit. Weder das eine noch das andere steht außerhalb der Gesellschaft, beides ist mit der Gesellschaftswerdung und mit der Vorstellung von Ordnung unmittelbar verbunden. Religion und Wissenschaft unterscheiden sich dabei in der Systematik, mit der Verbindungen zwischen Dingen und Wesen hergestellt werden, sie stellen aber beide solche Verbindungen her. So Durkheim weiter dazu:

> „Unsere Logik ist aus dieser Logik geboren worden. Die Erklärungen der heutigen Wissenschaft sind zwar objektiver, weil sie methodischer sind und auf strengeren Beobachtungen beruhen, aber sie unterscheiden sich ihrer Natur nach nicht von den Erklärungen, die dem primitiven Denken genüge taten. Erklären heißt heute wie damals zeigen, wie eine Sache mit einer oder mehreren anderen zusammenhängt." (ebd., S. 325)

Um dies zu verdeutlichen, stellt er folgenden Vergleich her:

> „Wenn man den Satz aufstellt, daß ein Mensch ein Känguruh oder die Sonne ein Vogel ist, heißt das nicht das Ungleiche miteinander zu identifizieren? Wir denken aber keineswegs anders, wenn wir sagen, daß die Wärme

eine Bewegung, daß das Licht eine Schwingung ist usw. Jedesmal, wenn wir mit einem inneren Band ungleichartige Begriffe verbinden, identifizieren wir mit Gewalt Gegensätze." (ebd.)

Durkheim hat diese Grundidee zur Bedeutung von Klassifikationen für die logische Entwicklung schon 1901/02 in einem Artikel vorgestellt, den er gemeinsam mit seinem Neffen und Kollegen Marcel Mauss geschrieben hat (Durkheim und Mauss 1987 [1901/02]). Die beiden Autoren haben damit schon früh die Perspektivgebundenheit wissenschaftlicher Forschung betont – ein Aspekt, der als Ausgangspunkt für die deutlich spätere Entwicklung der Wissenschaftssoziologie als eigener Subdisziplin gelten kann.

Auf die von Durkheim ebenfalls betonte Gleichursprünglichkeit von Religion und Wissenschaft in der Gesellschaft wurde aber in der Wissenschaftssoziologie nur selten wieder eingegangen. Das gilt jedenfalls für die Arbeiten, die dieser Subdisziplin nach dem zweiten Weltkrieg neue Popularität beschert haben. Ludwik Fleck (1896–1961), der als früher Wissenschaftssoziologe gelten kann, auch wenn er ursprünglich Mikrobiologe war, hat sich aber durchaus intensiv mit diesem Verhältnis zwischen religiösem und wissenschaftlichem Stil beschäftigt. Er schließt dabei auch explizit an die Arbeiten von Durkheim an und deshalb machen wir uns im Folgenden mit seinen Ideen vertraut.

4.2.2 Wissenschaftliche und religiöse Denkstile bei Ludwik Fleck

Ludwik Fleck war Arzt und Biologe und veröffentlichte ein Buch, das später als Pionierwerk der Wissenschaftssoziologie berühmt wurde: *Entstehung und Entwicklung einer wissenschaftlichen Tatsache (Fleck 2015 [1935])*.[12] Wenn wir oben gesagt haben, dass wir zunächst Durkheims Verständnis von Religion verstehen müssen, um daraufhin seine Überlegungen zum Verhältnis zwischen Religion und Wissenschaft nachvollziehen zu können, dann gehen wir diesen Weg mit Fleck umgekehrt: Zunächst gilt es zu verstehen, was Fleck als den Vorgang der Wissenschaft herausstellt, und dann können wir auch nachvollziehen, wie er das Verhältnis zwischen Wissenschaft und Religion annimmt.

Fleck ist – bezogen auf die moderne Laborwissenschaft – wahrscheinlich der erste Autor, der den sozialen Prozess der Wissensproduktion betont. Die wissenschaftliche Beschäftigung mit der Wissenschaft selbst war ansonsten bis dahin eine Domäne der Philosophie und hier der Erkenntnistheorie. Wissenschaft war Denken und Entdecken: Etwas, das wissenschaftlichen Genies auch gerne als Einzelleistung zugeschrieben wurde. Die Betonung von Teamarbeit und damit von sozialer Dynamik, die auch in der Wissenschaft von Bedeutung ist, kam erst sehr viel später.

Wie wir gesehen haben, hatte nun Durkheim zuvor die Gleichursprünglichkeit der „religiösen" und der „logischen" Evolution betont. Fleck kannte diese Überlegungen. Er schrieb sein Werk dann nicht als Philosoph, der über logische Fragen nachdachte, sondern er reflektierte seine eigene Arbeit und Erfahrung als Biologe

---

12 Vgl. im Folgenden auch Gülker 2019b.

in einem Forschungslabor. Damit war er wohl auch der erste Autor, der sich auf die biologische Forschung und nicht auf die Physik oder andere Naturwissenschaften konzentrierte, um einen erkenntnistheoretischen Beitrag zu entwickeln. Dass er Biologe war, hat also ebenfalls zur Originalität seines Werks beigetragen.

Das Buch, so originell und radikal es auch war, wurde viele Jahre lang nicht populär. Der Grund dafür hat mit seiner Biographie zu tun, oder besser gesagt, mit dem politischen Regime seiner Zeit. Fleck war ein polnischer Jude und er lebte in Lemberg (heute Lviv, Ukraine), als die deutschen Nationalsozialisten 1939 in das Land einmarschierten. Er und seine Familie wurden in Lemberg verhaftet und Ludwik Fleck wurde später gezwungen, seine immunologische Arbeit in den Konzentrationslagern in Auschwitz und Buchenwald fortzusetzen. Fleck überlebte den Zweiten Weltkrieg und nahm seine Arbeit in der Biologie wieder auf. Sein Buch über Wissenschaftsphilosophie und -soziologie geriet jedoch viele Jahre lang in Vergessenheit, bis Thomas Kuhn es 1962 im Vorwort seines berühmten Buches *The Structure of Scientific Revolutions* (Kuhn 1962) erwähnte.

Interessant ist nun, dass bei der Wiederentdeckung des Buches in den späten 1960er- und frühen 1970er-Jahren die von Fleck gemachten Hinweise auf das Verhältnis zwischen Wissenschaft und Religion so gut wie übersehen wurden. Dies ist wahrscheinlich darauf zurückzuführen, dass Religion zu dieser Zeit als Thema in den Sozialwissenschaften im Allgemeinen und in der Wissenschaftssoziologie im Besonderen keine große Rolle spielte.

Welche Hinweise auf die Beziehung zwischen Wissenschaft und Religion finden wir in Flecks Buch? Das Hauptargument des Buches ist, dass jede Erkenntnis einen kollektiven Charakter hat. In Abgrenzung zum Positivismus und der Wissenschaftsphilosophie des Wiener Kreises stellte Fleck die Idee einer individuellen Erkenntnis in Frage, er betonte:

> „Deshalb ist Erkennen kein individueller Prozeß eines theoretischen ›Bewußtseins überhaupt‹; es ist Ergebnis sozialer Tätigkeit, da der jeweilige Erkenntnisbestand die einem Individuum gezogenen Grenzen überschreitet." (Fleck 2015 [1935], S. 54)

Damit ein Individuum etwas erkennen kann, so Fleck, muss es immer auf einen bereits vorhandenen Wissensbestand aufbauen. Eine Gemeinschaft, die einen bestimmten Wissensvorrat und einen bestimmten Denkstil teilt, nennt er ein Denkkollektiv:

> „Definieren wir ›Denkkollektiv‹ als Gemeinschaft der Menschen, die im Gedankenaustausch oder in gedanklicher Wechselwirkung stehen, so besitzen wir in ihm den Träger geschichtlicher Entwicklung eines Denkgebietes, eines bestimmten Wissensbestandes und Kulturstandes, also eines besonderen *Denkstiles.*" (Fleck 2015 [1935], S. 54–55, Hervorh. i. O.)

Mit diesen Ideen argumentiert Fleck schon sehr früh für viele Aspekte, die viel später nicht nur bei Thomas Kuhn, sondern auch bei Bruno Latour und in der sogenannten konstruktivistischen Wissenschaftssoziologie oder in den Science and

Technology Studies (STS) ausgeführt werden. Fleck zufolge wird ein Wissensbestand oder eine Erkenntnis nicht in erster Linie durch eine gegebene Tatsache in der Natur bestimmt, sondern vielmehr durch die Interaktion von Personen, die nach einem bestimmten Denkstil kommunizieren. Um die Entwicklung der Wissenschaft zu verstehen, muss man daher diese Interaktionen empirisch analysieren und den angewandten Denkstil rekonstruieren.

Was als wissenschaftliche Tatsache in die weitere Wissensentwicklung aufgenommen wird, so Fleck, hängt von der Anerkennung dieses Wissens in der Wissenschaftsgemeinschaft ab. Und mit dieser Betonung der Notwendigkeit gemeinschaftlicher Anerkennung stellt er einen Bezug zwischen Wissenschaft und Religion her. Er nimmt nämlich an, dass es keinen substanziell theoretischen Unterschied zwischen wissenschaftlicher und religiöser Anerkennung gibt. Damit ist nicht ausgedrückt, dass beides für Fleck gleich wäre. Vielmehr plädiert er für eine radikale Hinwendung zu empirischen und vergleichenden Untersuchungen – die Frage nach dem Unterschied zwischen wissenschaftlicher und religiöser Anerkennung ist für ihn also eine empirische und keine logische oder grundlegend theoretische Frage.

Das Merkmal eines Denkkollektivs ist es, verbindliche oder zwingende Wahrheitsansprüche zu produzieren. Welche Bedeutung das für ein Individuum hat, erklärt Fleck in Anlehnung an Durkheims Beschreibung des Kollektivbewusstseins (Durkheim 2013 [1933], 31 ff.). Der Denkstil ist demnach für ein Individuum nicht verfügbar. Er ist einfach da und kann nicht hinterfragt werden. Dies gelte, so Fleck, für jeden Denkstil und damit auch für das wissenschaftliche Denken. Die Gemeinschaft im Allgemeinen wie auch die wissenschaftliche Gemeinschaft hat diese Macht, Dogma ähnliches Wissen zu schaffen. Durch kollektives Denken kann sie Worte hervorbringen, die magisch werden, die eine magische Kraft haben, wie Fleck es ausdrückt:

> „Dieses soziale Gepräge des wissenschaftlichen Betriebes bleibt nicht ohne inhaltliche Folgen. Worte, früher schlichte Benennungen, werden Schlagworte; Sätze, früher schlichte Feststellungen, werden Kampfrufe. Dies ändert vollständig ihren denksozialen Wert: sie erwerben magische Kraft, denn sie wirken geistig nicht mehr durch ihren logischen Sinn – ja, oft gegen ihn – sondern durch bloße Gegenwart." (Fleck 2015 [1935], S. 59)

Nach Fleck ist die Wissenschaft ein sozialer Prozess wie jede Form der Wissensproduktion. Wissenschaft ist aus dieser Sicht ein Denkstil eines Kollektivs unter anderen. Um die Unterschiede zwischen verschiedenen Stilen, sei es in der Wissenschaft, in der Religion oder in anderen Bereichen, herauszufinden, ist empirische Arbeit erforderlich. Diese Arbeit ist jedoch nicht so einfach, wie man vielleicht annehmen könnte. Denkstile bleiben immer etwas Implizites, Unbewusstes oder Transzendentes für die Einzelnen. Fleck veranschaulicht diesen Aspekt anhand der Einweihung in einen Denkstil:

> „Wichtiger ist jedoch die inhaltliche Abgeschlossenheit jedes Denkkollektivs als besonderer Denkwelt: für jedes Gewerbe, für jedes Kunstgebiet, für

> jede Religionsgemeinde und jedes Wissensgebiet besteht eine Lehrlingszeit, während welcher rein autoritäre Gedankensuggestion stattfindet, die nicht etwa durch ›allgemein rationellen‹ Gedankenaufbau ersetzt werden kann. Das bestmögliche System einer Wissenschaft, ihr letzter Prinzipienaufbau, dem Fachmann allein legitim maßgebend, ist dem Neuling vollkommen unverständlich.
>
> [...]
>
> Die Einweihungen in einen Denkstil, also auch die Einführung in eine Wissenschaft, sind erkenntnistheoretisch jenen Einweihungen analog, die wir aus der Ethnologie und Kulturgeschichte kennen. Sie wirken nicht nur formell: der heilige Geist senkt sich auf den Neuling herab und bis jetzt Unsichtbares wird ihm sichtbar. Dies ist die Wirkung der Aneignung eines Denkstils." (ebd., S. 136–137)

Fleck macht hier sehr weitgehende Aussagen über wissenschaftliches Wissen, die in seiner Zeit noch deutlich provokativer gewirkt haben müssen als heute. Entgegen den Ideen der Erkenntnistheorie, die von einer Art reinen Logik ausgegangen sind und damit die Entwicklung wissenschaftlichen Wissens als durch Fakten und Logik quasi zwangläufig vorgegeben ansahen, relativiert Fleck diese Kraft reiner Logik und Erkenntnis: Wer hier neu ist, so seine Anschauung, versteht erst einmal Nichts. Und weiter: Das Verstehen für Neulinge entsteht nicht allein durch Lernen von Fakten und durch logische Ableitung, sondern durch die Aneignung eines Denkstils, dessen Charakter teilweise implizit bleibt, und durch die damit verbundene Aufnahme in ein Denkkollektiv. Dieser Vorgang bleibt in seiner Wirkung so unverfügbar wie das Herabsenken des Heiligen Geistes.

Die Worte von Durkheim zur Gleichursprünglichkeit von Religion und Wissenschaft klingen hier erkennbar nach: Beides – das Wirken des Heiligen Geistes und die Annahme eines Denkstils, der Augen öffnen kann – entstehen aus sozialer Interaktion und aus der Wahrnehmung von Gemeinschaft, die das Individuum übersteigt.

Wissenschaft ist wie auch Religion Interaktion innerhalb eines sozialen Kollektivs, und um zu verstehen, wie wissenschaftlicher Fortschritt funktioniert, ist empirische Arbeit erforderlich, um diese Interaktion zu rekonstruieren. Ein großer Teil davon bleibt jedoch unsichtbar, für die interagierenden Subjekte und wahrscheinlich bis zu einem gewissen Grad auch für die Sozialwissenschaftler:innen, die diese Interaktion beobachten.

Darüber hinaus haben Denkstile – unabhängig davon, wo sie auftauchen – die Kraft, dogmenartige Wahrheiten zu konstruieren:

> „In einem gewissen Entwicklungsstadium werden die Denkgewohnheiten und Normen als selbstverständlich, als einzig möglich empfunden, als das, worüber nicht weiter nachgedacht werden kann. Sie können aber auch, einmal bewußtgeworden, als übernatürlich, als Dogma, als Axiomensystem oder als nützliche Konventionen betrachtet werden. Vgl. diesbezüglich die

Geschichte der Wissenschaften oder der Sportbewegung (von halbreligiösen Übungen des Altertums bis zu hygienischem Sport der Neuzeit)." (ebd., S. 140)

Fleck plädiert auch hier für vergleichende empirische Arbeiten, um unterschiedliche Denkstile zu verschiedenen Zeiten und an verschiedenen Orten zu beleuchten. Denkstile zu beleuchten bedeutet dann, die Bildung von Dogmen zu rekonstruieren. Dies, so Flecks abschließende Überlegung, wäre sowohl in der Wissenschaft als auch in der Religion von Nutzen, da es keinen grundlegenden logischen Unterschied zwischen beiden gäbe, wohl aber empirische Unterschiede, die erst noch untersucht werden müssten. Darüber hinaus unterstreicht das Zitat, dass die Produktion von Dogmen nach Flecks Auffassung keine exklusive Macht des Wissenschaftssystems oder der institutionalisierten Religionen ist, sondern jedes religiösen und nichtreligiösen Glaubenssystems.

Mit Blick auf die Arbeiten der letzten Jahrzehnte im Bereich der STS lässt sich feststellen, dass Flecks Aufruf zur empirischen Untersuchung weithin gehört und befolgt wurde. Die späteren sogenannten Laborstudien verfolgen genau dieses Ziel, die Interaktionen innerhalb eines Labors zu rekonstruieren. Karin Knorr-Cetina (1999) beispielsweise setzt mit ihrer Konzeption verschiedener "epistemischer Stile" auch die Idee um, verschiedene Interaktionsmodi, oder in Flecks Worten verschiedene Denkstile, zu vergleichen. Das Verhältnis zwischen Wissenschaft und Religion wird dabei aber vergleichend über lange Zeit kaum mehr in den Blick genommen. Explizit wieder aufgenommen wird dies erst wieder von Bruno Latour in einem späten Buch *Jubilieren* (Latour 2011), mit dem wir uns weiter unten beschäftigen werden.

4.3 Wissen, Konstruktion, Kommunikation: Entwürfe nach dem Zweiten Weltkrieg

Sowohl Durkheim als auch Fleck haben betont, dass Dinge nicht einfach gegeben sind, wie sie sind, sondern dass sie sozial hergestellt sind und dass ihre Bedeutung von Interpretation abhängt. Mit dieser Betonung waren die Autoren auch zu ihrer Zeit nicht die einzigen und auch nicht die ersten. Im Grunde erkennen wir eine solche Perspektive, wie oben angedeutet, auch schon bei Karl Marx. Und auch beispielsweise die Annahme unterschiedlicher Wertsphären bei Max Weber gründet auf der Idee subjektiver Sinngebung. In der weiteren Entwicklung wurde aber aus dieser Perspektive eine eigene soziologische Schule – oder besser gesagt: ein Bündel von sich überlappenden Schulen. Gemeinsam ist ihnen die Ablehnung des positivistischen Paradigmas, wie wir es weiter oben im Zusammenhang mit den Arbeiten von Comte kennengelernt haben. Gemeinsam ist ihnen darüber hinaus auch die Ablehnung einer rein philosophischen Erkenntnistheorie: Erkenntnis, und so auch wissenschaftliche Erkenntnis, wird ebenso als Ergebnis sozialer Prozesse wahrgenommen wie jede andere Form von Anerkennung sozialer Wirklichkeit.

Bezeichnungen von Zugängen innerhalb dieses Schulenbündels sind Wissenssoziologie, Konstruktivismus sowie, bezogen auf das engere Feld der Wissenschaftsforschung, Wissenschaftssoziologie und Science and Technology Studies (STS). Das Verhältnis zwischen Religion und Wissenschaft stand bei diesen Entwicklungen nicht im Zentrum der Debatten. Wohl aber haben die hier entwickelten Perspektiven wesentlichen Einfluss darauf, wie in jüngerer Zeit die Auseinandersetzungen zu diesem Verhältnis wieder aufgenommen wurden. Wir befassen uns zunächst mit dem Hauptwerk von Peter Berger und Thomas Luckmann (1966), das die gesellschaftliche Konstruktion von Wirklichkeit zu einem grundlegend erklärungsbedürftigen Phänomen gemacht hat und auf das sich spätere Autor:innen vielfältig beziehen. Danach konzentrieren wir uns auf wesentliche Aussagen zum Verhältnis zwischen Religion und Wissenschaft der Autoren Bruno Latour und Jürgen Habermas. Die beiden haben ganz unterschiedliche Ausgangspunkte, ihre Ideen können aber gut zueinander sprechen und uns das Prinzip von Religion und Wissenschaft als unterschiedliche epistemische Stile weiter veranschaulichen.

4.3.1 Religion und Wissenschaft als Legitimierung: Peter Berger und Thomas Luckmann

Die Arbeiten von Peter L. Berger und Thomas Luckmann stehen in der Tradition der Wissenssoziologie und die Autoren haben auch gemeinsam dafür geworben, Soziologie als Wissenssoziologie zu betreiben. Damit knüpfen sie an die frühen Begründer dieser Subdisziplin – wie etwa Karl Mannheim (1893–1947) oder Max Scheler (1874–1924) – an, sie setzen aber einen eigenen, nachhaltig wirkenden Akzent. Bevor wir spezieller dazu kommen, die Aussagen zum Verhältnis zwischen Religion und Wissenschaft zu extrahieren, müssen wir ein paar Zusammenhänge zur Verortung dieses Ansatzes nachvollziehen.

Neu und auf eine Weise radikalisierend im Vergleich zu früheren Ansätzen ist die Definition von Wissen beziehungsweise die weite Offenheit in der Definition. Zu Beginn ihres Buches *Die gesellschaftliche Konstruktion der Wirklichkeit* von 1966 schreiben Berger und Luckmann:

> „›Wissen‹ definieren wir als die Gewißheit, daß Phänomene wirklich sind und bestimmbare Eigenschaften haben." (Berger und Luckmann 1966, S. 1)

„Über alles" wäre vielleicht auch ein guter Titel für ihr Buch gewesen[13] – denn tatsächlich beschreiben die Autoren hier den Gegenstand der Wissenssoziologie so umfassend, dass er jeden Prozess, jeden Lebensbereich betrifft. Und genau das ist ihr Akzent, der nächste Satz lautet dann nämlich:

> „In diesem (freilich vereinfachenden) Sinne sind beide Begriffe für den Mann auf der Straße und für den Philosophen relevant." (ebd.)

Berger und Luckmann unterscheiden also explizit nicht zwischen unterschiedlichen Wissensformen – denen der Philosophie und denen des Alltags etwa oder zwischen dem naturwissenschaftlichen und dem geisteswissenschaftlichen Wissen,

---

13 Der Buchtitel ist schon vergeben: Der Schriftsteller, Dichter und Satiriker Robert Gernhardt hat 1996 ein „Lese- und Bilderbuch" „Über alles" veröffentlicht, Gernhardt 1996.

wie es noch Mannheim unterschieden hatte. Ihr Anliegen ist vielmehr, eine soziologische Perspektive auf Wissen an sich zu entwickeln. Und mit einer soziologischen Perspektive ist gemeint, den Schwerpunkt der Analyse nicht auf Wissen als Ergebnis, sondern auf Wissen als Prozess, als *Konstruktions*prozess zu legen. Damit etwas zu Wissen im oben genannten Sinne werden kann, so die Betonung der Autoren, muss es zunächst als solches hergestellt werden, Wissen im soziologischen Sinne ist also immer auch eng mit Handeln verbunden. Den Auftrag an das Buch beschreiben sie so:

> „Wie ist es möglich, daß subjektiv gemeinter Sinn zu objektiver Faktizität *wird*? Oder, in der Terminologie Webers und Durkheims; Wie ist es möglich, daß menschliches *Handeln* (Weber) eine Welt von *Sachen* hervorbringt? So meinen wir denn, daß erst die Erforschung der gesellschaftlichen Konstruktion der Wirklichkeit – der ›Realität sui generis‹ – zu ihrem Verständnis führt. Das, glauben wir, ist die Aufgabe der Wissenssoziologie." (Berger und Luckmann 1966, S. 20)

Eng verbunden ist diese Perspektive auch mit den Arbeiten von Alfred Schütz (1899–1959), der eine soziologische Phänomenologie begründet hat. Gemeint ist eine Soziologie, die an den für selbstverständlich gehaltenen Phänomenen interessiert ist und sie quasi aus der Nahbetrachtung heraus aufschließt und die mit ihnen verbundenen Gesetzmäßigkeiten versteht. Oben wurde schon gesagt, dass sich Wissenssoziologie und Konstruktivismus gegen ein positivistisches Paradigma abgrenzen. In einem solchen Zusammenhang ist auch die von Berger und Luckmann aufgenommene phänomenologische Perspektive zu verstehen: Anstatt die Welt mit einem vorab entwickelten theoretischen Modell zu kategorisieren, sollen die Phänomene selbst in den Blick genommen werden.

Was wird nun unter „gesellschaftliche Konstruktion der Wirklichkeit" verstanden und welche Schlüsse für das Verhältnis zwischen Religion und Wissenschaft legt das nahe? Zusammengefasst beschreibt das Buch die Konstruktion von Wirklichkeit als einen ineinander verwobenen Prozess von subjektiver Sinngebung und intersubjektiver Anerkennung und Verfestigung. Religion und Wissenschaft werden beide dann relevant, wenn es darum geht, einmal geschaffenes institutionalisiertes Wissen dauerhaft zu legitimieren.

Für die Klärung dieses Prozesses gehen die Autoren von grundlegenden anthropologischen Annahmen aus: Weil die Instinkte von Menschen im Vergleich zu anderen höheren Säugetieren nur schwach ausgebildet sind, stehen sie (relativ) offen in der Welt und was sie lernen, ist fundamental abhängig davon, was sie von anderen vorgemacht bekommen sowie davon, wie andere auf das reagieren, was sie selbst tun. In diesem Sinne also werden Menschen als in höchstem Maße soziale Wesen angenommen: Eine Entwicklung in Einsamkeit ist nicht möglich, die Sozialität ist immer schon gegeben.

Berger und Luckmann beschreiben unter dieser grundsätzlichen Voraussetzung dann einen Prozess von *Externalisierung, Institutionalisierung, Objektivierung* und *Internalisierung*. Externalisierung sind die vielfältigen Äußerungen, die Menschen ständig tun und auch gar nicht lassen können: Mit jeder Bewegung im Raum, jeder sprachlichen Äußerung, jedem Laut und auch in jedem Verharren externalisiert sich ein Mensch und produziert dadurch sowohl sich selbst als auch nimmt er teil an der Produktion einer gesellschaftlichen Ordnung. Damit diese Ordnung als solche aber intersubjektiv geteilt, wahrgenommen und anerkannt wird, braucht es mehr als zufällige Externalisierungen von Einzelnen. Es braucht wiederkehrende Muster, typisierendes Verhalten, das zu einer Erwartungssicherheit für mehrere Beteiligte wird. Diesen Prozess der Verfestigung nennen die Autoren die Institutionalisierung.

Durch die Institutionalisierung wird nun das, was hergestellt wurde, zu etwas, was den Einzelnen als anscheinend schon immer gegeben wieder gegenübersteht: Eine Ordnung, eine Rollenstruktur wird objektiviert – und sie wird auch durch materielle Objektivationen zu einem solchen Gegenüber: Ein Gesetz, ein Werkzeug, ein Gebäude steht so mächtig für sich, dass der Bezug zum Herstellungsprozess verloren gehen kann. Gleichzeitig ist auch jede Objektivation darauf angewiesen, dass die gesellschaftlich geteilte Deutung auch von denjenigen übernommen wird, die neu in diesen Deutungsprozess einsteigen. Dies ist der Prozess der Internalisierung – durch primäre und sekundäre Sozialisation wird das gesellschaftlich Geteilte individuell internalisiert, wodurch dann wiederum individuelle Externalisierungen orientiert werden.

Dieser Kreislauf beschreibt den ständigen Prozess der gesellschaftlichen Konstruktion von Wirklichkeit und damit der Herstellung von Wissen im Sinne von alltäglich zuverlässiger Gewissheit. Dieser Prozess bleibt in Bezug auf unzählige Aspekte des Alltagslebens unhinterfragt, weil unproblematisch. Gleichzeitig, auch das betonen die Autoren, ist dieser Prozess allerdings alles andere als gleichförmig und konfliktfrei. Das können wir uns sofort vorstellen, sind hier doch Individuen beteiligt mit vielfältigen Ideen und Hintergründen und ist dadurch jede Institutionalisierung auch mit Reibungen verbunden. Und sobald solche Reibungen auftreten, sind akzeptable Legitimierungen erforderlich. Sie setzen die Objektivierungen des Alltags in einen größeren Zusammenhang, Berger und Luckmann schreiben dazu:

> „Legitimation als ein Prozeß, als Legitimierung also, läßt sich als ›sekundäre‹ Objektivation von Sinn bezeichnen. Sie produziert eine neue Sinnhaftigkeit, die dazu dient, Bedeutungen, die ungleichartigen Institutionen schon anhaften, zu Sinnhaftigkeit zu integrieren." (ebd., S. 98)

In dem Moment also, in dem Fragen nach dem Warum virulent werden, sind sinngebende Legitimierungen erforderlich. Legitimierungen erklären dabei in zweierlei Hinsicht: Sie rechtfertigen im normativen Sinne und sie stellen praktisch wissbare sinnvolle Zusammenhänge her, denn:

> „Daß Legitimation sowohl eine kognitive als auch eine normative Seite hat, darf nicht außer Acht gelassen werden. Sie ist, mit anderen Worten, keineswegs einfach eine Frage der ›Werte‹, sondern impliziert immer auch ›Wissen‹." (ebd., S. 100)

Es geht also um ein Zusammenfügen der beobachtbaren gültigen Wirklichkeit mit dem, was normativ gewünscht wird. Den Prozess der Legitimierung in diesem Sinne unterteilen die Autoren dann in vier Ebenen: Je nach Komplexität der Institution, die es zu legitimieren gilt, wächst auch die theoretische Komplexität der Legitimierung. Während auf der ersten Ebene Offensichtliches noch mit Ausdrücken wie „so ist es eben" (so das Beispiel bei Berger/Luckmann auf S. 101) legitimiert werden kann, sind auf der vierten Ebene ganze „symbolische Sinnwelten" erforderlich:

> „Symbolische Sinnwelten konstituieren die vierte Ebene der Legitimation. Wir meinen damit synoptische Traditionsgesamtheiten, die verschiedene Sinnprovinzen integrieren und die institutionale Ordnung als symbolische Totalität überhöhen, wobei der Ausdruck ›symbolisch‹ so zu verstehen ist, wie wir ihn oben definiert haben. Um das zu wiederholen: symbolische Vorgänge sind Verweisungen auf andere Wirklichkeiten als die der Alltagserfahrung." (ebd., S. 102)

Hier geht es also um die Integration in einem großen Ganzen. Einzelne Institutionen – Berger und Luckmann verwenden vielfach das Beispiel von Verwandtschaftsbeziehungen – werden nicht mehr jeweils für sich legitimiert, sondern deren Position innerhalb einer Gesamtordnung wird zur Legitimation herangezogen. Diese Gesamtordnung, so die Idee der Autoren, umfasst dann alles – auch die Grenzbereiche der eigenen Wahrnehmung, seien es Träume oder der Tod:

> „Die symbolische Sinnwelt ist als die Matrix *aller* gesellschaftlich objektivierten und subjektiv wirklichen Sinnhaftigkeit zu verstehen. Die ganze Geschichte der Gesellschaft und das ganze Leben des Einzelnen sind Ereignisse *innerhalb* dieser Sinnwelt." (ebd., S. 103, Hervorh. i. O.)

Diese Ausführungen legen nun einen Bezug zur Religion schnell nahe. Wir haben weiter oben beispielsweise auch Luhmanns Begriff der *Realitätsverdopplung* nachvollzogen – auch hier wird eine Ordnung zusätzlich zur alltagsweltlich erfahrbaren Ordnung konstruiert und diese Konstruktion ist die Leistung der Religion. Auffällig ist nun, dass Berger und Luckmann zwar diesen Bezug zur Religion ebenfalls herstellen, dass sie aber der Wissenschaft diese selbe Fähigkeit oder Funktion der Schaffung und insbesondere der Stützung von symbolischen Sinnwelten zuschreiben. Dabei ist die Art und Weise, wie Religion und Wissenschaft dies tun, nicht etwa dieselbe. Die beiden Autoren deuten die unterschiedlichen Stile dabei nur an, nennen aber explizit „Mythologie, Theologie, Philosophie und Wissenschaft" (ebd., S. 118) als „markante Typen" von „Stützkonzeptionen für Sinnwelten" (ebd.).

Die Autoren beschreiben dann eine durchaus evolutionäre Entwicklung zwischen diesen Typen, auch wenn sie sich von einer solchen Geschichtsauffassung gleichzeitig distanzieren. Die Mythologie als „archaischste Form einer Stützkonzeption und Legitimation von Sinnwelten" nimmt die „dauernde Einwirkung heiliger Kräfte auf die Erfahrung der Alltagswelt [an]". (ebd., S. 118). Mit der Theologie und Philosophie werden die Konzepte zur Legitimation komplexer und theoretischer – und damit auch zunehmend mehr zu einem Unternehmen von ausgebildeten Eliten. Die Stütze der Legitimation ist damit zunehmend weniger angebunden an die Alltagserfahrung der Laien. Dies gilt dann in besonderem Maße für die Wissenschaft:

> „Die moderne Wissenschaft, insbesondere die Naturwissenschaft, macht einen äußersten Schritt in dieser Entwicklung zur Säkularisierung und zugleich Durchtheoretisierung ihrer Stützfunktion für die Sinnwelt. Sie entläßt nicht nur das Heilige endgültig aus der Alltagswelt, sondern überhaupt das Wissen, das die Sinnwelt stützt. Das Alltagsleben ist sowohl seiner geheiligten Legitimation als auch jener Art theoretischer Verständlichkeit beraubt, die es mit der Totalität der symbolischen Sinnwelt verbinden kann. Einfacher gesagt: der ›Laie‹ weiß nicht mehr, wie seine Sinnwelt theoretisch untermauert werden muß, obwohl er allerdings noch weiß, welche Spezialisten dafür zuständig sind. Die interessanten Probleme, die sich aus dieser Situation ergeben, wären Thema einer empirischen Wissenssoziologie der modernen Gesellschaft und können hier nicht weiterverfolgt werden." (ebd., S. 120)

Berger und Luckmann betonen hier also den spezifischen Stil der Legitimierung von symbolischen Sinnwelten durch die Wissenschaft: Er zeichnet sich unter anderem durch eine Loslösung von Expert:innentum von den Institutionen ab, die es zu legitimieren gilt. Unter anderem in dieser Hinsicht unterscheidet sich der Legitimierungsstil von dem der Religion. Religion und Wissenschaft unterscheiden sich also in der Art und Weise, eine spezifische Funktion zu erfüllen – die Stützung der Legitimation einer symbolischen Sinnwelt – ihre Funktion ist aber dieselbe.

Was nun die Unterschiede in der Art und Weise bedeuten, halten die Autoren nicht für eine theoretische, sondern für eine empirische Frage: Wie zum Ende des Zitats herausgestellt, ist es Aufgabe „einer empirischen Wissenssoziologie", diese Frage weiter zu bearbeiten. Eine ganz ähnliche Aufforderung haben die beiden Autoren schon in einem früheren Beitrag formuliert, in dem sie die bis dahin übliche Religionssoziologie als Kirchensoziologie kritisieren und stattdessen für eine Religionssoziologie als Wissenssoziologie argumentieren. In diesem Beitrag nehmen sie viele Ideen ihres späteren gemeinsamen Buches vorweg und stellen insbesondere die Rolle der Religion für die Konstruktion von Universen heraus – ein Begriff, den sie dann als symbolische Sinnwelt später weiter konkretisieren. Und auch hier machen sie die Untersuchung der spezifischen Stile von religiöser oder pseudo-religiöser, so auch szientistischer, Legitimation zu einer empirischen Aufgabe:

> "The sociology of religion is an integral and even central part of the sociology of knowledge. -Its most important task is to analyze the cognitive and normative apparatus by which a socially constituted universe (that is, 'knowledge' about it) is legitimated. Quite naturally, this task will include the analysis of both the institutionalized and the noninstitutionalized aspects of this apparatus. This will involve the sociology of religion in the study of religion in the sense in which this term is commonly understood

in western civilization (that is, as a Christian or Jewish interpretation of the world and of human destiny). But the sociology of religion will also have to deal with other legitimating systems, whether one wishes to call these religious or pseudo-religious, that are increasingly important in a secularized society (such as scientism, psychologism, communism, and so forth). Indeed, only if the latter is also done will it be possible to obtain an adequate sociological understanding of the phenomena that persist within the traditional religious systems and their institutional manifestations." (Berger und Luckmann 1963, S. 423–424)

Wenn hier von Szientismus als einem Legitimationssystem neben der Religion und anderen Legitimationssystemen geschrieben wird, dann ist dies natürlich nicht gleichzusetzen mit Wissenschaft. Gemeinsam mit den Ausführungen oben können wir uns aber Religion, Wissenschaft und Szientismus in einem Spektrum von unterschiedlichen Legitimationssystemen vorstellen, deren spezifischen Stile es jeweils empirisch zu untersuchen gälte.

Die beiden Autoren bieten eine wissenssoziologische Perspektive auf das Verhältnis von Religion und Wissenschaft als unterschiedliche Stile der Legitimation. Diese Schule sucht zu rekonstruieren, was als gesellschaftliche Konstruktion beobachtbar ist und enthält sich dabei normativer Wertung. Die folgenden Beiträge von Bruno Latour und Jürgen Habermas dagegen enthalten auch normative Positionierungen.

4.3.2 Wissenschaftliche und religiöse Sprache: Bruno Latour und Jürgen Habermas

In diesem Abschnitt werden die Ansätze zweiter Autoren vorgestellt, die ansonsten wohl selten unter einer Überschrift genannt werden – zu unterschiedlich sind ihre disziplinären Zusammenhänge und konzeptionellen Zugänge. Bruno Latour (1947–2022) ist einer der profiliertesten Autor:innen der Science and Technology Studies (STS). Anliegen dieser Forschungstradition ist es, die soziale Einbettung (social embeddedness) jeder wissenschaftlichen Aktivität herauszustellen. Jürgen Habermas ist ein renommierter Philosoph, der vor allem durch seine Kommunikationstheorie berühmt geworden ist.

Beide Autoren haben sich erst spät in ihrem Werk explizit mit Religion beschäftigt, und bei dieser Beschäftigung stand jeweils das Verhältnis zwischen Religion und Wissenschaft im Zentrum. Die Bedeutung dieser Auseinandersetzung im Gesamtwerk ist dabei unterschiedlich: Während Latour einen bemerkenswerten Essay verfasst hat, der aber in seiner eigenen STS-Fachgemeinschaft eher zurückhaltend aufgenommen wurde, hat Habermas das Verhältnis zwischen Glauben und Wissen zur Orientierung seiner groß angelegten Philosophiegeschichte gemacht.

Zunächst zum Beitrag von Bruno Latour: Wie erwähnt, war Latour ein Pionier und einer der international berühmtesten Autor:innen im Bereich der STS. Im Unterschied zu anderen Autor:innen in diesem Feld, die sich auf einer Meso- oder Makroebene mit den Organisationen der Wissenschaft oder auch mit Wissenschaft als System auseinandergesetzt haben, hat Latour eine mikrosoziologische Perspektive in die Wissenschaftsforschung eingebracht. Ihm ging es darum, den Prozess der Wissensproduktion zu untersuchen. Dafür ging er in der Manier eines Anthropologen dorthin, wo dieser Prozess stattfindet: ins Forschungslabor. *Laboratory Life* (Latour und Woolgar 1986) heißt das Buch, das er 1986 gemeinsam mit seinem Kollegen Steven Woolgar veröffentlicht hat, und das zur Bildung einer neuen Schule der *Laborstudien* beigetragen hat.

Mit dem Namen Latour verbunden ist außerdem die *Akteur-Netzwerk-Theorie*. Mit diesem Konzept kritisierte er gemeinsam mit seinem Kollegen Michel Callon die ausschließliche Fokussierung der Wissenschaftsforschung auf die Wirkung von menschlichem Handeln auf spezifische Prozesse (Latour 2005). Demgegenüber betonen die Autoren, dass auch nicht-menschliche Aktanten in ihrer Bedeutung für netzwerkförmig voranschreitende Innovationsprozesse gleichberechtigt in den Blick zu nehmen sind. In der konsequenten Weiterführung dieses Gedankens kommt Latour auch zu einer radikalen Infragestellung der Trennung von Natur und Kultur, die er für eine Erfindung der Moderne, für deren irreführendes Selbstbild hält. Tatsächlich, so seine Annahme, wären Menschen und (natürliche oder hergestellte) Dinge nie voneinander zu trennen (vgl. Latour 1993).

Damit sind in sehr wenigen Schlagworten die Themen und Thesen angedeutet, mit denen Bruno Latour berühmt geworden ist. Das Buch, das uns hier am meisten interessiert, kann zwar inhaltlich an diese Ideen anschließen, liegt aber doch von den Kernbewegungen innerhalb der STS-Fachgemeinschaft so weit entfernt, dass es dort auch deutlich weniger rezipiert wurde als andere Bücher von ihm. Tatsächlich wurde es wahrscheinlich in der Theologie mehr wahrgenommen als in den STS.

Das Buch heißt auf Deutsch *Jubilieren. Über religiöse Rede* (Latour 2011). Allerdings wurde der originale französische Titel nicht vollständig übersetzt. Hier heißt es nämlich *Jubiler ou Les tourments de la parole religieuse* (Latour 2002) – also „Jubilieren oder die Qualen der religiösen Rede". Und tatsächlich trifft der Originaltitel den Inhalt besser, geht es doch um die Qual des Autors beim Versuch, Religiöses auszusprechen, um das Unvermögen, angemessene Wörter zu finden. Der Text drückt dieses Unvermögen auch in seiner sprachlichen Form immer aus: Er bewegt sich etwas vor und dann wieder zurück und unterscheidet sich damit stilistisch auch vom gewohnten wissenschaftlichen Text. Wir blicken zur Veranschaulichung einmal in die allerersten Zeilen des Buches:

> „Jubilieren – oder die Qualen religiöser Rede, dazu möchte er etwas sagen, aber es gelingt ihm nicht: Ihm ist, als sei seine Zunge gelähmt; das rechte Wort stellt sich nicht ein; nichts kommt ihm über die Lippen; er bringt es nicht fertig mitzuteilen, was ihm so lange schon derart am Herzen liegt." (Latour 2011, S. 7)

Und dann geht es auf derselben Seite ein paar Zeilen später weiter:

> „Er schämt sich, daß er nicht zu reden wagt, und schämt sich, daß er trotzdem reden will. Schämt sich auch für die, die ihm die Sache nicht

> gerade erleichtern, die ihm den Kopf unter Wasser drücken und behaupten, ihm zu helfen, die ihm statt eines Rettungsringes Worte zuwerfen, schwer wie Ankerbojen, Bleigewichte, ja, Bleigewichte haften an ihm." (ebd.)

Die stilistischen Besonderheiten des Textes werden in diesen Ausschnitten deutlich: Latour schreibt den Essay in Form einer Art Selbstbeobachtung – also im Sinne seiner Soziologie als Autoethnografie. Dabei nutzt er viele Metaphern und macht auch dadurch deutlich, dass er diese Auseinandersetzung zur religiösen Rede für enorm wichtig hält.

Wir fragen uns beim Lesen dieser Ausschnitte möglicherweise, was es denn ist, was diese religiöse Rede so schwierig macht – wen meint Latour mit denen, für die er sich schämt oder die ihm nicht helfen. Die Antworten dazu liefert er nicht unmittelbar und eindeutig, aber sie lässt sich aus diesem verschlungenen Text rekonstruieren. In kurzen Worten lässt sich zusammenfassen: Religiöse Rede ist heute aus zwei Bündeln von Gründen schwer, das eine Bündel hat mit Religion und das andere mit Wissenschaft zu tun.

In Bezug auf die Religion stellt Latour die Problematik heraus, dass die Worte, die Religiöses ausdrücken könnten, über die Jahrhunderte nicht mehr übersetzt wurden. Diese Übersetzungsproblematik macht er am Wort Gott deutlich, das er oft auch nicht ausschreibt, sondern mit G. abkürzt und so die Unaussprechlichkeit zusätzlich betont. Wenn Religion heute noch mit Glauben an Gott gleichgesetzt würde, dann würde damit an einem ganz antiquierten Weltbild festgehalten und damit gleichzeitig für zeitgenössische Denker:innen eine Verbindung zu Religion verunmöglicht. So Latour:

> „Als man in sehr weit zurückliegenden Zeiten von den Göttern sprach, gab es weder Gläubige noch Ungläubige. Die Anwesenheit der Götter verstand sich von selbst wie die Luft oder der Boden. Sie bildeten die allem Lebenden gemeinsame Textur, den Grundstoff aller Rituale, den unbestreitbaren Orientierungspunkt aller Existenz, das Tagesgespräch. So verhält es sich heute nicht mehr – jedenfalls nicht in den reichen westlichen Ländern. Die gemeinsame Textur unseres Lebens, unser Grundstoff, unser Tagesgespräch, unser unbestreitbarer Rahmen – falls wir so etwas noch haben, dann ist es die Nichtexistenz von Göttern, die unser Gebet erhören und unsere Geschicke lenken." (ebd., S. 13)

Was versäumt wurde, so Latour, ist also eine adäquate Übersetzung zu finden für etwas, das die Religion im Kern ausmacht – eine Übersetzung, die zugleich aber anschlussfähig ist in einer Zeit, die von nichts so sehr überzeugt zu sein scheint als davon, dass es keine Götter gibt. Tatsächlich, da ist sich Latour sicher, gehe es nämlich bei Religion und religiöser Rede um etwas ganz anderes als um einen Glauben an Gott. Für das Wort Gott macht er auch einen konkreten Übersetzungsvorschlag:

> „Zum Beispiel das Wort ›Gott‹, das einst Prämisse allen Denkens war. Als die Lebensformen sich wandelten, hätten sie übersetzen können in

4 Religion und Wissenschaft als epistemische Stile

›unbestreitbarer Rahmen des gewöhnlichen Lebens‹, dann hätte weiterhin verstanden werden können, daß nur ein Präliminarium und ein Präludium für einen Sinneswandel damit gemeint war." (ebd., S. 17)

Latour ist also davon überzeugt, dass es bei religiöser Rede nicht eigentlich um Gott geht, sondern dass Gott als Begriff für das steht, was in einer jeweiligen Zeit für selbstverständlich, unhinterfragt, unbestreitbar gilt. Wenn das so ist, was zeichnet dann aber religiöse Rede aus? Und wie ließe sich aus seiner Sicht eine Übersetzung ins Hier und Jetzt finden?

Um dies zu erklären, kommt er nun zur wissenschaftlichen Rede und wir damit zum zweiten Bündel an Erklärungen dafür, was die religiöse Rede so schwierig macht. Nämlich kontrastiert er religiöse und wissenschaftliche Rede miteinander. Wissenschaft ist ja eigentlich das Feld, in dem Latour am meisten geforscht hat, und dies auf eine spezifische Weise. Sein Anliegen war es, den Prozess wissenschaftlicher Wissensproduktion aufzuschließen, nicht etwa wissenschaftliche Ergebnisse für selbstverständliche Spiegelungen einer gegebenen Natur anzunehmen. An diese Perspektive knüpft er hier nun wieder an und er unterscheidet den Ausdruck ‚die Wissenschaft', der eine geschlossene Einheit von selbstverständlich hervorbringbaren Fakten unterstellt, von dem Ausdruck ‚die Wissenschaft*en*', der den von ihm untersuchten Prozess des Wissen-Schaffens betont.

Die Wissenschaften beschreibt er als einen ständigen Transformationsprozess. Etwas (beispielsweise eine Landkarte) rekurriert auf etwas anderes (eine Landschaft). Die Karte ist nicht in dem Sinne wahr, dass sie dasselbe wäre wie die Landschaft, aber sie ist insofern eine wahre Abbildung, als sie nach spezifischen Regeln gelesen, zuverlässig (wenn auch Komplexität reduzierend) auf etwas anderes verweisen kann. Von diesem Stil der Übersetzung unterscheidet sich nun aber sehr deutlich das, was Latour als Übersetzung in der religiösen Rede fordert. Die nämlich habe gerade keine direkte Verweisfunktion:

> „Es hat keinen Zweck, diese Regel überlisten zu wollen: Die Beziehung eines religiösen Textes zu der Sache, von der er spricht, ist nicht die einer Karte zu ihrem Territorium. Nicht einmal die einer geheimen, chiffrierten, undeutlichen, bewußt kryptisch gehaltenen Karte zu einer fernen, schemenhaft wahrgenommenen Welt. Es ist ganz einfach: Diese Texte, diese Worte eröffnen Zugang zu überhaupt nichts; sie bilden nicht das erste Glied einer Referenzkette, die es am Ende, wenn alle Einzelglieder gut ineinandergreifen, erlauben würde, sich auf bekanntem Terrain wiederzufinden, im vorhinein gewußt zu haben, was Sache ist." (ebd., S. 33)

Ein religiöser Text funktioniert also, so Latour, prinzipiell anders als ein wissenschaftlicher Text. Die Unterschiede sind aus seiner Sicht so fundamental, dass auch ein Konflikt zwischen beiden eigentlich gar nicht hätte entstehen können oder – so die Überzeugung Latours – auch nicht hätte entstehen sollen:

> „Warum aber konnte es zwischen den Prozeduren wissenschaftlicher Referenz und den Pfaden religiöser Übersetzung, zwischen der Suche nach

Konstanten dank Herstellung zuverlässiger Informationen und der Suche nach Versionen, die die ursprüngliche Botschaft zum Leben erwecken können, überhaupt zum Konflikt kommen? Niemals hätten diese Wege sich kreuzen dürfen. Unmöglich, die religiöse Rede wieder aufzunehmen, ohne dieser Komödie der Irrungen, die aus der Wissenschaft die Intimfeindin der Religion machte, ein Ende zu setzen." (ebd., S. 34 f.)

In diesem Zitat lesen wir nun zwei Hauptaussagen: Zum einen ist Latour überzeugt davon, dass es ein großes Missverständnis war, dass Religion und Wissenschaft miteinander in Konflikt geraten sind – und zwar ein Missverständnis, das es auch aus normativen Gründen dringend aufzuklären gilt. Zum anderen lesen wir hier die Gegenüberstellung der beiden unterschiedlichen Stile von wissenschaftlicher und religiöser Rede: Während es bei der wissenschaftlichen darum geht „Konstanten dank Herstellung zuverlässiger Information" zu finden, geht es bei religiöser um die „Suche nach Versionen, die die ursprüngliche Botschaft zum Leben erwecken können".

Die Gründe für das Missverständnis sieht er in einer üblich gewordenen Kommunikationsform, die er „Doppelklick-Kommunikation" nennt und die so tue, als wäre keine Transformation nötig, als wäre die Kopie (wie sie durch einen Doppelklick zur Erscheinung gebracht werden kann) dasselbe wie das Original. Dieser Maßstab der völligen Entsprechung wäre aber sowohl für die Rede der Wissenschaften als auch der Religion unangemessen – bei den Wissenschaften wäre das nur bisher weniger aufgefallen als bei der Religion.

Sowohl bei wissenschaftlicher als auch bei religiöser Rede sind also Transformationen erforderlich. Die Stile dieser Transformationen sind aber unterschiedlich. Um dies zu verdeutlichen, rekurriert Latour auf die Kommunikation zwischen Liebenden:

> „Stellen Sie sich einen Liebenden vor, der die Frage ›Liebst Du mich?‹ mit dem Satz beantwortet: ›Aber ja, du weißt es doch, ich habe es dir letztes Jahr schon gesagt‹." (ebd., S. 39)

Mit diesem Beispiel wird schnell deutlich, dass es bei dem Satz „Ich liebe Dich" nicht im alltäglichen Sinne um eine Information geht. Latour führt dieses Beispiel weiter aus und macht deutlich, wie die Bedeutung dieses Satzes nicht an bestimmte Wörter geknüpft ist, sie vielmehr auch durch Gesten, durch einen Tonfall, durch ganz andere Wörter ausgedrückt werden kann. Diese Form der Kommunikation referiert also auch nicht auf etwas anderes im Sinne einer eindeutig nachvollziehbaren Transformation und erst recht nicht im Sinne einer Doppelklick-Entsprechung.

In diese Richtung gehen die Bewegungen des Buches weiter, um die Spezifik religiöser Rede herauszustellen. Der Autor kommt zu der Einschätzung, dass es bei ihr vor allem darauf ankommt, was, welches Gefühl, sie bei Adressat:innen bewirken kann. Religiöse Rede wäre demnach in ihrer Form nicht festgelegt und es gäbe auch keine spezifischen Aussagen mit Referenz auf Wirkliches, die von ihr zu erwarten wären. Damit unterscheidet sie sich deutlich von der wissenschaftlichen Rede, die zwar auch nicht als Doppelklick-Kommunikation missverstanden werden soll, die aber auf nachvollziehbare Transformationsarbeit angewiesen ist.

Religiöses Sprechen zielt auf ein Gefühl, wissenschaftliches Sprechen stellt Verbindungen zu Wirklichem her – so die kurze Zusammenfassung in eigenen Worten, vor deren Hintergrund wir uns nun dem anderen sprachorientierten Beitrag zum Verhältnis zwischen Religion und Wissenschaft zuwenden: dem von Jürgen Habermas.

Habermas hat in den frühen 2000er-Jahren den Begriff der *postsäkularen Gesellschaft* geprägt und hat damit viel Aufmerksamkeit auf sich gezogen (Habermas 2002). Die Reaktionen auf diesen Begriff waren kontrovers: Einerseits wurde gerade in religionsnahen Kreisen positiv wahrgenommen, dass damit eine bleibende Funktion von Religion in spätmodernen Gesellschaften unterstrichen wird. Andererseits wurde in akademisch-soziologischen Kreisen vor allem kritisiert, dass mit diesem Begriff aufeinanderfolgende Phasen von säkularen und postsäkularen Gesellschaften unterstellt und damit die Gleichzeitigkeit von weltweit unterschiedlichen Entwicklungen zu wenig beachtet würden. Unabhängig von der genaueren inhaltlichen Auseinandersetzung ist dieser Beitrag von Habermas vor dem Hintergrund seiner Werksgeschichte in jedem Fall höchst bemerkenswert. Schließlich hatte sich der Philosoph bis dahin wenig zum Thema Religion geäußert und wenn, dann war er eher als Skeptiker gegenüber religiösen Organisationen bekannt, der diesen in zeitgenössischen Gesellschaften wenig Positives zutraute. In seinem Werk *Faktizität und Geltung* (Habermas 1992) aus dem Jahre 1992 ist er beispielsweise noch selbstverständlich davon ausgegangen, dass allein das Recht die Mittel zur Integration in zeitgenössischen „posttraditionalen Gesellschaften" hat.

Was meint Habermas, wenn er nun von ‚postsäkularen Gesellschaften' spricht und welche Bedeutung hat das Verhältnis zwischen Religion und Wissenschaft für diesen Zugang? Um diese Frage zu bearbeiten, beschäftigen wir uns vorrangig mit einem paradigmatischen Text von 2002. Tatsächlich hat Habermas die Ideen dieses Textes an anderen Stellen noch deutlich ausführlicher bearbeitet, so in einem Briefwechsel mit dem damals noch Kardinal und späteren Papst Josef Ratzinger (Habermas und Ratzinger 2005), sowie zuletzt in seinem zweibändigen Großwerk *Auch eine Geschichte der Philosophie* (Habermas 2019) in dem er die Rolle der Philosophie genau entlang des hier interessierenden Verhältnisses von Glauben und Wissen rekonstruiert.

Glauben und Wissen heißt der kleinere (und insofern auch zugänglichere) Text, mit dessen Hilfe wir uns zentrale Ideen zum Verhältnis zwischen Religion und Wissenschaft erschließen können. Habermas hat ihn anlässlich der Verleihung des Friedenspreises des Deutschen Buchhandels verfasst. Der Text steht unter dem Eindruck des erst kurz zuvor verübten islamistischen Terroranschlags auf das World Trade Center und so beginnt er mit einer Auseinandersetzung zum Verhältnis zwischen Religion und Fundamentalismus. Sein eigentliches Thema aber ist eine Neubestimmung der Bedeutung von Religion in spätmodernen Gesellschaften und er beginnt diese mit einer Kritik am herkömmlichen Verständnis von Säkularisierung, das zwangsläufig zu einer unversöhnlichen Gegenüberstellung zweier Positionen führen würde:

> „Nach der einen Lesart werden religiöse Denkweisen und Lebensformen durch vernünftige, jedenfalls überlegene Äquivalente ersetzt; nach der anderen Lesart werden die modernen Denk- und Lebensformen als legitim entwendete Güter diskriminiert. Das Verdrängungsmodell legt eine fortschrittsoptimistische Deutung der entzauberten, das Enteignungsmodell eine verfallstheoretische Deutung der obdachlosen Moderne nahe. Aber beide Lesarten machen denselben Fehler. Sie betrachten die Säkularisierung als eine Art Nullsummenspiel zwischen den kapitalistisch entfesselten Produktivkräften von Wissenschaft und Technik auf der einen, den haltenden Mächten von Religion und Kirche auf der anderen Seite. Einer kann nur auf Kosten des anderen gewinnen, und zwar nach liberalen Spielregeln, welche die Antriebskräfte der Moderne begünstigen." (Habermas 2002, S. 65 f.)

Einander gegenüber stehen in diesem Verständnis von Säkularisierung also „kapitalistisch entfesselte Produktivkräfte von Wissenschaft und Technik auf der einen, den haltenden Mächten von Religion und Kirche auf der anderen Seite" und Habermas macht es sich im Folgenden zur Aufgabe, hier eine Vermittlung zu finden. Diese Vermittlung erkennt er in der

> „[...] zivilisierende[n] Rolle eines demokratisch aufgeklärten Common sense, der sich im kulturkämpferischen Stimmengewirr gleichsam als dritte Partei zwischen Wissenschaft und Religion seinen eigenen Weg bahnt." (ebd., S. 66)

Wer oder was ist dieser „Common sense" und wie können wir uns eine solche Vermittlung vorstellen? Um dies zu verstehen, ist ein kurzer Blick in Habermas' Diskurstheorie hilfreich. In seiner Theorie des kommunikativen Handelns (Habermas 1981) argumentiert er nämlich dafür, als Quelle von Vernunft nicht vorrangig einzelne Subjekte in den Blick zu nehmen, sondern den intersubjektiven Diskurs. In der verständigungsorientierten Kommunikation, so die Grundidee, können vernünftige – auch im Sinne von normativ zustimmungsfähige – Ergebnisse erzielt werden. In verständigungsorientierter Kommunikation würden dabei mit jedem Sprechakt immer zugleich vier Geltungsansprüche gestellt, der der Wahrheit, der normativen Richtigkeit, der Wahrhaftigkeit und der Verständlichkeit. Gemeint ist nicht, dass jede Äußerung diese Ansprüche auch tatsächlich erfüllt. Wenn aber eine Äußerung gemacht wird, dann geht damit die Intention der/des Sprechenden einher, das Gegenüber von der Wahrheit, normativen Richtigkeit, Wahrhaftigkeit und Verständlichkeit zu überzeugen. Das Gegenüber hat dann seiner/ihrerseits die Möglichkeit, einzelne oder alle dieser Geltungsansprüche in Frage zu stellen oder zurückzuweisen. In diesem Moment beginnt der Diskurs, eine Aushandlung von Geltungsansprüchen. Dieser Diskurs – so die theoretische Idee weiter – ist umso vernünftiger, je näher die Sprechaktsituation dem Ideal eines herrschafts- und täuschungsfreien Diskurses mit gleichen Teilhabechancen für alle kommt. Und auch wenn dieses Ideal niemals vollständig zu erreichen sein wird, so betont Habermas, wird es doch als Ideal bei jeder Äußerung mitgeführt, weil sonst Kommunikation überhaupt nicht sinnvoll möglich wäre.

Diese in aller Kürze zusammengefassten diskurstheoretischen Eckpunkte halten wir im Kopf, wenn wir uns jetzt wieder Habermas' Idee zu postsäkularen Gesellschaften zuwenden. Er geht also davon aus, dass es hier einen „demokratisch aufgeklärten Common sense" gibt, der vermitteln kann. Wir halten also als Zwischenschritt kurz fest, dass es ihm offensichtlich um Gesellschaften geht, die sich als liberale aufgeklärte Demokratien selbst definieren – was insofern naheliegend ist, als gerade diese Gesellschaften bislang vielfach als säkular angenommen wurden. Habermas stellt nun aber fest, dass sich diese Gesellschaften gleichzeitig auf „[…] das Fortbestehen religiöser Gemeinschaften in einer sich fortwährend säkularisierenden Umgebung […]" (Habermas 2002, S. 66) längst eingestellt haben. Er qualifiziert dann allerdings weiter, dass nicht jede religiöse Gemeinschaft als Teil der postsäkularen Gesellschaften in diesem Sinne akzeptiert wäre, sondern nur solche, die selbst als „vernünftig" gelten können. Dazu gehöre der Gewaltverzicht ebenso wie das Einlassen auf andere Konfessionen, die Offenheit für Ergebnisse der Wissenschaft sowie die Akzeptanz des liberalen Verfassungsstaates. Dann aber, wenn diese Voraussetzungen erfüllt wären, so die Kernaussage seines Textes, könne Religion und könne insbesondere religiöse Sprache einen positiven Beitrag zu moralischer Integration von Gesellschaften leisten.

Habermas entwickelt diese Gedanken am Beispiel von moralischen Streitthemen insbesondere in der Bioethik und er ist überzeugt davon, dass in solchen Fragen die Wissenschaft allein keine Begründung für ethisch richtiges Handeln geben kann. Solche Begründungen könnten vielmehr nur im öffentlichen Diskurs entwickelt werden, in diesem öffentlichen Diskurs (siehe Eckpunkte oben) wird der Common sense entwickelt:

> „Natürlich muss sich der Common sense, der sich über die Welt viele Illusionen macht, von den Wissenschaften vorbehaltlos aufklären lassen. Aber die in die Lebenswelt eindringenden wissenschaftlichen Theorien lassen den Rahmen unseres Alltagswissens, der mit dem Selbstverständnis sprach- und handlungsfähiger Personen verzahnt ist, im Kern unberührt" (ebd., S. 67)

Angesprochen ist in diesem Zitat die Unterscheidung von System und Lebenswelt, die Habermas ebenfalls in seiner Theorie des kommunikativen Handelns entwickelt. Diese Unterscheidung ist sehr komplex, für unsere Zwecke können wir uns Lebenswelt als all das vorstellen, was in der alltäglichen Welt für selbstverständlich gehalten wird. Der Systembegriff bezieht sich demgegenüber auf die Prozesse der Differenzierung, die wir auch im vorangegangenen Kapitel schon diskutiert haben. Habermas hat dafür plädiert, Gesellschaftstheorie aus beiden Perspektiven zu betreiben und die Entwicklungen der alltäglichen Lebenswelt – in der eben auch der Common sense entwickelt wird – in ihrem Verhältnis zu den ausdifferenzierten Spezialsystemen wie beispielsweise Ökonomie oder Wissenschaft zu betrachten.

Vor diesem Hintergrund betont nun Habermas in diesem Zitat, dass ungeachtet der Entwicklungen im ausdifferenzierten Wissenschaftssystem in der alltäglichen Lebenswelt ein Alltagswissen über bestimmte Themen weiter besteht: und zwar über ethisch-moralische Themen. Und im Diskurs über solche ethisch-moralische Themen unterscheiden sich nach Habermas die normativen von den wissenschaftlichen Sprachstilen:

> „Wenn man beschreibt, wie eine Person etwas getan hat, was sie nicht gewollt hat und was sie auch nicht hätte tun sollen, dann beschreibt man sie – aber eben nicht so wie ein naturwissenschaftliches Objekt. Denn in die Beschreibung von Personen gehen stillschweigend Momente des vorwissenschaftlichen Selbstverständnisses von sprach- und handlungsfähigen Subjekten ein" (ebd., S. 68 f.)

Wissenschaft, so lässt sich dieses Zitat deuten, hat keine Sprache für Moral. Und in diesem Sinne schreibt Habermas auch weiter:

> „Auch dem wissenschaftlich aufgeklärten Common sense wird es keine Wissenschaft abnehmen, beispielsweise zu beurteilen, wie wir unter molekularbiologischen Beschreibungen, die gentechnische Eingriffe möglich machen, mit vorpersonalem menschlichen Leben umgehen sollen." (ebd., S. 69 f.)

Religionen, so weiter die Argumentation von Habermas, haben aber durchaus eine Sprache für moralische Fragen entwickelt. Und aus diesem Grund sollte religiöse Sprache auch weiterhin einen Platz haben im öffentlichen Diskurs und sie sollte nicht vorschnell der öffentlichen Erwartung in säkularen Gesellschaften geopfert werden:

> „So machen heute Katholiken und Protestanten, wenn sie für die befruchtete Eizelle außerhalb des Mutterleibes den Status eines Trägers von Grundrechten reklamieren, den (wahrscheinlich vorschnellen) Versuch, die Gottesebenbildlichkeit des Menschengeschöpfs in die säkulare Sprache des Grundgesetzes zu übersetzen. Die Suche nach Gründen, die auf allgemeine Akzeptabilität abzielen, würde nur dann nicht zu einem unfairen Ausschluss der Religion aus der Öffentlichkeit führen und die säkulare Gesellschaft nur dann nicht von wichtigen Ressourcen der Sinnstiftung abschneiden, wenn sich die säkulare Seite ein Gespür für die Artikulationskraft religiöser Sprachen bewahrte. Die Grenze zwischen säkularen und religiösen Gründen ist ohnehin fließend." (ebd., S. 70 f.)

Die hier angesprochene „Gottesebenbildlichkeit des Menschengeschöpfs" stellt Habermas weiter als Beispiel heraus, um seine Idee der besonderen Fähigkeit religiöser Sprache für moralische Fragen zu untermauern. Er schreibt dazu:

> „So berufen sich heute, in der Kontroverse über den Umgang mit menschlichen Embryonen, immer noch viele Stimmen auf Moses 1,27: Gott schuf den Menschen ihm zum Bilde, zum Bilde Gottes schuf er ihn. Dass der Gott, der die Liebe ist, in Adam und Eva freie Wesen schafft, die ihm glei-

chen, muss man nicht glauben, um zu verstehen, was mit Ebenbildlichkeit gemeint ist. Liebe kann es ohne Erkenntnis in einem anderen, Freiheit ohne gegenseitige Anerkennung nicht geben." (ebd., S. 73)

Religion, so die Grundidee, hat also eine Sprache entwickelt, die moralische Grundlagen besser zum Ausdruck bringen kann als andere – insbesondere wissenschaftliche Sprache. Habermas argumentiert normativ dafür, diese Sprache zu erhalten und auch nicht durch andere Ausdrücke einfach zu ersetzen:

> „Säkulare Sprachen, die das, was einmal gemeint war, bloß eliminieren, hinterlassen Irritationen. Als sich Sünde in Schuld, das Vergehen gegen göttliche Gebote in den Verstoß gegen menschliche Gesetze verwandelte, ging etwas verloren." (ebd., S. 72)

Wenn wir noch einmal zurückschauen auf die Grundidee von Bruno Latour, dann finden wir hier bemerkenswerte Gleichklänge, auch wenn sich die Schwerpunkte der beiden unterscheiden. Habermas sieht den besonderen Wert religiöser Sprache für einen öffentlichen vernünftigen Diskurs in deren Fähigkeit, moralische Ansprüche zum Ausdruck zu bringen. Um dies auch weiterhin leisten zu können, sollte sie auch weiterhin nicht nur erhalten bleiben, sondern Nichtgläubige sollten auch mehr als bisher gezwungen sein, sich auf die Sprache der Religion einzulassen. Bei der Übersetzung von religiöser in säkulare Sprache warnt er zur Vorsicht, auch wenn er gleichzeitig deren Wert herausstellt:

> „Moralische Empfindungen, die bisher nur in religiöser Sprache einen hinreichend differenzierten Ausdruck besitzen, können allgemeine Resonanz finden, sobald sich für ein fast schon Vergessenes, aber implizit Vermisstes eine rettende Formulierung einstellt. Sehr selten gelingt das, aber manchmal. Eine Säkularisierung, die nicht vernichtet, vollzieht sich im Modus der Übersetzung." (ebd., S. 73)

Latour, so haben wir oben zusammengefasst, sieht die besondere Fähigkeit religiöser Sprache darin, ein Gefühl der Zugehörigkeit auszudrücken. Allerdings sieht er die größte Gefahr darin, dass sie nicht übersetzt wird und dass weiterhin Ausdrücke genutzt werden, die in aufgeklärten Gesellschaften keinen kommunikativen Anschluss mehr finden.

Beide Autoren schließlich unterscheiden Religion und Wissenschaft hinsichtlich ihrer unterschiedlichen Sprachstile und geben damit eine Orientierung für empirische Arbeiten an die Hand.

4.4 Die gesellschaftliche Bedeutung der Beschreibung von Wissenschaft und Religion als unterschiedliche epistemische Stile

Die in diesem Kapitel vorgestellten Zugänge erscheinen beim Lesen möglicherweise weniger greifbar als die, mit denen wir uns in den vorangegangenen Kapiteln auseinandergesetzt haben. Immer wieder wird darauf verwiesen, dass die Frage nach dem Verhältnis zwischen Religion und Wissenschaft nur empirisch zu klären sei, irgendwie werden Ähnlichkeiten hervorgehoben, andererseits aber auch Unterschiede. Manche:r Leser:in wünscht sich vielleicht eine klarere Positionierung, was denn nun dieses Verhältnis ausmacht.

Tatsächlich bieten diese Ansätze keine dritte Großbeschreibung neben der Konflikt- oder der Differenzthese, wir können sie vielmehr besser als Mikroperspektive unterhalb dieser Großbeschreibungen verstehen. Sie fragen danach, was es denn ausmacht, dass das eine Phänomen als wissenschaftlich und ein anderes als religiös eingeordnet wird. Mit dieser Perspektive kann sowohl nachvollzogen werden – eben durch empirische Analyse – wie ein Konflikt untermauert wird, also auch, wie eine Aufgabenteilung in konkreten Handlungssituationen hergestellt wird. Und dies sollten wir uns als Kerngedanken dieser Ansätze merken: Es geht – unabhängig von der konkreten Auffassung über die richtige Verhältnisbestimmung zwischen Religion und Wissenschaft – darum, jede dieser Verhältnisbestimmungen als *sozial hergestellt* zu betonen.

Vor diesem Hintergrund wird auch noch einmal deutlich, was eingangs zu diesem Kapitel schon benannt wurde: Die hier eingenommenen Perspektiven untersuchen Religion und Wissenschaft nicht allein als institutionalisierte Formen, die in tradierten Organisationen erkennbar sind. Im Zentrum steht hier vielmehr Religiöses und Wissenschaftliches und die Frage, wie das eine und das andere jeweils geschaffen und legitimiert wird.

Wenn wir nun nach der gesellschaftspolitischen Bedeutung dieser Perspektiven fragen, dann erscheint auch diese möglicherweise weniger offensichtlich als für die vorangegangenen Kapitel. Mindestens auf den ersten Blick erscheint hier Manches als rein akademische Debatte, als Auftrag an die wissenschaftlichen Kolleg:innen, doch empirisch genauer hinzuschauen. Gleichzeitig ist aber auch mit diesen Ansätzen ein erkennbarer normativer und gesellschaftspolitisch relevanter Anspruch verbunden. Die normative Aufforderung lässt sich vielleicht in etwa so zusammenfassen: Lass Dich nicht vom Schein der Strukturen blenden, sondern schaue auf die konkreten Handlungen und Prozesse.

Bezogen auf Religion und Wissenschaft würde diese Aufforderung etwa beinhalten, etwas nicht schon als ‚wahr' anzunehmen, weil es von einer Person geäußert wurde, die eine Position im Wissenschaftssystem innehat. Auch im Wissenschaftssystem wird Wissen von Menschen produziert. Religiöses, so eine weitere Implikation dieser Perspektive, kann auch weit außerhalb religiöser Organisationen stattfinden. Die damit verbundene normative Aufforderung lautet, auch hier aufmerksam zu bleiben, wo möglicherweise religiöse Heilsversprechen gegeben und geglaubt werden, ohne als solche von den Beteiligten wahrgenommen zu werden. Beispiele für solche Dynamiken an den Grenzen des Wissenschaftlichen und des Religiösen werden im dritten Teil des Buches diskutiert.

Implizit verbunden ist mit dem Gesagten ein weiterer Aspekt, der mit diesen Perspektiven betont wird: Beides – Wissenschaft und Religion – hat ein starkes Potenzial, sich gegen Anfragen zu immunisieren. Beide werden von Berger und Luckmann als Legitimationsressourcen auf der höchsten Ebene gedacht, sie kön-

4 Religion und Wissenschaft als epistemische Stile

nen symbolische Sinnwelten schaffen und so ein Hinterfragen des Bestehenden erschweren oder vermeintlich überflüssig machen.

Gegen solche Mechanismen der Abschließung können wir uns dann gut die normative Perspektive von Habermas vergegenwärtigen. Jede Aussage, auch die wissenschaftliche und auch die religiöse, kann nur dann Geltung beanspruchen, wenn sie sich auf die Regeln des vernünftigen Diskurses einlässt. Eine religiöse Aussage beansprucht dabei eine andere Form von Geltung als eine wissenschaftliche, aber beide sind gefordert, sich auf Anfragen der Diskursgemeinschaft einzustellen.

Diese normative Leitidee des vernünftigen Diskurses kann auch Begrenzung für ein ‚alles ist relativ' gesehen werden. Diese Kritik an einem angenommenen Relativismus wird häufig in Bezug auf konstruktivistische Ansätze geäußert. Innerhalb der soziologischen Debatte führt dies zu neuen Auseinandersetzungen über das Verhältnis von Struktur und Handlung und zur Bedeutung von Werten für Handeln. Im öffentlichen Diskurs haben sich rechtspopulistische Gruppen die Kritik an einem unterstellten Relativismus zu eigen gemacht und treten für neue Klarheiten auf. Die hier vorgestellten Perspektiven sensibilisieren dafür, auch hier Diskursschließungen kritisch zu befragen und Bedingungen des vernünftigen Diskurses einzufordern.

Diskussionsfragen

- Welche Verständnisse von Religion und von Wissenschaft kommen in den hier vorgestellten Ansätzen zum Ausdruck? Inwiefern unterscheiden sie sich jeweils voneinander?
- Inwiefern überzeugt Sie die Beschreibung von Religion und Wissenschaft als unterschiedliche epistemische Stile, inwiefern nicht?
  – Welche Beispiele fallen Ihnen ein, die für diese Beschreibung sprechen?
  – Inwiefern halten Sie es auch normativ für wünschenswert, Religion und Wissenschaft als unterschiedliche epistemische Stile anzunehmen? Inwiefern nicht?

Literaturtipps

Literatur zum Einstieg
Beck, Stefan/Sørensen, Estrid/Niewöhner, Jörg 2012: Science and technology studies. Bielefeld: transcript.
Gülker, Silke (2019): From „Science and Religion" to „Transcendence in Science", or: What We Can Learn from the (History of) Science and Technology Studies. In: Jones, Stephen H.; Catto, Rebecca; Kaden, Tom (Hg.): Science, Belief and Society: International Perspectives on Religion, Non-Religion and the Public Understanding of Science. Bristol: Policy Press.

Literatur zum Vertiefen – aus unterschiedlichen konfessionellen Perspektiven
Gülker, Silke 2019: Transzendenz in der Wissenschaft. Studien in der Stammzellforschung in Deutschland und in den USA. Reihe Religion in der Gesellschaft, Bd. 46. Würzburg: Ergon Verlag.

Teil II: Religion und Wissenschaft als Thema der Wissenschaftsgeschichte

Einleitung: Neubewertungen zur ‚Wissenschaftlichen Revolution'

Die Wissenschaftsgeschichte hat sich intensiv mit dem Verhältnis zwischen Wissenschaft und Religion auseinandergesetzt und tut dies weiterhin (Brooke 1991; Dixon et al. 2010; Fennema und Paul 1990; Giberson und Yerxa 2002; Harrison 2010b;). Dabei waren zahlreiche Forschungen über lange Zeit an der Konflikthese orientiert (vgl. Kapitel 2), deren Gültigkeit historisch nachzuzeichnen versucht wurde. Von besonderer Bedeutung ist dabei die Beschäftigung mit der sogenannten Wissenschaftlichen Revolution im Laufe des 16. und 17. Jahrhunderts. In diesen Jahrhunderten wurden viele naturwissenschaftliche Forschungen veröffentlicht, die wir heute als ‚Durchbrüche' bezeichnen würden. Außerdem wird angenommen, dass sich in dieser Zeit ein neuer Wissenschaftsstil durchgesetzt hätte – eine neue Art, über die Welt als Folge von Gesetzmäßigkeiten nachzudenken. Damit wird diese Zeit vielfach auch als die Geburtsstunde der ‚modernen' Wissenschaft bezeichnet.

Im Sinne der Konfliktthese wurde dann Religion über lange Zeit als Gegnerin dieser Entwicklungen ausgemacht, zentrale Protagonisten der Wissenschaftlichen Revolution, wie beispielsweise der Universalgelehrte Galileo Galilei, standen geradezu sinnbildlich für diesen unumgehbaren Konflikt zwischen Wissenschaft und Religion.

In den letzten Jahrzehnten allerdings erfährt das Thema in der Wissenschaftsgeschichte eine Art Wiederaufnahme und die eindeutigen Gegenüberstellungen werden vielfältig in Frage gestellt. Zum einen wird die klare Grenzziehung zwischen (unwissenschaftlichem) Mittelalter und anschließender wissenschaftlicher Revolution hinterfragt. Durch Übersetzungen zahlreicher Schriften konnte vielmehr herausgestellt werden, dass auch schon im Mittelalter Forschungen darauf ausgerichtet waren, theoretische Gesetzmäßigkeiten zu verstehen. Zum anderen wird in jüngerer Zeit auch die Rolle der Kirchen und der Religion neu betrachtet. So wurde beispielsweise offenbar auch im Mittelalter die Bibel nicht zwangsläufig wörtlich genommen, sondern es wurde über eine angemessene Hermeneutik debattiert. Weltbilder standen also nicht in der Unausweichlichkeit gegenüber wie es die Konfliktthese nahelegt.

Die jüngere Wissenschaftsforschung bemüht sich vor diesem Hintergrund darum, die vielfältigen Wechselverhältnisse zu erforschen, die die Bedeutung von Religion und Wissenschaft in dieser Zeit ausgemacht haben. Deutlich wird dabei auch, dass es längst nicht immer um Wissen und Weltbilder ging, die einander gegenüberstanden, sondern auch um machtpolitische Interessen und Erwägungen.

Einleitung: Neubewertungen zur ‚Wissenschaftlichen Revolution'

Wir vergegenwärtigen uns zentrale wissenschaftsgeschichtliche Auseinandersetzungen anhand der Forschung dreier Personen, die für besonders intensive Debatten gesorgt haben: Galileo Galilei, Isaac Newton und Charles Darwin.

5 Galileo Galilei (1564–1642)

> **Überblick**
>
> Galileo Galilei war ein Gelehrter mit Schwerpunkten in der Astronomie und Mathematik. Bis heute wird seine Geschichte vielfach als Beispiel für einen unvermeidbaren Konflikt zwischen Religion und Wissenschaft zitiert. Galilei vertrat nach eingehender Forschung auf diesem Gebiet das damals hoch umstrittene heliozentristische Weltbild und richtete sich damit gegen das bis dahin gängige geozentrische Weltbild. Dafür wurde er von der katholischen Inquisition bestraft. Bei genauerem Hinsehen wird allerdings deutlich, dass die Fronten in dieser Zeit längst nicht so eindeutig gegenüberstanden, wie diese Kurzfassung vermuten lässt: Galilei war selbst zeitlebens gläubiger Katholik und hatte Verehrer innerhalb der katholischen Kirche. Die Kontroverse um seine Forschung ist sowohl mit politischen Rahmenbedingungen als auch mit theologischen Debatten verflochten.

5.1 Inhaltliche Brisanz der Forschung: Die neue Astronomie

„Eppur si muove" („und sie dreht sich doch") soll Galileo Galilei noch während seiner von den Richtern der Inquisition erzwungenen Abschwörung gemurmelt haben. Was diesen Satz betrifft, sind sich Historiker:innen inzwischen weitgehend einig, dass Galilei den nicht tatsächlich gesagt, sondern er ihm später angedichtet wurde. Er passt aber offenbar gut in das von der Nachwelt gezeichnete Bild dieses Mannes und er fasst zudem pointiert den Konflikt zusammen, mit dem Galilei vor allem in Verbindung gebracht wird: Die Kontroverse um die Gültigkeit des heliozentrischen Weltbildes.[1]

In aller Vereinfachung geht das heliozentrische Weltbild davon aus, dass die Planeten des Sonnensystems sich um die Sonne drehen. Demgegenüber geht das geozentrische Weltbild davon aus, dass die Erde der Mittelpunkt der Welt ist und alle Planeten sich um sie drehen. Galilei hatte allerdings ein neues Weltbild nicht erfunden. Als er im Jahre 1564 geboren wurde, war die Idee eines heliozentristischen Weltbildes bereits seit gut 20 Jahren in der Diskussion: Nikolaus Kopernikus hatte im Jahre 1543 sein durchaus als revolutionär zu bezeichnendes Werk *De revolutionibus orbium coelestium* (Über die Umlaufbahnen der Himmelssphären) veröffentlicht, in dem erstmals ein mathematisch-naturwissenschaftliches Modell entwickelt wurde, nachdem sich die Erde um sich selbst und um die Sonne drehen würde.

Bis dahin war das geozentristische Weltbild, wie es durch Claudius Ptolemäus schon im 2. Jahrhundert entwickelt wurde, weitgehend unumstritten. Das wurde allerdings mit fortschreitender astronomischer und mathematischer Forschung zunehmend unhandlicher, es wurden immer neue Umlaufbahnen für Planeten angenommen, das Modell wurde sehr komplex. Demgegenüber entsprach das Modell von Kopernikus viel besser den astronomischen Beobachtungen und es war deut-

---

[1] Vgl. für die folgende Darstellung: Fischer 2015; Fölsing 1996 [1983]; Hehl 2017; McGrath 2001: 19–29;; Næss 2006 [2002];.

5 Galileo Galilei (1564–1642)

lich einfacher und eleganter. Allerdings konnte Kopernikus mit seinem Modell auch noch nicht alle Beobachtungen erklären. In der Wissenschaftsgeschichte werden zwei weitere Entwicklungen hervorgehoben, die zur Etablierung des heliozentristischen Weltbildes erforderlich waren: Tycho Brahe (1546–1601), ein dänischer Astronom, hat die Beobachtungstechnik ohne Fernrohr erheblich präzisiert. Johannes Kepler (1571–1630) hat bei ihm gelernt und auf dieser Grundlage intensive Beobachtungen des Planeten Mars durchgeführt. Diese Beobachtungen haben ihn zur Entwicklung eines neuen Modells veranlasst, das davon ausgeht, dass die Planeten nicht kreisförmig, sondern in ellipsenförmig um die Sonne kreisen.

Galilei hat an all diese Forschungen angeknüpft. Dabei hat er sich erst spät in seinem Schaffen intensiv der Astronomie zugewandt. In den ersten rund zwei Jahrzehnten seiner Forschungsarbeit hat er sich hauptsächlich mit Fragen der Mathematik und der Mechanik befasst. Wohl sind aus 1597 vereinzelte Briefe bekannt, in denen er sich als Anhänger des Kopernikus vorstellte. Aus derselben Zeit wurden aber andere Schriften gefunden, in denen Galilei die Vorstellungen Kopernikus auch ablehnt. Die Astronomie wurde erst von dem Moment an zu seinem Schwerpunkt, in dem diese auch als empirische, also beobachtende Wissenschaft möglich war. Die Voraussetzung dafür war die Erfindung des Teleskops, die zwar nicht (wie verschiedentlich postuliert) auf Galilei zurückgeht. Sehr wohl hat aber Galilei diese Erfindung eines Holländers akribisch verbessert und im Jahre 1610 ein Teleskop gebaut, das eine 1000fache Vergrößerung ermöglichte.

Die Beobachtungen, die er dann systematisch durchgeführt hat, waren Anlass für eine nun intensive Beschäftigung mit der Astronomie und damit zusammenhängend mit der Frage nach der wahren Beschaffenheit des Weltsystems. Seine Beobachtungen veröffentlicht er noch 1610 im Buch *Sidereus Nuncius* (Der Sternenbote), mit dem er überregional berühmt wurde. Inhaltlich geht es darin um Unebenheiten auf der Oberfläche des Mondes, um eine Vielzahl an Sternen, die bisher noch nicht gesehen wurden, und es geht um die Monde des Jupiters. Letztere bieten wahrscheinlich den größten inhaltlichen Sprengstoff, zeigten doch die Beobachtungen Galileis, dass es Monde gibt, die um den Jupiter kreisen – mit der Konsequenz, dass offenbar nicht alle Himmelskörper um die Erde kreisen. Galilei wurde zu einem Vertreter des neuen Weltbildes und einem Verteidiger der Lehre Kopernikus.

Was aber genau ist der Sprengstoff dieses neuen Weltbildes? Was steht auf dem Spiel? Wir können uns die Brisanz zunächst mit Blick auf das astronomische Weltbild selbst vergegenwärtigen: Wenn nicht die Erde, sondern die Sonne das Zentrum aller Planeten bildet, dann ist damit eine veränderte Ordnung der Welt verbunden. Das anzunehmen war in der Zeit des späten Mittelalters eine große Herausforderung, weil die bis dahin gedachte Ordnung genau so für von Gott gegeben geglaubt wurde. Die Annahme war, dass jedes Ding genau einen richtigen Platz in der Welt hat und dass dieser Platz dessen Bestimmung entspricht. Wenn nun – und das macht die Brisanz noch deutlicher – die Erde peripher wird, dann steht auch der Mensch nicht mehr im Zentrum aller Ordnung. Anzunehmen, dass es nicht des Menschen Bestimmung sein sollte, das Zentrum zu bilden, um das sich alles dreht, war überaus schwierig.

Auf einer zweiten Ebene ging es aber nicht allein um den materiellen Inhalt des neuen astronomischen Weltbildes, sondern es ging auch um die Frage nach dem richtigen Prinzip der Welterklärung – wir haben es auch mit einer wissenschaftstheoretischen Auseinandersetzung zu tun. Galilei wird häufig als Gründer der modernen Wissenschaften bezeichnet, weil er für eine Verknüpfung von deduktiver und induktiver Methode steht. Er war ein akribischer Beobachter und zugleich ein analytisch denkender Mathematiker und bewegte sich ständig zwischen Theoriebildung und empirischer Prüfung hin und her – so wie es als gute wissenschaftliche Praxis der modernen Wissenschaften angenommen wird. Diese Verknüpfung praktizierte er nicht allein im Bereich der Astronomie, sondern auch in seinen Studien zur Mechanik. Auf dieser Grundlage entwickelte er eine physikalische Theorie, nach der die Welt insgesamt aus kleinen Partikeln aufgebaut ist, die sich nach denselben Gesetzmäßigkeiten bewegen. Die Theorie war noch einige Schritte von der späteren Atomphysik entfernt, aber sie beinhaltete den in der Zeit entscheidend brisanten Paradigmenwechsel: Nicht Gott sorgt durch aktuelles Eingreifen für eine Zustandsveränderung eines Dings, sondern es sind Gesetzmäßigkeiten, die in der Natur schon angelegt sind. Auftrag an die wissenschaftliche Forschung wird es aus dieser Perspektive zu verstehen, *wie* – also nach welchen Gesetzmäßigkeiten – die Welt funktioniert und nicht mehr die Frage zu stellen, *warum* etwas ist wie es ist (wir erinnern uns an diese Unterscheidung später bei Comte, vgl. Kapitel 2).

Mit diesem Paradigmenwechsel unmittelbar verbunden ist die Notwendigkeit, Gott als Schöpfer neu zu denken und die Auseinandersetzung mit diesem Gedanken setzte in dieser Zeit ebenfalls ein: Anstatt Gott als ständigen Beobachter, strafenden und belohnenden, allmächtigen Begleiter der Welt anzunehmen, wird er zunehmend als Schöpfer im Sinne der ersten Ursache für die Welt und der Schöpfungsakt selbst als abgeschlossen gesehen. Der Verlauf der Welt, so die logische Schlussfolgerung, liegt damit nicht in der Verantwortung Gottes – die Frage, wer diese Verantwortung stattdessen trägt oder inwiefern sie in der Natur bereits zwangsläufig angelegt ist, wird die Natur- und Geisteswissenschaften noch lange weiter beschäftigen.

Schließlich ging es in der Auseinandersetzung mit dem neuen Weltbild aber immer auch um die Frage der richtigen Bibelauslegung. Dabei war es keineswegs so, dass im Mittelalter nur eine wörtliche Auslegung der Bibel üblich war.[2] Vielmehr gab es bereits eine lange Tradition unterschiedlicher hermeneutischer Verfahren: Neben der wörtlichen Auslegung war auch eine solche anerkannt, die einzelne Erzählungen und Teile der Schrift als Allegorien interpretierten: Es galt Gottes Idee, also den ethischen Kern, zu identifizieren, der mit diesen Schriften gemeint war. Als dritte Form der Auslegung schließlich war auch die so genannte Akkommodation akzeptiert. Sie geht von der Idee der Anpassung aus und damit davon, dass die Schrift in solchen Worten und Beispielen geschrieben wurde, die den Menschen zur Zeit ihrer Entstehung verständlich war. Mit Entwicklung des Wis-

---

2 Wie es dem Mittelalter häufig unterstellt wird und wie es zum Teil nun im Umfeld evangelikaler Gruppen durchaus wieder üblich geworden ist, vgl. Kap.2.

sens über die Welt müsste aber auch der Inhalt der Bibel dem Verständnishorizont der jeweiligen Zeit angepasst werden. (vgl. McGrath 2001, S. 22–23)

All diese Formen waren, wie gesagt, zur Zeit des Galilei nicht neu, sie hatten zum Teil eine Jahrhunderte alte Tradition. Die entscheidende Frage allerdings war, welche Teile der Bibel mit welcher Auslegungsmethode gelesen werden durften. Und hier wurden bisher diejenigen Teile, die die Stellung der Planeten zueinander betrafen, nur in der wörtlichen Auslegung interpretiert. Um das heliozentrische Weltbild im Einklang mit der Bibel zu sehen, war dies aber nicht mehr möglich. Die Frage, wer nun entscheiden konnte, ob auch neue Stellen nach der Anpassungsmethode gelesen werden durften, war ganz wesentlich eine Machtfrage – wie der Verlauf des Konfliktes zeigt.

5.2 Wie Fragen ausgetragen wurden

Zunächst sei herausgestellt: Galilei war Zeit seines Lebens gläubiger Katholik. Insofern eignet sich seine Person auch gar nicht so gut als Beispiel für den unüberwindbaren prinzipiellen Gegensatz zwischen Religion und Wissenschaft, zu dem er später vielfach stilisiert wurde. Galilei war vielmehr davon überzeugt, dass es einen Konflikt zwischen den Texten der Bibel und den beobachtbaren Phänomenen in der Natur gar nicht geben könnte, weil er fest davon überzeugt war, dass beides Gottes Werk wäre. Er sah die Aufgabe sowohl für die Wissenschaft als auch für die Theologie darin, Gottes Werk zu verstehen.

Über sehr lange Zeit war Galilei auch in der katholischen Kirche ein hoch anerkannter Wissenschaftler. Papst Urban VIII, später der Gegner Galileis im Inquisitionsprozess von 1633, war über lange Zeit einer der wichtigsten Unterstützer und Befürworter des Wissenschaftlers. Noch 1620 hat er – zu der Zeit noch Kardinal Maffeo Barberini – eine Lobeshymne auf Galilei geschrieben (vgl. Fischer 2015, S. 251).

Und dennoch wird Galilei 1616 von den Inquisitoren wegen seiner Verteidigung der Lehre Kopernikus ermahnt, aber (noch) nicht verurteilt. Galilei arbeitete daraufhin weiter daran, Belege für die Ansichten Kopernikus zu finden und veröffentlicht 1633 ein Buch zum Thema der Weltsysteme, in dem er sich wiederum auf die Seite des Kopernikus stellt. Daraufhin wird er zu lebenslanger Kerkerhaft verurteilt und zur Abschwörung gezwungen – die Kerkerhaft wurde allerdings unmittelbar nach dem Urteil in einen Hausarrest umgewandelt.

Wie kam es zu diesem Stimmungswandel? Diese Frage wird in der Galileiforschung unterschiedlich beantwortet und es ist wohl eine Kombination unterschiedlicher Ursachen. Zum einen müssen wir uns die (kirchen-)politische Situation der Zeit vergegenwärtigen: Das 16. und 17. Jahrhundert steht für die Kämpfe zwischen Reformation und so genannter Gegenreformation. Die von Martin Luther 1517 in Wittenberg veröffentlichten Thesen fanden auch in Italien viele Anhänger:innen – und dies besonders auch in der Großregion Venedig, in der Galilei wichtige Jahre verlebte. Die Römische Inquisition wurde 1542 mit dem Ziel institutionalisiert, die weitere Verbreitung des Protestantismus zu verhindern.

Der Umgang mit Galilei drohte so immer auch zu einem Präzedenzfall zu werden – wenn hier Neues zugelassen würde, wären auch die Neuerungen, die die Protestanten einführen wollten, zusätzlich schwer zu verhindern.

In dem Zusammenhang spielte außerdem wiederum die Auseinandersetzung um die richtige Form der Bibelauslegung eine entscheidende Rolle. Galilei wollte ja, wie gesagt, die Bibel nicht widerlegen. Er ging aber davon aus, dass in ihr keine wissenschaftlichen Tatsachen zu lesen sind, die es wörtlich zu verstehen galt, und plädierte vielmehr für die anpassende Form der Bibelauslegung. Damit konnte er sich auch auf die Arbeiten des Karmeliten-Bruders Paolo Antonio Foscarini (1565–1616) beziehen, der 1615 genau dies bereits forderte: Die Stellen, die die Bewegung von Erde und Sonne betreffen, in anpassender Art und Weise auszulegen (vgl. McGrath 2001, S. 27). Genau das allerdings wäre eine Neuerung – nicht die Art der Bibelauslegung an sich, aber die Anwendung dieser Art auf neue Bibelstellen. Und genau diese Neuerung, so die Sorge, könnte weiteren Anfragen an Neuerungen Tür und Tor öffnen und die katholische Position gegenüber der protestantischen schwächen.

Ein weiterer wichtiger Aspekt zur Erklärung des Stimmungswandels gegen Galilei war auch der Machtverlust des Papstes, seines bisherigen Freundes. Der wurde durch die Inquisition unter Druck gesetzt und hat den Prozess geführt – hat möglicherweise aber dadurch, dass er Galilei zum Abschwören gezwungen hat, auch dessen Verbrennung auf dem Scheiterhaufen verhindert.

Schließlich stellen auch manche Historiker:innen heraus, dass der Stimmungswandel gegen Galilei auch mit dessen provokativem Verhalten zu tun haben konnte. Für das Urteil selbst von Bedeutung war wohl eine Aktennotiz aus dem ersten Prozess von 1616, nach der Galilei strikt untersagt worden wäre, sich überhaupt mit der Lehre Kopernikus zu beschäftigen. In der schriftlichen Fassung, die Galilei zuging, wurde er aber nur ermahnt, die Lehre als Hypothese und nicht als bewiesene Wahrheit zu behandeln. Es gibt Annahmen dazu, dass die Aktennotiz nachträglich hergestellt wurde, um Galilei zu schaden. Dass dieser Vorgang eine so große Wirkung haben konnte, wird auch mit einer veränderten Einstellung des Papst Urban VIII erklärt, der sich inzwischen von Galilei vorgeführt sah: Die jüngste Veröffentlichung Galileis zu den Weltsystemen hatte die Form eines Diskurses mehrerer Protagonisten, und Zitate des Papstes wurden von einer offensichtlich nicht sehr intelligenten Figur mit dem Namen Simplicio (der Einfältige) vorgetragen. Dabei fiel diese Veröffentlichung in eben diese Zeit, in der der Papst ohnehin politisch stark unter Druck stand.

In Verknüpfung dieser unterschiedlichen Entwicklung kam es schließlich zum Prozess und zur Verurteilung. Dass der Erzbischof von Siena auch nach dem Prozess ein glühender Anhänger Galileis bleib, deutet gleichzeitig darauf hin, dass die Kirche keinen geschlossenen Block in den Debatten um die Forschungsfragen der Zeit bildete.

Der kirchliche Umgang mit der Forschung Galileis hatte also zum Teil inhaltliche, zum Teil auch machtpolitische Gründe. Dabei wird an diesem Beispiel auch deutlich, welche Machtfülle die Kirche in diesem historischen Kontext hatte. Das ändert sich erkennbar in den folgenden Jahrhunderten, wie wir in den folgenden Kapiteln nachvollziehen können.

6 Isaac Newton (1643-1727)

> **Überblick**
>
> Der Physiker, Mathematiker und Astronom Newton ist bis heute berühmt für die Entdeckung des Gesetzes der Gravitation. Zu seiner Zeit lag in dieser Forschung enorme Brisanz, war damit doch die Schlussfolgerung verbunden, dass Dinge auf der Erde und im Weltall nach gleichen Gesetzen funktionierten – was wiederum den bis dahin weitgehend gängigen Glauben an Gott als Schöpfer aller einzelnen Dinge ebenso herausforderte wie den Glauben an einen allzeit präsenten und aktuell in das Geschehen der Welt eingreifenden Gott. Newton selbst war ein tief gläubiger Mensch und gesellschaftlich hoch anerkannt. Anders als im Falle von Galilei stand er auch in keinem offenen Konflikt mit der Kirche. Seine Forschung allerdings gilt als Wegbereiter für ein mechanistisches Weltbild, das nicht nur die Theologie seiner Zeit herausgefordert hat, sondern auch die Entwicklung einer atheistischen Weltauffassung befördert haben dürfte.

6.1 Inhaltliche Brisanz der Forschung: Der Ort Gottes in einem mechanistischen Universum

Wenn der Name Newton fällt, dann ist in der Regel der Ausdruck ‚mechanistisches Universum' nicht weit. Newton perfektionierte das Zusammenspiel von empirischer Beobachtung und Theoriebildung, die schon für Galilei von zentraler Bedeutung war. Auch Newton kam es darauf an, die Gesetze der Natur zu verstehen. Er war Physiker, Astronom und Mathematiker; und während zur Zeit Galileis die Geometrie im Zusammenhang mit der Planetenbewegung ausgefeilt wurde, ging es Newton um Gesetze der Mechanik. Er veröffentlichte zu Themen der theoretischen Mathematik und zur Optik und entwickelte eine neuartige Form des Teleskops.[3]

Sein bahnbrechender Beitrag, mit dem er heute vor allem verbunden wird, liegt im Bereich der Physik und hier darin, dass er ein Prinzip, das er aktuell in der Welt beobachtet hat, auf die Bewegung der Planeten übertragen hat. Vielfach wird die Anekdote zitiert, nach der ihm der entscheidende Gedanken in einem Moment in den Sinn gekommen sei, in dem er einen zu Boden fallenden Apfel sah (vgl. Ackroyd 2006, 25 ff.). Er war überzeugt davon, dass es ein Gesetz – einen Mechanismus – geben musste, das sowohl die Fallbewegung des Apfels als auch die Bewegung der Planeten erklären kann.

In ständiger Suchbewegung zwischen Beobachtung und mathematischer Theoriebildung entwickelte (oder entdeckte?)[4] Newton das Gesetz der Gravitationskraft: Er konnte mathematisch exakt beschreiben, dass Massen sich gegenseitig anziehen und wie diese Anziehungskraft zwischen Massen mit der Entfernung zueinander abnimmt. Dieselbe Anziehungskraft, die den Apfel zu Boden zieht, sorgt demnach auch dafür, dass der Mond die Erde in der beobachtbaren Bahn umrundet. Die

---

3 Vgl. im Folgenden Ackroyd 2006; Heuser 2005; McGrath 2001: 30–35; .
4 Eine Unterscheidung, die wir hier nicht eingehend vertiefen können, die aber die Wissenschaftsgeschichte und -theorie bis heute vielfältig beschäftigt, vgl. Hacking 1996.

Messungen waren auf rund 10 % genau – später stellte sich heraus, dass der Fehler allein mit einem zu der Zeit falsch angenommen Abstand zwischen Mond und Erde zu erklären war.

Die Herausforderungen, die mit diesen Entwicklungen für das gängige Weltbild und für die Theologie verbunden waren, sind schnell nachvollziehbar. Auch Galilei hatte schon daran gearbeitet, Gesetzmäßigkeiten hinter Bewegungen zu erforschen. Zu seiner Zeit aber war es möglich, die Erde und das sie umgebende Universum als grundsätzlich getrennt voneinander zu betrachten. Selbst wenn man also akzeptiert hätte, dass die auf der Erde beobachtbare Natur nach erforschbaren Gesetzen funktionierte, konnte die Vorstellung von einem im Weltall aktuell handelnden Gott erhalten bleiben. Wenn nun aber die auf der Erde nachvollziehbaren Gesetzmäßigkeiten auch für das Universum gelten sollten, stelle sich die Frage nach dem Ort Gottes neu.

Schnell war das Bild von der Welt als perfekter Maschine im Umlauf. Robert Boyle (1626–1691), Physiker und Zeitgenosse von Newton, sprach gerne von der Welt als einem präzise funktionierenden Uhrwerk und verwies dabei auf die Perfektion der astronomischen Uhr am Straßburger Münster. Mit einer solchen Idee wurde gleichzeitig auch die Vorstellung zunehmend problematisch, nach der die einzelnen Dinge in der Welt – und eben auch die Planeten – eine spezifische Bestimmung in sich tragen.

Die Idee, dass Gott allein als Erste Ursache anzunehmen war, der seine Schöpfung abgeschlossen hatte und nun keinen direkten Einfluss mehr auf den Lauf der Welt haben würde, war längst nicht für alle Glaubenden überzeugend. Gleichzeitig entwickelte sich ebenfalls in dieser Zeit aber auch ein Weltbild, das ganz auf Gott verzichten konnte. Die naturwissenschaftlichen Entwicklungen der Zeit wurden in der Philosophie aufgenommen und zu einer materialistischen Weltsicht weitergeführt. René Descartes (1596–1650) steht prominent dafür: Im Zusammenspiel seiner philosophischen Arbeiten und der Erforschung von Gesetzmäßigkeiten in den Naturwissenschaften entstand ein mechanistisches Denken, nach dem alle beobachtbaren Phänomene auf durch Gesetze beschreibbare Ursache-Wirkungszusammenhänge zurückzuführen sind. Zwar wurde auch in diesem Denken die Frage nach der ersten Bewegung, der ersten Ursache für Entwicklung gestellt. Diese erste Ursache musste aber nicht Gott sein (wiewohl auch Descartes nach dem Beweis für einen Schöpfergott forschte), sie konnte auch als Zufall angenommen werden. Gott wurde rein logisch aus dieser Perspektive zu einer nicht notwendigen Hypothese.

Wenn allerdings Gott als Erste Ursache und damit als Schöpfer akzeptiert wurde, wurde mit diesen neuen Erklärungen gleichzeitig die herausgehobene Position des Christentums fragil. Die Vorstellung würde implizieren, dass sich Gott durch seine perfekte – einem präzisen Uhrwerk gleich perfekt funktionierende – Schöpfung den Menschen offenbaren würde. Die Menschen könnten durch die Entschlüsselung der perfekt arrangierten Gesetze ihren Schöpfer erkennen. Dies allerdings müsste folgerichtig prinzipiell für alle Menschen möglich sein und nicht nur für diejenigen, die christlich getauft waren.

Um all diese Fragen wurden intensive Auseinandersetzungen geführt, die wiederum nicht unabhängig von aktuellen politischen Gegebenheiten zu verstehen sind. Bemerkenswert ist dabei allerdings, dass Newton gerade nicht an der Spitze derjenigen Bewegung stand, die die aktuelle oder prinzipielle Bedeutung von Gott in Frage stellten. Für ihn war im Gegenteil Wissenschaft immer auch die Suche nach Beweisen für die Allmacht Gottes.

6.2 Wie Fragen ausgetragen wurden

Anders als im Fall von Galilei gab es nie einen offenen Konflikt zwischen der Kirche und Newton. Ganz im Gegenteil: Newton war eine hoch angesehene Persönlichkeit in der englischen Staats- und Kirchenführung. Er wurde 1669 (also mit nur 27 Jahren) Professor in der angesehenen Cambridge University, war später als deren Vertreter auch zeitweise Mitglied des englischen Parlaments und er wurde 1703 zum Präsidenten der Royal Society gewählt – der bedeutenden, im Jahre 1660 gegründeten nationalen Akademie der Wissenschaften. Das Amt führte er bis zu seinem Tod im Jahre 1726 aus (vgl. Ackroyd 2006, 119 ff.).

Newton war ein tiefgläubiger Mensch, eine Biografie von ihm ist aus gutem Grund mit „Der Physiker Gottes" (Heuser 2005) überschrieben. Er war überzeugt davon, dass Gott ein allmächtiger perfekter Schöpfer ist und er sah es als die vorrangige Aufgabe für sich als Wissenschaftler, dies mit seiner Arbeit zu beweisen. Damit dachte er ganz im Einklang mit der Charta der Royal Society von 1663, die sich Wissenschaft „zur Ehre Gottes des Schöpfers und zum Wohl der Menschheit" zur Aufgabe gemacht hatte.[5]

Die in diesem Sinne in der zweiten Hälfte des 17. Jahrhunderts arbeitenden Wissenschaftler bezeichneten sich selbst als ‚virtuosi'. Sie waren christlich sozialisiert und dem Christentum verbunden. Zahlreiche Beschreibungen bringen zum Ausdruck, dass diese Wissenschaftler Gott in den von ihnen erschlossenen Naturgesetzen zu erkennen, ja unmittelbar zu erfahren glaubten. So findet auch Newton in den Gesetzen der Optik einen Beweis für Gott als Schöpfer:

> "Whence is it that nature doth nothing in vain; and whence arises all that order and beauty which we see in the world? How came the bodies of animals to be contrived with so much art, and for what ends were their several parts? Was the eye contrived without skill in optics? ... Does it not appear from phenomena that there is a being incorporeal, living, intelligent...?" (Newton 1721: 344, zitiert nach Barbour 1966, S. 38)

Gott, in dieser Vorstellung, ist ein perfekter und intelligenter Designer, der im Design der Phänomene erkennbar wird. Für Newton selbst stand außerdem außer Frage, dass es sich hierbei um den christlichen Gott handeln musste. Tatsächlich zeigen andere Schriften von ihm auch, dass er die Vorstellung von einem auch aktuell präsenten Gott keineswegs aufgegeben hatte. Zum einen hielt er Gottes aktuelles Wirken für nötig, um irreguläre Bewegungen zu kontrollieren. Nicht

---

5 Wörtlich: "to the glory of God the Creator, and the advantage of the human race", Harrison 2010a, S. 3.

alles ließ sich mit den bis dahin entwickelten Modellen mathematisch erklären, und Newton ging davon aus, dass Gott beispielsweise dafür sorgte, dass Planeten nicht kollidierten. Zum anderen war der berühmte Physiker bis in sein Spätwerk hinein auch intensiv mit Alchemie beschäftigt – einer seit Jahrhunderten betriebenen experimentellen Erforschung von Stoffen, die schon in der frühen Neuzeit mit dem Schlagwort ‚Pseudo' abgewertet wurde und entsprechend zur Zeit Newtons zwar von vielen namhaften Wissenschaftler:innen betrieben, aber eher in geheimen Netzwerken diskutiert wurde. (vgl. Frietsch 2008)

Zur Überzeugung der Alchimist:innen gehörte, dass Materie „belebt" und „mit Kräften versehen" (Heuser 2005, S. 61) sei. Newton ging es mit seiner Suche nach der Eigenschaft der Stoffe – und insbesondere deren Verwandelbarkeit – darum, Gott in den Dingen zu erkennen. Folgendes Zitat drückt seinen Glauben an Gott als intelligentem und präzisen Designer auf der einen Seite und seinen Glauben an die Präsenz Gottes in den Dingen auf der anderen Seite aus:

> „Nach allen diesen Betrachtungen ist es mir wahrscheinlich, dass Gott im Anfang der Dinge die Materie in massiven, harten, undurchdringlichen und beweglichen Partikeln erschuf, von solcher Größe und Gestalt, mit solchen Eigenschaften und in solchen Verhältnissen zum Raum, wie sie zu dem Endzwecke führten, für den er sie gebildet hatte, dass ferner diese Urteilchen, weil sie fest sind, unvergleichlich härter sind als irgendwelche aus ihnen zusammengesetzten porösen Körper, ja so hart, dass sie nimmer verderben oder zerbrechen können, denn keine Macht von gewöhnlicher Art würde imstande sein, das zu zerteilen, was Gott selbst bei der ersten Schöpfung als Ganzes erschuf... Damit die Natur von beständiger Dauer sei, ist der Wandel der körperlichen Dinge ausschließlich in die verschiedenen Trennungen, neuen Vereinigungen und Bewegungen dieser permanenten Teilchen zu verlegen." (Newton, Optik, zitiert nach Heuser 2005, S. 66 f.)

Mit dieser Überzeugung stellte sich Newton explizit gegen die Vorstellung Descartes, der eine strikte Trennung zwischen Materie und Geist vorsah und damit sein mechanistisches Weltbild begründete. Newton war überzeugt davon, dass die Philosophie Descartes ein atheistisches Weltbild vorantreiben würde und stellte sich gegen die Idee einer kühlen, rein mechanisch nach Gesetzen funktionierenden Welt lebloser Materie.

Unabhängig von Newtons eigener christlichen Überzeugung kann ideengeschichtlich davon ausgegangen werden, dass seine Forschung, wenn auch möglicherweise nicht zu einem atheistischen Weltbild, wohl aber zum Erstarken des Deismus wesentlich beigetragen hat (vgl. Kapitel 2). Die Überzeugung, dass Gott nicht aktuell in der Welt wirkt, sondern als Erste Ursache – als Schöpfer, dessen Werk bereits abgeschlossen ist – zu sehen ist, wurde von zunehmend mehr Menschen geteilt. Damit wurde gleichzeitig eine Idee von Universalreligion entwickelt, die sich auch interpretieren ließ als eine „'Wiederauflage der Naturreligion'. Gott wird als Ausweitung gängiger menschlicher Vorstellungen von Gerechtigkeit, Vernunft und Weisheit gesehen." (McGrath 2001, S. 33)

Der Wunsch nach einer solchen vereinenden Religion ist auch vor dem Hintergrund der gesellschaftspolitischen Situation zu verstehen: Großbritannien der Zeit war geprägt von anhaltenden und gewaltvollen Konflikten zwischen den Konfessionen und der Deismus bot einen einenden Minimalkonsens. Gleichzeitig führten die Ideen zu einer Relativierung der Vormachtstellung des Christentums, weshalb sie für die Vertreter der Amtskirche nicht zu akzeptieren waren. Zahlreiche Schriften René Descartes, die jedenfalls des Deismus verdächtig waren, wurden auf den Index der römischen Inquisition gesetzt.

Die Auseinandersetzungen zwischen Kirche und Wissenschaft verliefen nun aber deutlich subtiler als im Falle Galileis – und der berühmte Physiker Newton stand eindeutig auf der Seite derjenigen, die die Präsenz Gottes auch gegen Widerstände zu beweisen suchte. Aus gläubiger christlicher Sicht war es auch angesichts der physikalischen Errungenschaften der Zeit immer noch möglich, den Menschen aus der Vorstellung reiner Gesetzmäßigkeit herauszuhalten. Auch das mechanistische Weltbild bezog sich auf alles außerhalb des Menschen, die strikte Trennung zwischen Geist und Materie, für die Descartes argumentierte, stelle den Menschen weiterhin in den Mittelpunkt der Welt (des Schöpfers), alles Geschaffene konnte als auf den Menschen ausgerichtet weiterhin gedacht werden.

Diese Vorstellung wurde dann durch die Arbeiten Darwins gründlich erschüttert, wie im Folgenden deutlich wird.

7 Charles Darwin (1809 – 1882)

Überblick

Die von Darwin entwickelte Evolutionstheorie beschreibt Gesetzmäßigkeiten in der Entwicklung von Menschen und Tieren über Generationen hinweg. Und hierin liegt auch schon die gesamte Brisanz seiner Forschung für das christlich geprägte Weltbild seiner Zeit: Herausgefordert ist damit der Glaube an Gott als Schöpfer der einzelnen Menschen ebenso wie die Vorstellung vom Menschen als Krone der Schöpfung in einer Hierarchie der Arten. Darwin selbst war bei Veröffentlichung seiner Arbeiten schon ein hoch renommierter Wissenschaftler und war selbst nicht von Repressalien durch die Kirche betroffen. Auch die Theologen der Zeit haben sich schnell mit den Ideen der Evolutionstheorie befasst und eine eigene Lesart entwickelt. Problematischer als die biologischen Aussagen Darwins erschienen vor diesem Hintergrund die Übertragungen seiner Annahmen auf die Entwicklung von Gesellschaften im Sinne des Sozialdarwinismus.

7.1 Inhaltliche Brisanz der Forschung: Die Evolutionstheorie und der Schöpfungsglaube

Mit den Debatten rund um die Arbeiten Darwins kommen wir zur Biologie – und damit in den Nahbereich der Menschen. Galten die Auseinandersetzungen um die Arbeiten Galileis den fernen Planeten und diejenigen um die Arbeiten Newtons der physikalisch zu beschreibenden unbelebten Natur, ging es nun um Lebewesen, um Tiere, Pflanzen und eben auch um den Menschen selbst.[6]

Darwin steht bis heute für eine Revolution im biologischen Denken, jeder Lexikoneintrag zur Evolutionstheorie nennt ihn als deren zentralen Begründer. Tatsächlich hat Darwin selbst den Ausdruck Evolution in seinem berühmten Buch *The Origin of Species* (Darwin 2019 [1859]) („Die Entstehung der Arten") von 1859 zunächst gar nicht verwendet, wohl aber in seinem 1871 erschienenen Buch *The Descent of Man, and Selection in Relation to Sex* (Darwin 2018 [1871]) („Die Abstammung des Menschen und die geschlechtliche Zuchtwahl").

Zentrale Ausdrücke, die mit Darwin verbunden werden, sind „natürliche Auslese" oder „Überleben der Bestangepassten" – Ausdrücke, die schnell auch in der Philosophie sowie auch in der gerade entstehenden Soziologie übernommen wurden (vgl. Beitrag im Sammelband). Darwin selbst war mit dieser Übernahme offenbar keineswegs einverstanden und relativierte auch die Bedeutung seiner Theoreme für das soziale Leben immer wieder, aber offenbar trafen sie einen Zeitgeist. (vgl. Bayertz 2009).

Worum ging es inhaltlich? Biografien betonen, dass die zentralen Fragen, die sich Darwin stellte, durch eine Weltreise auf dem Schiff HMS Beagle inspiriert waren. Durch Forschungen an unterschiedlichen Orten der Welt und anschließende Auswertung zahlreicher Fossilien wurde ihm deutlich, dass es sowohl ausgestorbene

---

6 Vgl. im Folgenden Engels 2009a; Lüke et al. 2011; McGrath 2001, S. 35–40.

Arten geben musste, als auch, dass in unterschiedlichen Lebensräumen ganz unterschiedliche Arten existierten.

Darwin war zunehmend davon überzeugt, dass die bis dahin gängige Idee der Einzelschöpfung der unterschiedlichen Arten mit diesen Beobachtungen nicht in Übereinstimmung zu bringen war. Er arbeitete daran, die Gesetze zu verstehen, die diese Befunde angemessen erklären konnten. Dafür waren vor allem zwei Einflüsse zentral: Erstens studierte er das Zuchtwesen und zweitens setzte er sich mit den Arbeiten zur Bevölkerungsentwicklung des Geistlichen und Nationalökonom Thomas R. Malthus (1766–1834) auseinander.

Die künstliche Züchtung basierte darauf, dass bei einzelnen Individuen einer Art bestimmte Merkmale ganz unterschiedlich ausgeprägt waren. Seitens der Züchter:innen wurden für Paarungen solche Individuen ausgewählt (selektiert), die für besonders wertvoll gehalten wurden und deshalb auch in künftigen Generationen per Vererbung erhalten bleiben sollten. Damit sich der gewünschte Zuchterfolg einstellen konnte, musste schließlich noch darauf geachtet werden, dass keine unkontrollierten anderen Paarungen stattfanden (reproduktive Isolation).

Darwin ging nun davon aus, dass der Prozess, der bei Züchtungen aktiv betrieben wurde, in der Natur ebenfalls nachvollziehbar sein müsste – er suchte die Naturgesetze, die für die Eigenständigkeit dieser Abläufe sorgten. Auf diesem Weg stützte er sich auf die Arbeiten Malhus'. Dieser hatte herausgestellt, dass es einen Mechanismus geben müsste, der für eine Begrenzung des Bevölkerungswachstums sorgt. Ohne einen solchen Mechanismus, so rechnete er aus, würde die Bevölkerung deutlich schneller wachsen als die zur Verfügung stehenden (Nahrungs-)Ressourcen. Nur durch präventive Verhinderungen beispielsweise durch Enthaltsamkeit von Paaren oder durch Katastrophen und Kriege würde verhindert, dass die Erde so überbevölkert würde, dass ein Überleben mit den vorhandenen Ressourcen nicht mehr möglich wäre.

Ein solches Gesetz nahm Darwin auch für die Regulation der lebenden Individuen insgesamt – also nicht allein der Menschen, sondern aller Arten – an. Er sah dieses Gesetz in einem in der Natur angelegten „struggle for life" – eigentlich „Kampf ums Überlegen", in der deutschen Übersetzung aber als „Kampf ums Dasein" bezeichnet:

> „Da also mehr Individuen ins Leben treten als bestehen können, so muß auf jeden Fall ein Kampf ums Dasein stattfinden, entweder zwischen Individuen derselben oder verschiedenen Arten oder zwischen Individuen und äußeren Lebensbedingungen, Das ist die Lehre von Malthus mit verstärkter Kraft auf das ganze Tier- und Pflanzenreich angewendet, denn in unserem Falle ist keine künstliche Vermehrung der Nahrungsmittel und keine vorsichtige Eheenthaltung möglich." (zitiert nach: Engels 2009b, S. 27)

Den Kampf ums Überleben, den Darwin hier beschreibt, sah er also zwischen einzelnen Individuen einer Art oder auch zwischen Individuen und deren Umwelt – nicht etwa zwischen unterschiedlichen Arten, wie es später im sogenannten Sozialdarwinismus vielfach postuliert wurde. Er ging davon aus, dass in Folge vielfältiger Vererbungsprozesse bei Individuen graduell unterschiedliche Ausprägungen entstehen, die sich durch Selektionsprozesse nach und nach zu neuen Arten verfestigen konnten. Wie diese individuellen Ausprägungen zustande kamen, war aus Sicht Darwins ein zufälliger Prozess – zufällig allerdings nicht im Sinne von unerklärlich, er versuchte ja gerade das dahinter funktionierende Gesetz zu entschlüsseln. Aber Darwin nahm an, dass es keine inhaltlich sinnvolle Bestimmung gäbe, warum eine Ausprägung so oder eine andere anders entstehen würde.

Die Herausforderungen, die mit diesen Theorien für das Weltbild der Zeit und für die Theologie verbunden waren, liegen auf der Hand: Hier wurde die Idee der Einzelschöpfung der Arten aufgegeben zugunsten einer Gesetzmäßigkeit, die für deren Entstehung sorgte. Was zwar inzwischen für die Welt der Astronomie und auch für die Mechanik weithin anerkannt war, wurde für die Welt der Biologie noch längst nicht akzeptiert. Schließlich war mit dieser Idee die Vorstellung vom Menschen als Krone der Schöpfung Gottes in einer Hierarchie der Arten fundamental in Frage gestellt. Diese Herausforderung wurde noch größer mit dem späteren Buch von Darwin, in dem er auch Argumente für die Abstammung des Menschen vom Affen erbrachte.

Nun könnte man denken, dass sich dieses Problem doch auch theologisch lösen lassen sollte, selbst wenn die Vorstellung zunächst schwerfiel. Denkbar wäre ja ein ganz ähnliches Vorgehen wie im Falle der Astronomie und der Mechanik: Anstatt Gott als aktuell wirkenden Gott anzunehmen, könnte sein Platz als Erste Ursache erhalten bleiben.

Mit eben dieser Haltung hatte offenbar Darwin seine Forschung auch gestartet. Er stammte aus einem liberalen, aber durchaus liberal gläubigen Elternhaus. Als er auf seine Weltreise auf der Beagle aufbrach, hatte er sogar noch den Plan, Gemeindepriester zu werden. Ganz im Einklang mit dem Stand der Wissenschaften in der Astronomie und Physik ging es ihm darum, zwischen der Ersturache (die als Schöpfergott angenommen werden konnte) und den Zweitursachen zu unterscheiden. Seine Aufgabe als Wissenschaftler sah er darin, Zweitursachen zu erforschen, ihm kam es nicht darauf an, Gott als Schöpfer in Frage zu stellen.

Im Laufe seiner Forschung wurde aber die Herausforderung deutlich größer und prinzipieller. Nämlich ließ die Theorie Darwins praktisch auch keinen Platz mehr für einen intelligenten Schöpfer. Die Evolution, die Darwin beschrieb, ließ diverse Grausamkeiten zu und sie ergab lauter Zufälle und Imperfektionen – sie war nicht dazu geeignet, einen allmächtigen Schöpfergott zu preisen. Das war wohl die tieferliegende und radikalere Herausforderung – damit stand mehr auf dem Spiel als die Unterscheidung von Erst- und Zweitursache, es ging um die Bedeutung Gottes überhaupt.

7.2 Wie Fragen ausgetragen wurden

Darwin ließ sich Zeit mit der Veröffentlichung seiner Überlegungen zur Evolution – offenbar war er sich deren Sprengkraft bewusst. Die Grundzüge zur *Entstehung der Arten* hatte er bereits 1839 nach seiner Reise formuliert, tatsächlich veröffentlicht hat er sie erst 1859 – und dies dann vor allem, um zu verhindern, dass jemand anderes ihm zuvorkam: Der Naturforscher Alfred Russel Wallace (1823–1913) hatte 1955 einen Artikel veröffentlicht, in dem er ebenfalls für eine Veränderlichkeit der Arten argumentierte.

Zur Beschreibung der unmittelbaren Reaktion auf die Veröffentlichung der *Entstehung der Arten* wird häufig eine Situation auf der Versammlung der British Association in Oxford am 30. Juni 1860 verwiesen: Darwin selbst war aus gesundheitlichen Gründen nicht anwesend, seine Theorie war aber Gegenstand der Versammlung. Samuel Wilberforce, der Bischof von Oxford, soll dann das Wort erhoben und sich über die Evolutionstheorie lustig gemacht haben. Der Biologe T. H. Huxley habe daraufhin den Bischof zurechtgewiesen, die Theorie Darwins kenntnisreich verteidigt und dabei gleichzeitig den Bischof der naiven Unkenntnis überführt. Die Szene ist als ‚Huxley-Wilberforce-Debatte' in die Geschichtsbücher eingegangen (vgl. Brooke 2001).

Lernen lässt sich aus der Begebenheit mindestens zweierlei: Zum einen war offenbar Darwin so gut etabliert in der scientific community, dass seine Arbeiten von prominenter Seite verteidigt wurden. Zum anderen erkennen wir eine andere machtpolitische Situation, als wir sie noch zu Zeiten Galileis oder auch Newtons gesehen haben: Der Bischof hat in der Versammlung nicht die Macht selbstverständlich auf seiner Seite, er wird zurechtgewiesen – und tatsächlich hat er sich offenbar sehr wohl intensiv auch inhaltlich mit der Evolutionstheorie Darwins beschäftigt (vgl. ebd.).

In den weiteren Auseinandersetzungen mit den Arbeiten Darwins ist es teilweise schwierig zu unterscheiden zwischen solchen Positionierungen, die tatsächlich seiner biologischen Theorie galten und solchen, die sich vielmehr auf deren Weiterführung im Sinne einer sozialdarwinistischen Weltanschauung bezogen. Für die katholische Kirche ist auffällig, dass es nie eine offizielle Verlautbarung gegen die Arbeiten Darwins gab. Zwar gab es sehr wohl zahlreiche theologische Schriften, die sich vehement gegen die Evolutionstheorie richteten, die Arbeiten Darwins standen aber beispielsweise nie auf dem römischen Index. Manche anderen Werke, die sich eine sozialdarwinistische Weltanschauung zu eigen machten, dagegen schon (vgl. Glick und Martínez 2009).

Gleichzeitig entwickelte sich auch eine Literatur, die sich als katholische Evolutionstheorie bezeichnen lässt (vgl. ebd., S. 409 ff.). Eine Untersuchung der Akten der Indexkongregation hat gezeigt, dass beispielsweise das Werk *On the Genesis of Sepcies* des Zoologen und katholischen Naturphilosophen St. George Jackson Mivart (1827–1900) zwar untersucht, aber nicht verurteilt wurde. Mivart war ein Anhänger Darwins und er verteidigte zentrale Aspekte dessen Evolutionstheorie. Gleichzeitig argumentierte er, die Evolutionstheorie sei vollständig vereinbar mit dem katholischen Glauben und stellte sich gegen die Annahme, dass Evolution und Schöpfung sich ausschließen würden. Er unterschied zwischen Schöpfung in einem absoluten Sinn (die durch Wissenschaft erforschbar wäre) und Schöpfung in einem abgeleiteten Sinn (im Sinne eines Potenzials, das durch geschaffene Gesetze freigesetzt werden könnte). Die Unterscheidung zwischen Erst- und Zweitursache wird hier also wieder aufgenommen. Darüber hinaus stellt Mivart aber auch eine Trennung von Seele und Körper ins Zentrum seiner Überlegungen zur Natur des Menschen:

> „seine Seele geht auf eine direkte und unmittelbare Schöpfung zurück, und sein Körper wurde am Anfang bei einer sekundären oder abgeleiteten Schöpfung geformt (und dies geschieht jetzt bei jedem einzelnen Individuum), und zwar über die Naturgesetze." (zitiert nach ebd., S. 412)

Auf diese Weise gab es auch in der Zeit unmittelbar nach der Veröffentlichung der Werke Darwins durchaus Wege, diese mit der Theologie der Zeit in Einklang zu bringen. Das galt auch für die protestantische Rezeption, auch wenn hier die Auseinandersetzungen zum Teil noch intensiver geführt wurden. Viele Reaktionen des traditionellen Protestantismus waren weniger von einer grundlegenden Abwehr der Evolutionstheorie, sondern vielmehr davon geprägt, auch innerhalb dieses Theoriegebäudes einen Ort für Gott zu denken. Sie verwiesen darauf, dass der Zufall, den Darwin als Motor der Entwicklung ansah, kein überzeugendes Konzept wäre. Gott wäre aus dieser Perspektive sowohl als Erstursache als auch als Ursache für spezifische Selektionen weiterhin unersetzbar. (vgl. Barbour 1966).

Die Auseinandersetzungen dieser Zeit waren damit deutlich differenzierter und komplexer als die polarisierte Debatte zwischen fundamentalistischen Positionen des Protestantismus auf der einen Seite und dem so genannten Neuen Atheismus auf der anderen Seite – die sich erst Anfang des 20. Jahrhunderts zu entwickeln begann (vgl. Kapitel 2).

Diskussionsfragen

Die Kapitel beschreiben historische Debatten. Vergegenwärtigen Sie sich anhand aktueller Themen und Debatten folgende Fragen:
- (Inwiefern) Wird auch heute über Weltbilder und naturwissenschaftliche Erklärungen gestritten?
- Welche Theorien zur Verantwortung für die Welt gibt es heute?
- Ist die Idee von einem aktuell handelnden und strafenden Gott wirklich abgeschafft? Inwiefern ja, inwiefern nein?

Literaturtipps

Literatur zum Einstieg
Barbour, Ian G. 1966: Issues in science and religion. London: SCM Pr.
Harrison, Peter 2010: The Cambridge Companion to Science and Religion. Cambridge: Cambridge University Press.
McGrath, Alister E. 2001: Naturwissenschaft und Religion. Freiburg im Breisgau, Basel, Wien: Herder.

Literatur zum Vertiefen – aus unterschiedlichen konfessionellen Perspektiven
Brooke, John Hedley 1991: Science and Religion. Some Historical Perspectives. New York, Port Chester, Melbourne, Sydney: Cambridge University Press.

7 Charles Darwin (1809 – 1882)

Dixon, Thomas/Cantor, Geoffrey/Pumfrey, Stephen 2010: Science and Religion. New Historical Perspectives. Cambridge: Cambridge University Press.

Elshakry, Marwa 2011: Muslim Hermeneutics and Arabic Views of Evolution. In: Zygon 46, H. 2, S. 330–344.

Teil III: Aktuelle Debatten

Einleitung: Religion und Wissenschaft in zeitgenössischen Gesellschaften

Nachdem wir uns in den vorangegangenen Kapiteln auf unterschiedliche Zeitreisen begeben haben, kommen wir nun im Hier und Heute an. Die folgenden Kapitel zeigen beispielhaft, welche Bedeutung religiöse und wissenschaftliche Bezüge bei der Herstellung von Gewissheit in zeitgenössischen Gesellschaften haben.

Dafür befassen wir uns zunächst mit der Theologie und mit der Frage, wie in diesem Fach, das an Hochschulen gelehrt und studiert wird, religiöser Glaube und wissenschaftlicher Auftrag miteinander in Verbindung stehen. Die hier beschriebenen Auseinandersetzungen werden uns auch in den weiteren Kapiteln noch begleiten, wenn wir uns mit der Kategorie Geschlecht, mit der Medizin und mit der Bioethik befassen. Die gesellschaftliche Bedeutung von Verschwörungsdenken hat in jüngerer Zeit auch in Deutschland erheblich zugenommen. Im Rahmen dieses Buches bietet dies Anlass, abschließend normativ zu erörtern, was eine ‚gute' Wissenschaft auf der einen Seite und eine ‚gute' Religion auf der anderen Seite ausmachen sollte.

8 Theologie: Eine Disziplin zwischen Wissenschaft und Religion

Überblick

Theologien unterschiedlicher Konfessionen werden in Deutschland an Universitäten gelehrt und studiert und der Bestand von theologischen Fakultäten ist rechtlich ebenso gesichert wie weitgehende Einflussmöglichkeiten der Kirchen. Hintergrund dafür ist, dass der Staat selbst ein Interesse an wissenschaftlich fundierten Theologien hat: Sie sollen einer Fundamentalisierung von Religionsgemeinschaften vorbeugen. Mit dieser Institutionalisierung sind allerdings mehrere Spannungsverhältnisse schon vorprogrammiert. Praktisch kommt es zu Konflikten, wenn Vertreter:innen der Kirchen mit Berufungsentscheidungen der Universitäten nicht einverstanden sind. Inhaltlich stehen Theologien vielfach zwischen ihrem Selbstverständnis als wissenschaftlicher Disziplin auf der einen Seite und den Anforderungen des kirchlichen Lehramts auf der anderen Seite. Dabei unterscheiden sich die theologischen Fächer zwar in ihrer normativen Ausrichtung, nicht aber in ihrem Anspruch an Wissenschaftlichkeit von anderen Disziplinen. Am Beispiel der ‚Theologie der Befreiung' zeigt sich, wie schwer normative Orientierung und wissenschaftliche Analyse voneinander zu trennen sind und wie gleichzeitig die Entwicklung der Theologien von der Gunst der Kirchen abhängig ist.

8.1 Einleitung

Die Theologie ist – im Unterschied etwa zur Religionswissenschaft oder der Religionssoziologie – ein bekenntnisgebundenes Fach. Sie arbeitet aus der Perspektive einer spezifischen Konfession, in Deutschland gibt es Universitätsinstitute für katholische, evangelische, jüdische und islamische Theologie. Sie hat Gott oder das Göttliche in der jeweiligen Tradition zum Gegenstand und arbeitet damit jedenfalls in Bezug auf die Frage nach der Existenz des Göttlichen nicht ergebnisoffen. Das klingt zunächst eigentlich nicht nach Wissenschaft. Und doch sprechen wir von der *wissenschaftlichen* Theologie, hat das Fach einen festen Platz an deutschen Universitäten, gibt es zahlreiche theologische Lehrstühle, werden theologische Promotionen und Habilitationen abgeschlossen.

Spannungsverhältnisse und Grenzkonstruktionen zwischen dem Wissenschaftlichen und dem Religiösen lassen sich beispielhaft verdichtet am Fach Theologie, an dessen Institutionalisierung und Selbstverständnis und besonders gut auch an immer wieder aufflammenden Debatten rund um dieses Fach studieren.

Um uns dies zu vergegenwärtigen, setzen wir uns zunächst mit der Institutionalisierung des Faches im deutschen Wissenschaftssystem auseinander. Wir werden feststellen, dass Deutschland hier im internationalen Vergleich einen Sonderweg geht, der nicht unumstritten ist, aber bis heute nicht ernsthaft in Frage gestellt wird. Im zweiten Schritt beschäftigen wir uns mit dem inhaltlichen und wissenschaftstheoretischen Selbstverständnis des Faches. Die Spannungen, die in diesem Selbstverständnis und in der Institutionalisierung deutlich werden, illustrieren wir abschließend an der Entwicklung der Theologie der Befreiung.

8.2 Zur Institutionalisierung des Faches: Wer betreibt Theologie wo auf welcher rechtlichen Grundlage?

Wer in Deutschland evangelische Pfarrerin oder katholischer Priester werden oder einen anderen theologischen Beruf ausüben möchte, absolviert dafür ein theologisches Studium an einer Hochschule. Von den insgesamt 19 Fakultäten oder Hochschulen, an denen ein katholisch theologisches Vollstudium absolviert werden kann, sind 11 in staatlicher, 5 in diözesaner und 3 in der Trägerschaft von Ordensgemeinschaften. Darüber hinaus gibt es rund 40 Institute, an denen katholische Theologie für das Lehramt oder für Berufe im Bereich der Religionspädagogik studiert werden kann.[1] Evangelische Theologie wird an 20 staatlichen Universitäten und an 2 kirchlichen Hochschulen angeboten, darüber hinaus können sich Quereinsteiger:innen an 7 staatlichen Hochschulen mit einem theologischen Masterstudium plus Berufserfahrung für das Vikariat qualifizieren.[2] Der Staat ist also stark beteiligt an der Ausbildung kirchlichen Personals – und das, obwohl Deutschland doch häufig als Beispiel für ein weitgehend säkularisiertes Land angesehen wird.

Wie so oft, lässt sich dieser Zusammenhang mit Blick auf die historische Entwicklung besser verstehen. Die Theologie ist eng mit der Geschichte der Gründung von Universitäten überhaupt verbunden und sie zählte im Mittelalter neben der Medizin und der Rechtswissenschaft zu einer der drei „oberen Fakultäten". (vgl. WR 2010, S. 12). In deutschen Fürstentümern entwickelten sich im Zuge von Reformation und konfessioneller Pluralisierung Universitäten, die spezifisch evangelisch oder katholisch waren – und die die Landesherren in ihren jeweiligen Interessen unterstützen konnten. Bei Gründung der Weimarer Republik im Jahre 1919 wurde der Bestand theologischer Fakultäten in der Verfassung garantiert, in Artikel 149 Abs. 3 heißt es: „Die theologischen Fakultäten an den Hochschulen bleiben erhalten". Gleichzeitig wird in dieser Verfassung auch ein Selbstbestimmungsrecht der Religionsgemeinschaften festgeschrieben, wenn es in Artikel 137 Abs. 3 heißt:

> „Jede Religionsgesellschaft ordnet und verwaltet ihre Angelegenheiten selbständig innerhalb der Schranken des für alle geltenden Gesetzes. Sie verleiht ihre Ämter ohne Mitwirkung des Staates oder der bürgerlichen Gemeinde." (Artikel 137 Abs. 3 WRV)

Einerseits staatlicher Bestandsschutz, andererseits weitgehende Selbstbestimmung der Religionsgemeinschaften, solange „geltende Gesetze" eingehalten werden: Dass mit der Umsetzung dieser Regelungen Spannungen verbunden sein können, wird schnell offensichtlich. Der Staat übernimmt eine hohe Verantwortung, behält sich gleichzeitig aber kaum Kontrollmöglichkeiten vor.

In das Grundgesetz der Bundesrepublik Deutschland von 1945 wurde ein solcher Bestandsschutz nicht aufgenommen. Der Grund dafür war aber weniger ein inhaltlicher als vielmehr einer der Zuständigkeit: Im föderalen System der Bundesre-

---

1 Zahlen für das Jahr 2024, vgl. Sekretariat der Deutschen Bischofskonferenz 2024.
2 Zahlen für das Jahr 2024, Evangelisch Lutherische Landeskirche Hannovers 2024.

publik ist Bildung Ländersache, entsprechend wird auch die Institutionalisierung des Faches Theologie auf Landesebene organisiert. Und so ist es bis heute. Konkret bedeutet dies, dass die einzelnen Landesregierungen Verträge mit den Kirchen abschließen – im Falle der evangelischen Kirche sind dies Staatskirchenverträge und im Falle der katholischen Kirche werden die Verträge zwischen Land und Heiligem Stuhl Konkordate genannt.

In diesen Verträgen wird alles geregelt, was „gemeinsame Angelegenheiten" von Staat und Kirche sind. (vgl. Weber 2013). Für den Bereich der Hochschulen heißt dies *erstens*, dass Kirche und Staat kooperieren müssen, wenn es um den Bestand von theologischen Fakultäten, Fachbereichen, Instituten oder auch einzelnen Professuren geht. Der Staat kann bekenntnisgebundene Studiengänge nicht allein einrichten und in den entsprechenden Verträgen sind unterschiedlich gestaltete Bestandsgarantien enthalten, die deren einseitige Auflösung verhindern. Vertreter:innen der Kirchen sind überdies an der Akkreditierung von Studiengängen zu beteiligen.[3]

Zweitens kooperieren Staat und Kirche bei der Verleihung von theologischen Abschlüssen und akademischen Graden. Die Regelungen sind hier unterschiedlich; häufig, aber nicht immer ist für die Zulassung zu einer Prüfung Kirchenmitgliedschaft Voraussetzung. Für das theologische Vollstudium, das auf geistliche Ämter oder das Amt des/der Pastoralreferent:in vorbereitet, sind kirchliche Vertreter:innen auch an der Prüfung beteiligt. Für die Zulassung zu Promotionen und Habilitationen in katholischer Theologie ist in der Regel eine Zustimmung der kirchlichen Institution erforderlich.

Drittens schließlich gehört zu den gemeinsamen Angelegenheiten von Staat und Kirche im Bereich der Hochschulen die Einstellung des Personals. Zwar werden auch für die theologischen Fächer die geeigneten Kandidat:innen in Berufungsverfahren von den Hochschulen identifiziert, die Kirchen haben aber eine Art Vetorecht. Für zu berufene evangelische Theolog:innen erstellt die Landeskirche ein Gutachten, für katholische Theolog:innen ist die Erteilung des so genannten *nihil obstat* durch den Ortsbischof erforderlich, der bei einer Erstberufung dafür auch eine Erklärung des Apostolischen Stuhls in Rom einholen muss. Übersetzt aus dem Lateinischen bedeutet der Begriff „nichts steht dem im Wege" und ist damit eine Art Unbedenklichkeitserklärung gegenüber dem/der Kandidat:in (vgl. Schüller 2017). Wenn eine Zustimmung verweigert wird, ist das zu begründen. Wichtig ist dabei, dass diese Begründung – und das gilt für alle Konfessionen – sich nicht auf die wissenschaftliche Qualität des/der Kandidat:in beziehen darf. Deren Bewertung obliegt allein den Verfahrensbeteiligten an den Hochschulen. Die Frage, ob eine Person aus Sicht der Kirchen für ein Professor:innenamt geeignet ist, entscheidet sich vielmehr an deren Rechtgläubigkeit und Lebenswandel im Sinne der jeweils vertretenen Glaubenslehre.

Dass es bei der Auslegung dieser Kriterien zu Konflikten kommen kann, liegt nahe. Öffentlich werden solche Konflikte vor allem dann, wenn es zu einem

---

3 Vgl. im Folgenden die Ausführungen des Wissenschaftsrats, WR 2010, S. 17–21..

nachträglichen Entzug der Unbedenklichkeitserklärung durch die Kirchen kommt – auch diese Möglichkeit ist für beide christlichen Konfessionen vertraglich geregelt. Hans Küng, Uta Ranke-Heinemann oder Eugen Drewermann sind drei prominente Theolog:innen, denen nachträglich die ‚Missio Canonica', also die kirchliche Lehrerlaubnis, aufgrund von mangelnder Rechtgläubigkeit und Fehlverhalten gegen die kirchliche Lehrmeinung entzogen wurden (vgl. Altmann 2018). Ein solcher Entzug ist verbindlich und kann auch von den Hochschulen nicht im Alleingang rückgängig gemacht werden. Im Jahr 2018 gab es einen Konflikt über die Wiederberufung des Theologen und Jesuitenpaters Ansgar Wucherpfennig als Rektor der katholischen Hochschule Sankt Georgen in Frankfurt. Nachdem dieser öffentlich Segnungsfeiern für homosexuelle Paare und das Frauendiakonat befürwortet hatte, wurde ihm zunächst das *nihil obstat* für die Wiederberufung verweigert. Später wurde es dann doch erteilt, nachdem Wucherpfennig seine Haltung theologisch erklärt hatte. (vgl. KNA 2018)

Die kurze Darstellung zeigt: Kirchen haben erheblichen Einfluss auf die Gestaltung der theologischen Fächer. Vor diesem Hintergrund gab es auch immer wieder Debatten um die Frage, ob die Theologien überhaupt Teil des Wissenschafts- und Hochschulsystems sein sollten und ob nicht etwa rein kirchlich getragene und auch finanzierte Ausbildungsstätten dem Fach angemessener wären. Im Jahre 2008 wurde diese Frage zuletzt vor dem Bundesverfassungsgericht geklärt. Anlass war die Klage des evangelischen Theologen Gerd Lüdemann. Dieser hatte sich in mehreren Büchern zur historischen Jesusforschung gegen Kernelemente des christlichen Glaubens, insbesondere gegen den Glauben an die Auferstehung, positioniert und sich auch öffentlich vom christlichen Glauben distanziert. Die zuständige Landeskirche hatte nach einem langen Streit im Jahre 1998 angewiesen, dass Lüdemann fortan nicht mehr das Fach „Neues Testament" vertreten könne, sondern zum Fach „Geschichte und Literatur des frühen Christentums" – das nicht zum Kernbestand der theologischen Ausbildung gehört – wechseln müsse. Lüdemann hat gegen diesen Beschluss geklagt – durch alle Instanzen bis zum Bundesverfassungsgericht. Seine Klage wurde in allen Instanzen abgewiesen (vgl. Tuercke 1998).

Für den uns interessierenden Zusammenhang besonders hervorzuheben ist die Begründung des Bundesverfassungsgerichtes, wo es im dritten Absatz heißt:

> „Die Wissenschaftsfreiheit von Hochschullehrern der Theologie findet ihre Grenzen am Selbstbestimmungsrecht der Religionsgemeinschaft und an dem durch Art. 5 Abs. 3 GG geschützten Recht der Fakultät, ihre Identität als theologische Fakultät zu wahren und ihre Aufgaben in der Theologenausbildung zu erfüllen." (1 BVR 462/06, 3. Leitsatz)[4]

In höchster Instanz wurde hier also sowohl das Bestandsrecht von theologischen Fakultäten an staatlichen Hochschulen bestätigt, als auch wurden für theologische Fächer Grenzen der Wissenschaftsfreiheit eingeräumt: Das Selbstbestimmungs-

---

[4] BVerfG, Beschluss des Ersten Senats vom 28. Oktober 2008; 1 BvR 462/06.

recht der Religionsgemeinschaften steht höher als die persönliche Wissenschaftsfreiheit.

Warum überlässt ein Staat, der zudem der Neutralität verpflichtet ist, im aufgeklärten 21. Jahrhundert den Kirchen diese starke Position? Begründungen dafür finden wir ebenfalls in Urteilen rund um den Fall Lüdemann. Das Bundesverfassungsgericht fasst aus dem Urteil des Oberverwaltungsgerichtes vom 8. Juni 2004 zusammen:

> „Der Staat habe ein eigenes Interesse daran, dass die Ausbildung der Amtsträger einer großen, einflussreichen Religionsgemeinschaft nicht in kirchlicher Absonderung geschehe, sondern im Rahmen einer staatlichen Universität mit dem dort möglichen Austausch wissenschaftlicher Erkenntnisse. Die Organisation der universitären Ausbildung von Theologen sei daher eine gemeinsame Angelegenheit von Staat, Universität und Kirche." (1 BVR 462/06, Abs. 12)

Theologische Ausbildung soll „nicht in kirchlicher Absonderung geschehe[n]", sondern soll im „Austausch wissenschaftlicher Erkenntnisse" bleiben. Dies erinnert an die Gedanken von Habermas, mit denen wir uns in Kapitel 4.3 vertraut gemacht haben: Religiöse Organisationen müssen in spätmodernen Gesellschaften immer mit dem vernünftigen Diskurs rechnen. Solcherart aufgeklärte Religion wird dann wiederum auch von Seiten des Staates als wichtig erachtet – und deshalb wird die theologische Ausbildung an öffentlichen Hochschulen derart geschützt.

Prominent verteidigt hat diesen Schutz der besonderen Position der Theologien auch der Wissenschaftsrat und damit ein Gremium, das eigentlich vielmehr den Schutz der Wissenschaftsfreiheit zu seinen Kernaufgaben zählt. In einer viel beachteten Stellungnahme von 2010 empfiehlt das Gremium eine Weiterentwicklung der Theologien und insbesondere eine Stärkung der Islamischen und der Jüdischen Theologien. (vgl. WR 2010)

Die Begründung des Wissenschaftsrats für die Positionierung der Theologien an Hochschulen steht dabei ganz im Einklang mit den oben genannten Urteilsbegründungen:

> „Die Ausgrenzung der Theologien in eigenständige kirchliche Institutionen kann der Abschließung der jeweiligen Religionsgemeinschaft gegenüber der Gesellschaft Vorschub leisten. Daher haben Staat und Gesellschaft auch ein Interesse an der Einbindung der Theologien in das staatliche Hochschulsystem. Die Integration der Theologien stellt sicher, dass die Gläubigen ihre faktisch gelebten Bekenntnisse im Bewusstsein artikulieren, von außen auch als historisch kontingent betrachtet werden zu können. Sie konfrontiert die Religionsgemeinschaften mit der Aufgabe, ihren Glauben unter sich wandelnden Wissensbedingungen und -horizonten immer neu auslegen zu müssen. Dies kann am besten unter den an Universitäten geregelten Bedingungen wissenschaftlicher Kommunikation und Erkenntnisproduktion gelingen. Damit beugen Staat und Gesellschaft auch Tendenzen zur Ver-

einseitigung und Fundamentalisierung von religiösen Standpunkten vor." (ebd., S. 56 f.)

Religion wird als Teil der Gesellschaft akzeptiert, wenn sie sich – im Sinne von Habermas – als aufgeklärte Religion zeigt. Diese Betonung und der Hinweis auf Vermeidung von Fundamentalisierung ist hier zwar allgemein gehalten und rechtfertigt (wie oben gesehen) auch den Bestand der christlichen Theologien an Hochschulen. Sie entspricht gleichzeitig aber auch ganz demjenigen öffentlichen Diskurs, der sich um die Etablierung der islamischen Theologie im Hochschulsystem in Deutschland und in Europa herum entwickelt hat. Die Etablierung wird stets im Kontext von Integrationsdebatten thematisiert und lässt sich auch als Versuch der „Zähmung" der ansonsten als fremd wahrgenommenen Religion verstehen (vgl. Engelhardt 2017, 59 ff.).

Den Empfehlungen des Wissenschaftsrates folgte die Einrichtung von „Zentren für Islamische Studien" an den Universitäten Erlangen-Nürnberg, Frankfurt am Main/Gießen, Münster, Osnabrück und Tübingen. Im Jahr 2019 wurden zusätzlich die Institute für Islamische Theologie an der Humboldt Universität zu Berlin und an der Universität Paderborn eingerichtet. Die Einrichtungen werden durch Bundesmittel co-finanziert, die Verantwortung für den Betrieb liegt bei den Bundesländern und den Hochschulen (vgl. BMBF, Bundesministerium für Bildung und Forschung 2023a).

Das in Deutschland neu gegründete Fach stand von Beginn an und steht weiterhin unter vielfältigem Druck. Zum einen sind da diejenigen, die ohnehin bezweifeln, dass Theologie an Universitäten gelehrt werden sollte; dann diejenigen, die bezweifeln, dass der Islam zu Deutschland gehört und deshalb auch gegen eine Institutionalisierung des Faches an deutschen Hochschulen sind. Und schließlich stehen auch viele muslimische Organisationen dem Fach skeptisch gegenüber, weil sie fürchten, dass die gelehrten Inhalte sich von den muslimischen Grundsätzen entfernen könnten. Bülent Ucar, Direktor des Instituts für Islamische Theologie der Universität Osnabrück, drückt dies in einem Interview im Deutschlandfunk vom April 2015 so aus:

> „Es ist nicht nur so, dass die Mehrheitsgesellschaft uns sehr kritisch beäugt, sondern auch islamische Institutionen sind sehr kritisch. Man hat Sorgen, dass der Islam im universitären Rahmen hier in Deutschland verflüssigt wird, dass die Grundsätze hybridisiert werden, dass ein zahnloser Euro-Islam durch die Theologen geschaffen werden soll. Ein Staats-Islam, der genehm ist, ein Hof-Islam, der aber nicht mehr authentisch ist." (Schäfers 2015)

Was oben von Bundesverfassungsgericht und Wissenschaftsrat als Chance formuliert wurde, kann also offenbar von Seiten der Religionsgemeinschaft auch als Gefahr befürchtet werden. Die Konfrontation der eigenen Grundsätze mit dem wissenschaftlichen Diskurs wäre aus dieser Perspektive nicht ein positiver Schritt hin zu einem aufgeklärten Diskurs, sondern eine problematische „Verflüssigung" oder „Hybridisierung" des Glaubens.

Was bedeuten diese Auseinandersetzungen um die Institutionalisierung des Faches inhaltlich? Was meint Theologie als Wissenschaft? Wie weit kann die Wissenschaftsfreiheit in diesem Fach gehen und wann kommt sie an die Grenzen der Bekenntnisgebundenheit? (Inwiefern) Ist das Wissenschaft? Oder (inwiefern) ist das Glauben? Mit diesen Fragen beschäftigen wir uns im nächsten Abschnitt.

8.3 Das Selbstverständnis des Faches: Was kann Theologie wie leisten?

Einer Klärung des Charakters des Faches Theologie nähern wir uns zunächst über dessen Strukturierung. Für die christlichen – die evangelische und katholische – Theologien ist diese Strukturierung sehr ähnlich, auch wenn die genaue Bezeichnung zum Teil unterschiedlich ist. In beiden Disziplinen gibt es ein Fach zum Alten und eines zum Neuen Testament. Jeweils geht es um die Auslegung der biblischen Schriften unter Berücksichtigung ihrer historischen Kontexte. Ebenso zum Kanon in beiden Theologien gehört das Fach Kirchengeschichte oder historische Theologie, das der Erforschung der historischen Entwicklung der Kirchen und Glaubensgemeinschaften gewidmet ist. Systematische Theologie ist die Überschrift für all diejenigen Inhalte, die die spezifischen Glaubensinhalte betreffen, darunter fällt die Dogmatik, die (Sozial-)Ethik, in der katholischen Theologie auch die Fundamentaltheologie, die Moraltheologie und das Kirchenrecht. Schließlich gehört sowohl zum evangelischen als auch zum katholischen Theologiestudium ein praktisch orientiertes Fach, die Praktische Theologie oder Religionspädagogik. Diese Fächer befassen sich mit Formen der Vermittlung in Schulen oder Gemeinden. (vgl. WR 2010, S. 16)

Dieser Überblick legt schnell nahe, dass jedenfalls methodisch in den Theologien mehrere Disziplinen zusammenkommen: Es wird hermeneutisch erschlossen, historisch erforscht, philosophisch-ethisch reflektiert und pädagogisch erörtert. Die jeweiligen theologischen Fächer stehen nicht für sich, sie antizipieren und integrieren selbstverständlich die Debatten zur nicht-theologischen Methodologie, Sozialtheorie, Philosophie oder Erziehungswissenschaft. Um zu verstehen, was aber dann die Theologie zu einer Theologie macht, was sie also unterscheidet von einer Geschichts- oder Sozialwissenschaft, wird heute noch häufig der evangelische Theologe Friedrich Schleiermacher (1768–1834) zitiert, der vor gut 200 Jahren geschrieben hat:

> „Die christliche Theologie ist sonach der Inbegriff derjenigen wissenschaftlichen Kenntnisse und Kunstregeln, ohne deren Besitz und Gebrauch eine zusammenstimmende Leitung der christlichen Kirche, d. h. ein christliches Kirchenregiment nicht möglich ist." (Schleiermacher 2002 [1811/1830], S. 142)

Schleiermacher hat damit betont, dass Theologie nur von ihrer Funktion her – und nicht von ihrem spezifischen Erkenntnisprinzip her – angemessen zu verstehen wäre. Als positive Wissenschaft ist sie demnach darauf ausgerichtet, Kirche zu leiten. Das kann sie gleichzeitig nur – so ließe sich mit einem anderen Text von Schleiermacher ergänzen – wenn sie auf dem Stand der modernen Wissenschaft denkt und arbeitet und Religion nicht in Konkurrenz zu Moderne und Aufklärung gedacht wird (vgl. Schleiermacher 2016 [1799]).

Diese Grundidee Schleiermachers findet sich bis heute im Selbstverständnis des Faches, Fragen darum werden facettenreich in der systematischen oder in der Fundamentaltheologie verhandelt. „Wie kommt die Theologie zu ihren Aussagen?" hat etwa Guido Bausenhart (2016) als Leitfrage seiner Einführung in die (katholische) Theologie formuliert. Genau das interessiert uns auch und wir orientieren uns dafür zunächst an den Kernaussagen seines Buches.

Zuerst sei herausgestellt, aber diese Erwähnung dürfte an dieser Stelle bereits banal erscheinen, worum es in der Theologie nicht geht: Es geht nicht um den wissenschaftlichen Beweis der Existenz Gottes. Bausenhart zitiert zur Erklärung seiner Perspektive die Herausgeber einer Sonderausgabe der Zeitschrift *Merkur*: „Am Faktum des Religiösen ist nicht zu zweifeln, an der Realität Gottes schon." (zitiert nach Bausenhart 2016: 10). Die Existenz Gottes lässt sich nicht auf eine Weise beweisen, die dem wissenschaftlichen Beweis gleichkommt, es gibt keine empirische Evidenz in einem messbaren Sinne. In einem wissenschaftlichen Sinne durchaus beobachten lässt sich allerdings das Faktum der Religiosität. Menschen deuten Anzeichen in der Welt als Zeichen Gottes. Und wenn Bausenhart über die rote Rose spricht, die als Geschenk als ein Beweis für die Liebe erfahren werden kann, auch wenn es dafür keine wissenschaftliche Messbarkeit gibt (ebd., S. 14), dann erinnert dies an die Gedanken von Bruno Latour, mit denen wir uns in Kapitel 4 vertraut gemacht haben. Wissenschaft und Religion, so lässt sich dieser Hinweis zusammenfassen, prozessieren in unterschiedlichen epistemischen Stilen.

Als „unmittelbares Material" (ebd., S. 26) der Theologie – oder auch ihren „unmittelbaren Gegenstand" (ebd., S. 456) – beschreibt Bausenhart „Artikulationen (verschiedener Art), in denen Menschen ihren Glauben zum Ausdruck bringen" (ebd.). Der Gegenstand ist also nicht Gott, sondern es sind die Menschen mit ihren Artikulationen des Glaubens – die gegenwärtig, aber auch historisch in all ihren Ausdrucksformen und Sinngebungen rekonstruiert werden können.

Die Gegenstandsbestimmung bis hierher könnte allerdings wortgleich auch zu Beginn einer Einführung in die Religionssoziologie oder der Religionswissenschaft stehen. Auch ihnen geht es darum, Religiosität in ihren jeweiligen kontextgebundenen Artikulationen zu rekonstruieren. Was unterscheidet die Theologie von diesen Disziplinen?

In Bausenharts Einführung finden wir die Antwort – ganz im Sinne Schleiermachers (siehe Zitat oben) – in den Teilen, die eine Funktionsbestimmung der Theologie vornehmen. Er geht davon aus, dass die Theologie sich als „klärender, kritischer und konstruktiver Kommentar" (ebd., S. 457) zu den rekonstruierten Glaubensartikulationen zu verstehen hat. Und dies ist in der Tat ein grundlegender Unterschied zu den genannten anderen religionsbezogenen Disziplinen: Vertreter:innen der Religionssoziologie und -wissenschaft würden immer betonen, dass es ihnen allein auf das Verstehen der Artikulationen und deren Bedeutung in Gesellschaften ankommt und sie sich jeder normativen Positionierung fernzuhalten suchen – wohl wissend, dass das mit der objektiven, nicht wertenden Sozialwissenschaft eine schwierige Sache ist.[5] Die Funktionsbestimmung, die Bausenhart demgegenüber für die Theologie vornimmt, ist eine explizit normative. Die drei zusammenfassenden Thesen dazu lauten:

> „10. Auf Klärung zielt die kommentierende Theologie, indem sie im Spektrum der theologischen Disziplinen die Bedingungen der Möglichkeit von Glaubenserfahrungen denkend zu erhellen sucht: einen Gott, der sich erfahren lässt, den Menschen als einen, der Gott erfahren kann, schließlich die Legitimität der Kategorie Erfahrung in der Begegnung von Gott und Mensch überhaupt.
>
> 11. Kritisch wendet sich die kommentierende Theologie den Artikulationen der Glaubenserfahrung selbst zu, weil sie diese Artikulationen auch der Unangemessenheit ihrer Auslegung dieser Erfahrung verdächtigt und so die Wahrheitsfrage stellt und Kriterien solchen Urteils ins Spiel bringt.
>
> 12. Konstruktiv ist die kommentierende Theologie, wenn es ihr gelingt, die Artikulationen glaubenserfahrener Menschen in ihre Wahrheit hinein zu begleiten und diesen Glaubenden zu helfen, das sagen, das tun, das zeigen/sehen lassen zu können, was sie eigentlich sagen, tun und zeigen/sehen lassen wollen (müssen)." (ebd., S. 457)

Diese knappen Thesen geben zum einen die normative Idee des Autors wieder und sie spannen zum anderen ein breites Spektrum theologischer Aktivität auf. Um alle hier genannten Aspekte werden intensive Debatten geführt, die wir an dieser Stelle nicht im Einzelnen nachvollziehen können. Die Theologie ist so wenig wie andere Disziplinen in sich geschlossen und homogen. Für diejenigen, die dies weiter vertiefen möchten, seien die Bezüge kurz skizziert:

Wenn hier der Theologie die Aufgabe gestellt wird, „Bedingungen der Möglichkeit von Glaubenserfahrungen denkend zu erhellen" (These 10), dann ist diese Formulierung angelehnt an Kants Frage nach den Bedingungen der Möglichkeit reiner Vernunft (vgl. Kant 1968 [1781]). Einen Vernunftbegriff zu entwickeln, der der Theologie angemessen ist, bleibt ein unabgeschlossenes und viel debattiertes Projekt (vgl. Wendel und Breul 2020). Und wenn davon ausgegangen wird, dass sich über die Erfahrung eines Menschen auf die Erfahrbarkeit Gottes schließen lässt, dann ist damit auch das Verhältnis von Subjekt, Glauben und Freiheit angesprochen (vgl. Hoping et al. 2023; Wendel 2020).

These 11 impliziert die Notwendigkeit eines normativen Maßstabes dessen, was als angemessene Auslegung dienen kann. Im wissenschaftlichen Kontext ist damit der Begriff der Wahrheit aufgerufen, den es ebenfalls für die Theologie zu justieren gilt (vgl. Dalfert und Stoellger 2001). Hinter These 12 schließlich verbergen sich vielfältige Auseinandersetzungen im Feld der Religionspädagogik (vgl. Gärtner und Herbst 2020). Darüber hinaus sind hier auch diverse Debatten der Sozi-

---

5 Ein Thema, das wir hier nicht vertiefen können, hingewiesen sei auf zwei Grundlagenwerke dazu: Weber 1988 [1922] und Adorno 1975.

alethik angesprochen, wenn es darum geht, Orientierung für „glaubenserfahrene Menschen" in ihrem Tun zu geben (vgl. Heimbach-Steins et al. 2022).

All diese vielfältigen Debatten können hier nur angedeutet werden. Sie werden in der evangelischen und katholischen Theologie unterschiedlich geführt und berufen sich auf unterschiedliche theologische Traditionen.[6] Debatten solcher Selbstverständigung sind auch in der islamischen Theologie in Deutschland nachzuvollziehen, auch wenn das Fach hier noch sehr jung ist. Der Sozialwissenschaftler Jan Felix Engelhardt hat Professor:innen der islamischen Theologie nach ihrem Verständnis des Faches befragt und er kommt zu dem Schluss:

> „Damit weist sich die Islamische Theologie als moderne Wissenschaft insofern aus, als dass an die Stelle eines rezipierten Traditionswissens, das sich zum großen Teil aus nichtwissenschaftlich erarbeiteten Wissensbeständen zusammensetzt, selbst hervorgebrachtes Wissen in den Vordergrund tritt. Damit verbunden erscheint hier ein aufklärerisches Motiv von Theologie: Die Professoren nehmen in Anspruch, dass das von ihnen erarbeitete faktische und Orientierung gebende Wissen mit selbstverständlich eingeübten Wissens- und Handlungsroutinen von Muslimen brechen kann. Die universitäre islamische Theologie, wie sie die Gesprächspartner entwerfen, möchte dabei traditionskritisch, orientierungswissenschaftlich und Fundamentalismus kritisch in die muslimische Glaubensgemeinschaft hineinwirken, wobei diese Funktion nicht durch gesellschaftspolitische Erwartungen, sondern durch innermuslimische Bedürfnisse nach der Beheimatung islamischen Denkens in Deutschland motiviert ist." (Engelhardt 2017, S. 331)

Wir lesen hier ein ganz ähnliches Selbstverständnis, wie es in der Grundidee schon von Schleiermacher entworfen wurde: Mit Methoden der „modernen Wissenschaft" wird Wissen hervorgebracht, das für die Leitung der Kirche Orientierung geben soll.

So können wir in einem Zwischenschritt noch einmal festhalten: Theologien unterscheiden sich nicht in der Art ihrer Herangehensweise, sondern in der Funktion des Faches von anderen Disziplinen.

Gerade weil Theologien nach diesem Selbstverständnis die Kirche oder die jeweilige Religionsgemeinschaft zwingend als ihren Bezugspunkt haben, stehen sie aber auch nicht losgelöst von diesen und sind nicht allein der akademischen Fachgemeinschaft verpflichtet. Oben wurde schon darauf hingewiesen, dass es immer wieder zu Konflikten um die Rechtgläubigkeit einzelner Personen kam, die zum Teil auch durch die Kirchenleitung mit Entzug der Lehrbefugnis entschieden wurden. Dieses Spannungsfeld betrachten wir im Folgenden beispielhaft mit Blick auf eine ganze theologische Schule, deren Vereinbarkeit mit der katholischen Lehrmeinung in Frage gestellt war: die Theologie der Befreiung.

---

6 Vgl. im evangelischen Kontext das nach wie vor viel zitierte wissenschaftstheoretische Werk von Pannenberg 1977, im katholischen Kontext von vgl. Peukert 2009 [1976].

8.4 Theologie der Befreiung: Zwischen normativem Selbstverständnis, Wissenschaftlichkeit und Lehramt

Unter dem Titel *Theologie der Befreiung* stehen eine Reihe von Konzepten, die zentrale Prämissen teilen, auch wenn sie im Detail unterschiedlich sind. Um das Grundkonzept dieser Theologien zu verstehen, ist es erforderlich, sich deren Entstehungszusammenhang zu vergegenwärtigen. Die Befreiungstheologie wurde als eine Schule in den späten 1960er- und 1970er-Jahren in Lateinamerika entwickelt. Hier hatte sie historisch und hat bis heute die im Vergleich größte Bedeutung, gleichzeitig wurden aber auch in Ländern auf dem afrikanischen Kontinent und in Asien eigene Befreiungstheologien entwickelt.[7]

Namensgebend für diese Theologien ist der peruanische Priester, Dominikaner und Hochschullehrer Gustavo Gutiérrez, der 1971 sein Buch *Teología de la Liberación* (Theologie der Befreiung) veröffentlichte (vgl. Gutiérrez 1992 [1971]). Als programmatischer Auftakt kann allerdings schon die Generalversammlung der lateinamerikanischen Bischöfe gelten, die 1968 in Medellin (Kolumbien) stattgefunden hat, und auf der grundlegende Neuerungen für die pastorale und theologische Arbeit beschlossen wurden.

Die politische und gesellschaftliche Situation dieser Zeit war zum einen geprägt von enormer, durch die gewaltsame Kolonialisierung der Länder implementierte und in der Geschichte der Länder nicht korrigierte, Ungleichheit: Sehr viele Menschen lebten in extremer Armut, wenige andere in extremem Reichtum. Zum anderen regierten in den meisten südamerikanischen Ländern in dieser Zeit Militärdiktaturen, was mit erheblichen Repressionen verbunden war und das Leid der in Armut Lebenden zusätzlich verschärfte. Weltpolitisch war dabei diese Zeit geprägt vom Kalten Krieg und der Ost-West-Konfrontation. In der Systemkonkurrenz zwischen den USA und der Sowjetunion unterstütze nicht selten die USA die Militärregierungen in den Ländern Lateinamerikas, um dort potenziell erstarkenden Kommunismus keinen Platz zu lassen.

Kirchenpolitisch war die katholische Kirche in dieser Zeit stark geprägt von den Impulsen des Zweiten Vatikanischen Konzils. Dieses Konzil hat sowohl in Bezug auf die Gestaltung des kirchlichen Lebens als auch in Bezug auf die Theologie grundlegende Neuorientierungen bedeutet. Eine zentrale Aufforderung des Konzils lautete, „[...] nach den Zeichen der Zeit zu forschen und sie im Licht des Evangeliums zu deuten" (Der Heilige Stuhl 1965, GS 4). Damit war eine weitreichende Neupositionierung im Verhältnis zwischen Kirche und Moderne verbunden: Anstatt alle modernen Entwicklungen als abzuwehrende Gefahr zu deuten, sollten sie angenommen und die christliche Bedeutung in diesen Entwicklungen erforscht werden. Verbunden war damit auch eine Umkehrung der theologischen Logik: Anstatt deduktiv überzeitliche Wahrheitssätze auf den jeweiligen Kontext anzuwenden, sollte vielmehr induktiv „die Situation des Menschen in der heutigen Welt" (ebd.) zum Ausgangspunkt der Analyse gemacht werden.

---

7 Vgl. für die folgende Darstellung die Beiträge in Fornet-Betancourt 2001 sowie Arns 1986; Biancucci 1987; Kern 2013; Schöpfer 1979; .

An diese Aufforderung haben die Vertreter:innen der Befreiungstheologien angeknüpft und haben die Armut vor ihren Haustüren als die drängenden Zeichen der Zeit identifiziert. Die unterschiedlichen Ansätze teilen als gemeinsamen Kern der Befreiungstheologie das „Primat der Praxis" und die „Option für die Armen", das heißt die Verpflichtung, theologisches Denken und christliches Handeln an den ärmsten Mitgliedern einer Gesellschaft auszurichten.[8] Methodologisch bot zudem das sozialethische Prinzip „Sehen – Urteilen – Handeln" einen wichtigen Bezugspunkt, das vom belgischen Arbeiterpriester und Kardinal Joseph Cardijn (1882–1967) entwickelt wurde. Dieser Dreischritt betont die Bedeutung einer gründlichen Analyse der aktuellen Situation, die dann vor dem Hintergrund erklärbarer Werte beurteilt und schließlich in veränderndes Handeln umgesetzt werden soll.[9]

Diese Analyse, Bewertung und (Planung von) Veränderung wurden in sogenannten Basisgemeinden umgesetzt – die zentrale Stellung der Basisgemeinden gehört ebenfalls zum von allen Autor:innen geteilten Kern der Befreiungstheologie. Zum Programm gehörte damit gleichzeitig eine Aufwertung der Sozialwissenschaften, denn es waren sozialwissenschaftliche Methoden und Reflexionen, die zur Analyse der Situation beitragen sollten. Wesentliche Inspiration in der Analyse fanden die Gemeinden und die Theolog:innen auch in der Lektüre der Werke von Marx und ihm nahestehenden Autor:innen.

Und ganz besonders daran entfachten sich die Konflikte. Die Theolog:innen hatten nicht nur die diktatorischen Regierungen gegen sich, die keinerlei Interesse an Veränderungen in diesem Sinne hatten. Auch Vertreter der katholischen Amtskirche sowohl in Lateinamerika als auch im Vatikan sahen die Befreiungstheologie als kommunistisch unterwandert und ein Erstarken des Kommunismus als zu bekämpfende Gefahr. Um das Verhältnis zum Marxismus und zur sozialwissenschaftlichen Methode wurden auch innerhalb der Befreiungstheologie viele Debatten geführt (vgl. Rottländer 1986). Seitens der Gegner:innen wurde allerdings kaum unterschieden und der gesamten Theologie der Befreiung ein ideologischer Marxismus vorgeworfen. Der brasilianische Erzbischof und Befreiungstheologe Dom Helder Camara (1909–1999) wird dazu zitiert: „Wenn ich den Armen zu essen gebe, nennen sie mich einen Heiligen, aber wenn ich frage, warum die Armen nichts zu essen haben, schimpfen sie mich einen Kommunisten." (Prange 2015)

Die Gegnerschaft der Militärdiktaturen hat unter anderem dazu geführt, dass viele der Protagonist:innen ermordet wurden. Die Gegnerschaft seitens der katholischen Kirche formierte sich von Beginn an sowohl bei Amtsträgern in den lateinamerikanischen Ländern als auch im Vatikan. Als Gegner der Schule engagierten sich insbesondere Papst Johannes Paul II. sowie der von ihm berufene Präfekt der römischen Glaubenskongregation, Joseph Kardinal Ratzinger, der spätere Papst Benedikt XVI. Sie haben die Befreiungstheolog:innen nicht nur nicht gegen die Militärdiktaturen verteidigt, sondern haben aktiv daran gearbeitet, die Bedeutung

---

8 Die Begriffe „Arme" und „Ärmste" erzeugen heute mehr Reibung als dies im Kontext der Entstehung der Befreiungstheologie der Fall war. Inzwischen wird ein mit den Begriffen verbundener Paternalismus ebenso kritisch betrachtet wie die Homogenisierung einer so nicht vorhandenen Gruppe, vgl. Silber 2021.
9 Ein Prinzip, das bis heute für die Christliche Sozialethik orientierend ist, vgl. Heimbach-Steins 2022.

der Befreiungstheologie insgesamt zurückzudrängen. Dies war zum einen möglich durch Neubesetzung von Bischofspositionen – das wohl berühmteste Beispiel ist die Ernennung eines als konservativ bekannten Kirchenrechtlers als Nachfolger des international bekannten und vor Ort sehr beliebten Befreiungstheologen Dom Helder Camara in Recife (Brasilien) im Jahre 1985. Zum anderen war ein Zurückdrängen der Befreiungstheologie durch Verhängung von Rede- und Lehrverboten möglich, so beispielsweise gegen Leonardo Boff (geb. 1938), in der Zeit Professor für systematische Theologie in Petrópolis (Brasilien).

Einen Höhepunkt der Auseinandersetzung zwischen der lateinamerikanischen Befreiungstheologie und Vatikan bildet die Veröffentlichung einer Instruktion der römischen Kongregation für die Glaubenslehre mit dem Titel *Über einige Aspekte der ‚Theologie der Befreiung'* am 6. August 1984 (Kongregation für die Glaubenslehre 1984). Der Text dieser Instruktion ist für die Frage nach dem Verhältnis zwischen Wissenschaftlichkeit und Religiosität im Fach Theologie besonders aufschlussreich.

Das Ziel der Instruktion wird in der Einleitung benannt:

> „Die vorliegende Instruktion hat ein sehr präzises und begrenztes Ziel: Sie will die Aufmerksamkeit der Hirten, Theologen und aller Gläubigen auf die Abweichungen und die Gefahren der Abweichung lenken, die den Glauben und das christliche Leben zerstören, wie sie gewisse Formen der Theologie der Befreiung enthalten, die in ungenügend kritischer Weise ihre Zuflucht zu Konzepten nehmen, die von verschiedenen Strömungen des marxistischen Denkens gespeist sind." (ebd.)

Zur Einordnung dieses Zitats erinnern wir uns an das im letzten Abschnitt herausgestellte Selbstverständnis von Theologie als wissenschaftliche Disziplin. Hier wurde betont, dass die Theologie sich nicht durch ihre spezifische Erkenntnisweise, wohl aber durch ihre Funktion von anderen Fächern unterscheidet. Ihre Funktion ist es, Kirche zu leiten – auf der Grundlage wissenschaftlicher Analyse und Reflexion. Institutionell wird dieser Besonderheit Rechnung getragen, indem seitens der Kirchenführung die Rechtgläubigkeit der Theolog:innen überprüft und angemahnt werden kann, nicht aber deren wissenschaftliche Qualität zu beurteilen ist.

An diesem Beispiel lässt sich nun gut nachvollziehen, wie schwierig solche Grenzziehungen sind. Die im Zitat zum Ausdruck gebrachte Sorge richtet sich zwar eindeutig auf die Funktion der Theologie – sie könnte in dieser Form die Kirche nicht positiv leiten, sondern würde umgekehrt „Glauben und das christliche Leben zerstören". Die Begründung für diese Sorge bezieht sich dann aber auf das wissenschaftliche Vorgehen dieser Theologie: Sie würde „in ungenügend kritischer Weise ihre Zuflucht zu Konzepten nehmen...". Die Theologie der Befreiung wird hier also gerügt mit dem Hinweis auf mangelnde Wissenschaftlichkeit. So wird auch später im Dokument weiter ausgeführt:

> „Die erste Bedingung einer Analyse ist die völlige Bereitschaft, sich von der zu beschreibenden Wirklichkeit belehren zu lassen ohne vorgefaßte

Ideen. Ein kritisches Bewußtsein muß mit dem Gebrauch der Arbeitshypothesen Hand in Hand gehen, die man übernimmt. Man muß wissen, daß diese einem Teilgesichtspunkt entsprechen, was unweigerlich zur Folge hat, daß gewisse Aspekte der Wirklichkeit hervorgehoben, andere im Dunkel gelassen werden. Diese Begrenztheit, die sich aus der Natur der Sozialwissenschaften ergibt, wird von denen übersehen die statt Hypothesen zu gebrauchen, die als solche erkannt werden, eine umfassende Weltanschauung übernehmen, wie sie das Denken von Marx darstellt." (ebd.: VII, 13)

Statt sich ergebnisoffen – im Sinne moderner Wissenschaft – mit der Realität auseinandersetzen, so der Vorwurf des Vatikan an die Theolog:innen, würden sie sich eine Weltanschauung zu Eigen machen. Marxismus würde nicht allein als analytische Methode genutzt (wie von Befreiungstheolog:innen betont), sondern als Ideologie übernommen.

Dieses Beispiel zeigt gut die multiplen Spannungsverhältnisse, in denen eine Theologie als Wissenschaft steht, sowie die enge Verflochtenheit zwischen wissenschaftlicher Entwicklung und ihren Kontexten. Sowohl die Entstehung der Befreiungstheologie als auch die starke Opposition gegen sie sind ohne Berücksichtigung der spezifischen regionalen und globalen sozio-politischen Kontexte nicht zu verstehen. Eine Bewertung der Tragfähigkeit einer Theologie aus Sicht der Kirchenführung kann gleichzeitig nur schwer Halt machen vor einer Bewertung der wissenschaftlichen Arbeit.

Um die Geschichte der Befreiungstheologie in aller Kürze weiter zu erzählen: Die genannte Instruktion hat zusammen mit diversen kirchenpolitischen Maßnahmen dazu geführt, dass die Bedeutung dieser Schule zurückgegangen ist. Zwei Jahre später wurde durch Kardinal Ratzinger eine zweite Instruktion veröffentlicht, die ein eigenes theologisches Konzept von Befreiung begründen sollte, das allerdings aus Sicht der Befreiungstheolog:innen als eurozentristisches Konzept gelesen wird und an die Bedingungen in Lateinamerika nicht anknüpfen kann. (vgl. Biancucci 1987, 135 ff.)

Heute hat sich in Lateinamerika wie auch in anderen Regionen der Welt die theologische Landschaft weiter diversifiziert. Die Theologie der Befreiung spielt unter diesem Namen heute keine große Rolle mehr, allerdings ist die mit ihr begründete Kirchenstruktur in Basisgemeinden weiterhin institutionalisiert. Papst Franziskus hat überdies für die Rehabilitation namhafter Befreiungstheologen gesorgt: Er hat die Ermordung des Erzbischofs von San Salvador und Befreiungstheologen Oscar Romero (1917–1980) als Märtyrertod anerkannt und damit dessen Selig- (2015) und Heiligsprechung (2018) auf den Weg gebracht. Noch im Jahr seiner Ernennung zum Papst 2013 hat Franziskus den Befreiungstheologen Gustavo Gutiérrez in Rom getroffen und ein Seligsprechungsprozess für Dom Helder Camara wird von ihm unterstützt.

Diskussionsfragen

- Als Besonderheit der theologischen Fächer wurde deren Funktion herausgestellt, normative Orientierung zu geben. Gibt es aus Ihrer Sicht andere Fächer, denen (in Teilen) eine ähnliche Funktion zukommt? Inwiefern ähneln oder unterscheiden sich die anderen Fächer von Theologien?
- Dass theologische Fächer an staatlich finanzierten Hochschulen gelehrt werden, wird häufig kritisiert. Welche Argumente sprechen aus Ihrer Sicht für oder gegen diese Form der Institutionalisierung?

Literaturtipps

Literatur zum Einstieg
Homolka, Walter; Pöttering, Hans-Gert (Hg.) (2013): Theologie(n) an der Universität. Akademische Herausforderung im säkularen Umfeld. Berlin, Boston: De Gruyter. Online verfügbar unter https://ebookcentral.proquest.com/lib/kxp/detail.action?docID=1121583.
WR, Wissenschaftsrat (2010): Empfehlungen zur Weiterentwicklung von Theologien und religionsbezogenen Wissenschaften an deutschen Hochschulen. Köln: WR.

Literatur zum Vertiefen – aus unterschiedlichen konfessionellen Perspektiven
Ceylan, Rauf; Sajak, Clauß Peter (Hg.) (2017): Freiheit der Forschung und Lehre? Das wissenschaftsorganisatorische Verhältnis der Theologie zu den Religionsgemeinschaften. Wiesbaden, Heidelberg: Springer VS.
Dreier, Lena (2023): Der Islam als akademische Praxis. Von der biographischen Islamizität zum pluralen Islam. 1. Aufl. Baden-Baden: Ergon Verlag (Religion in der Gesellschaft, 51). Online verfügbar unter https://nbn-resolving.org/urn:nbn:de:bsz:31-epflicht-3113340.

9 Geschlecht und geschlechtliche Vielfalt

> **Überblick**
>
> Die Kategorie Geschlecht ist von erheblicher Bedeutung für soziale Ordnungen. Auch für die Organisationen der Wissenschaft und der Religion lässt sich diese Bedeutung gut nachvollziehen, etwa bei der Besetzung von Ämtern und Positionen. Begründungen von Geschlechterordnungen sind gesellschaftlich hoch umstritten. Als Quellen von Gewissheit werden sowohl wissenschaftliche als auch religiöse Aussagen herangezogen. Allerdings sind diese jeweils keineswegs eindeutig, wird die Kategorie Geschlecht sowohl im natur- und sozialwissenschaftlichen Diskurs als auch in Theologie und Kirche kontrovers diskutiert.

9.1 Einleitung

Im Juli 2022 wurde ein Vortrag dafür berühmt, dass er nicht gehalten wurde. Auf dem Programm der *Langen Nacht der Wissenschaften* in Berlin stand ein Beitrag der Doktorandin der Biologie Marie Luise Vollbrecht mit dem Titel "Geschlecht ist nicht (Ge)schlecht: Sex, Gender und warum es in der Biologie zwei Geschlechter gibt". Der im Programm der Humboldt Universität zu Berlin geplante Vortrag wurde kurzfristig abgesagt. Die Sprecherin der Universität wird von der *Bild*-Zeitung mit der Begründung zitiert: "Die Debatte um den Vortrag droht alle anderen Angebote zu überschatten." (Böhm 2022)

In der Debatte, die mit der Absage nicht abbrach und zunehmend komplexer wurde, ging es zunächst um die Frage, ob und inwiefern die von der Autorin vertretenen Inhalte – die sie auch an anderer Stelle schon öffentlich vorgetragen hatte – transfeindlich sind. Zum Vortragstermin wurden Proteste sowohl von Kritiker:innen als auch von Unterstützer:innen der Vortragenden angemeldet. Nach der Absage des Vortrages verlagerte sich die Auseinandersetzung dann auf die Frage, inwiefern damit die Wissenschaftsfreiheit gefährdet wurde. Vollbrecht hat eine geänderte Fassung ihres Vortrags in der *Zeit* veröffentlicht und beginnt hier mit dem Satz „Über das Thema Geschlecht zu sprechen, womöglich über wissenschaftliche Disziplinen hinweg, ist heutzutage gefährlich." (Vollbrecht 2022). In der weiter auf *Twitter* ausgetragenen Debatte ging es dann um die Anerkennung von Verbrechen gegen Transsexuelle durch die Nationalsozialist:innen. Vollbrecht hatte diese Verbrechen in einem *tweet* geleugnet und konnte den sich daraus entwickelten Hashtag „#MarieLeugnetNSVerbrechen" mit einer Klage vor Gericht nicht unterbinden. (vgl. Himmelrath 2022)

Der Vortrag wurde zwei Wochen nach dem ursprünglich angesetzten Termin an der Humboldt Universität nachgeholt. An der anschließenden Diskussion nahm Frau Vollbrecht nicht teil, wohl aber die online zugeschaltete Bundesministerin für Bildung und Forschung Bettina Stark-Watzinger.

Was zeigt uns diese Begebenheit? Zunächst macht sie deutlich, dass das Thema Geschlecht und geschlechtliche Vielfalt gesellschaftliche Kontroversen entfachen kann. Offensichtlich geht es hier um viel. Um so viel, dass die Nationalsozialist:innen diejenigen, die nicht in das dominierende Geschlechterschema passten, verhaften und nicht selten töten ließen. Um so viel, dass auch heute in modernen liberalen Demokratien eine konstruktive Auseinandersetzung längst nicht immer gelingt – selbst nicht in der für solche Auseinandersetzungen eigentlich vorgesehenen Akademia. Und dies ist der zweite Aspekt, auf den diese Begebenheit aufmerksam macht: Es gibt offenbar nicht *die* Wahrheit *der* Wissenschaft zum Thema Geschlecht. Rund um die Vortragsabsage meldete sich eine Vielzahl von sowohl Natur- als auch Sozialwissenschaftler:innen, die sich in ganz unterschiedlicher Art und Weise zu den Aussagen Vollbrechts positioniert haben – alle mit Bezug zur Autorität der Wissenschaft.

Das Thema Geschlecht und geschlechtliche Vielfalt ist also offenbar sowohl gesellschaftlich hoch relevant als auch ist die Suche nach Gewissheit schwierig und komplex. Die Wichtigkeit von Bezügen zur Wissenschaft für diese Suche wurde schon angedeutet. Wie steht es um die Bedeutung von religiösen Bezügen? Die Antwort scheint auf den ersten Blick eindeutig, schließlich lassen sich monotheistische Religionen mit guten Gründen als Innbegriff und Wurzel patriarchaler Strukturen schlechthin beschreiben. Aber wir ahnen schon, dass uns auch hier bei näherem Hinsehen Nuancen und Komplexität erwarten.

Im Folgenden werden wir uns zunächst schlaglichtartig noch einmal die gesellschaftliche Bedeutung des Themas Geschlecht und geschlechtliche Vielfalt vergegenwärtigen (Abschnitt 9.1). Erst vor diesem Hintergrund wird klar, warum Debatten über Verhältnisse zwischen biologischem und kulturellem Geschlecht teils so erbittert geführt werden. Abschnitt 9.2 rekonstruiert in Ausschnitten die Bedeutung wissenschaftlicher und religiöser Bezüge in diesen Debatten.

9.2 Geschlecht als Ordnungskategorie in Organisationen der Religion, Wissenschaft und Gesellschaft

„Männer und Frauen sind gleichberechtigt.": Es war eine große Errungenschaft der Frauenbewegung, dass dieser Satz im Jahre 1949 in den Artikel 3, Abs. 2 des Grundgesetzes aufgenommen wurde. In seiner kurzen Prägnanz schreibt er die Gleichberechtigung von Männern und Frauen in allen Lebensbereichen umfassend fest. Und der Artikel gibt gleichzeitig dem Staat die Verantwortung dafür, dass diese Gleichberechtigung auch real wird, wenn es weiter heißt: „Der Staat fördert die tatsächliche Durchsetzung der Gleichberechtigung von Frauen und Männern und wirkt auf die Beseitigung bestehender Nachteile hin." (Artikel 3, Abs. 2 GG)

Dass es einer solchen Gestaltung überhaupt bedurfte, macht selbstverständlich auch darauf aufmerksam, dass Gleichberechtigung nicht gegeben war. Und wenn wir auf die Entwicklungen seitdem schauen, dann sehen wir schnell, dass der Artikel auch bis heute nicht obsolet geworden ist. Heute wird aus guten Gründen Geschlecht als Ordnungskategorie nicht allein als Verhältnis von Männern und Frauen thematisiert, sondern auch auf die Bedeutung geschlechtlicher Vielfalt aufmerksam gemacht. Wie machtvoll diese Ordnungskategorie wirkt, können wir uns zunächst aber an den sozialen Positionierungen von Männern und Frauen gut vergegenwärtigen. Dass in Deutschland 16 Jahre lang eine Frau Bundeskanzlerin war, kann auch hier nicht darüber hinwegtäuschen, dass Frauen in Führungspositionen unterrepräsentiert sind, dass sie im Schnitt weniger Geld verdienen als Männer (vgl. Statistisches Bundesamt 2023b) und dass sie weiterhin den Großteil der Familienarbeit übernehmen (vgl. BMBF, Bundesministerium für Bildung und Forschung 2023b). Wenn wir über den deutschen Tellerrand hinaus auf die globale Situation schauen, dann wird noch deutlicher, dass von Gleichberechtigung zwischen Männern und Frauen kaum die Rede sein kann (vgl. World Economic Forum 2023).

Die ungleichen sozialen Positionen von Männern und Frauen können dabei unterschiedliche Gründe haben. Sicherlich gibt es zum einen Gesetze und formale Regulierungen, die Diskriminierung aufgrund von Geschlecht festschreiben. Aber Diskriminierung passiert eben auch dort, wo qua Gesetz eigentlich Gleichberechtigung und Antidiskriminierung festgeschrieben ist. Wir können uns beide Fälle anhand der Organisation Kirche und der Organisation Wissenschaft kurz verdeutlichen.

Im Falle der Organisation katholische Kirche kann bis heute schon ganz formal nicht von Gleichberechtigung gesprochen werden: Frauen sind weiterhin vom Weiheamt ausgeschlossen. An dieser Norm wurde auch nach vielen Initiativen der letzten Jahrzehnte nicht gerüttelt. Auch Papst Franziskus hat wiederholt betont, dass die Ordination von Frauen, also eine Priesterweihe für Frauen, theologisch nicht zu rechtfertigen sei. Weil gleichzeitig sehr viele Führungspositionen innerhalb der katholischen Kirche an die Priesterweihe gebunden sind, bleibt damit auch die ungleiche Machverteilung zwischen Männern und Frauen systematisch begründet und auf Dauer gestellt. Eine Studie im Auftrag der Deutschen Bischofskonferenz von 2018 zeigt, dass in Ordinariaten und Generalvikariaten – also in den Verwaltungsapparaten der Diözesen – knapp 40 % der Führungspositionen an Geistliche, weitere gut 40 % an Männer, die nicht Geistliche sind, und unter 20 % an Frauen vergeben sind (vgl. Qualbrink 2019, S. 6). Für den Vatikan hat Papst Franziskus im Jahre 2022 mit einer Kurienreform dafür gesorgt, dass prinzipiell auch Frauen Leiterinnen von Dikasterien (Referaten) in Rom sein können. Weil im Zentrum der Leitungsstrukturen der katholischen Kirche aber immer Bischöfe und bischöfliche Gremien stehen (vgl. Riedel-Spangenberger 2002), haben Frauen gleichwohl nur äußerst begrenzte Teilhabemöglichkeit an der formal geregelten Macht.

In der evangelischen Kirche sind die formalen Regelungen anders: Hier stehen prinzipiell alle Ämter auch Frauen offen. Auch das war nicht immer so. Zwar hat Luthers Forderung nach einem „Priestertum für alle Gläubigen/Getauften" frühzeitig viele Frauen zum Studium der Bibel und zum Verfassen frommer Texte motiviert. Eine anerkannte Berufstätigkeit für Frauen entstand daraus aber mit der Diakonisse erst im späten 19. Jahrhundert. Dabei handelt es sich um eine Schwester, die ehelos in einem Mutterhaus lebt und unentgeltlich in Krankenhäusern und Armenstationen arbeitet (vgl. Gause 2024). Im frühen 20. Jahrhundert durften Frauen dann zwar Theologie studieren, konnten mit diesem Abschluss aber nicht Pfarrerin, sondern nur Vikarin oder „Pfarramtsgehilfin" werden (ebd., S. 208). Nach dem Zweiten Weltkrieg änderte sich die Situation langsam. Nachdem Frauen während der Kriegszeit viele pfarramtliche Aufgaben übernommen hatten, haben sie nach dem Krieg auch die Frauenordination eingefordert. Nötig war dafür eine Art theologische Unbedenklichkeitserklärung: Nachdem festgestellt wurde, dass theologisch keine prinzipiellen Gründe gegen das Pfarramt der Frau sprach, wurde es ebenfalls mit dem Jahr 1958 offiziell ermöglicht. Damit waren zugleich jedenfalls formal auch alle Aufstiegsmöglichkeiten für Frauen in der evangelischen Kirchenhierarchie gegeben. In der Praxis allerdings wurde dies in den jeweiligen Kirchen sehr unterschiedlich umgesetzt, viele Pfarrer lehnten die Zusammenarbeit mit Pfarrerinnen ab und konnten noch bis in die 1970er-Jahre die Ordination der Frauen verhindern. Zur ersten Bischöfin in Deutschland und weltweit in der lutherischen Kirche wurde im Jahre 1992 Maria Jepsen gewählt. Dass mit Margot Käßmann im Jahre 2008 dann auch erstmals eine Frau zur Ratsvorsitzenden der Evangelischen Kirche in Deutschland gewählt wurde, zeigt, dass Aufstiegsmöglichkeiten von Frauen nun auch praktisch realisiert wurden. Ein Blick in den *Gleichstellungsatlas der evangelischen Kirche in Deutschland 2015* zeigt allerdings auch ein ambivalentes Bild: Während Frauen in den Gemeinden und Synoden auf mittlerer Ebene gut vertreten sind, dominieren in den Synoden auf Landes- und Bundesebene – regional unterschiedlich stark aber flächendeckend – Männer (vgl.: Studienzentrum der EKD für Genderfragen 2015, S. 36–37).

Wissenschaft als Organisation, realisiert an Hochschulen und Forschungseinrichtungen, steht zunächst weniger unter Patriarchatsverdacht. Formal steht hier heute Frauen jedes Amt offen. Aber auch das war längst nicht immer so. Frauen wurden in Deutschland erst zu Beginn des 20. Jahrhunderts zum Studium zugelassen und ihre Zulassung war heftig umstritten (vgl. Mazón 2003). Die Studienbeteiligung war lange Zeit gering, lag 1911 bei unter 5 % und bis zum Ausbruch des Krieges bei unter 15 % (vgl. Mertens 1989, S. 3). Heute studieren insgesamt mit 50,5 % sogar etwas mehr Frauen als Männer an deutschen Hochschulen. Diese Frauenanteile variieren allerdings stark zwischen den Fächern: In den Geisteswissenschaften liegen sie beispielsweise bei 67 %, in den Gesundheitswissenschaften bei fast 70 %, in den Ingenieurswissenschaften nur bei 25 %. Neben dieser sogenannten horizontalen Segregation des Arbeitsmarktes in unterschiedliche Fachrichtungen für Männer und Frauen, fällt für die Organisation Hochschule auch besonders die vertikale Segregation auf – die ungleiche Verteilung von Männern und Frauen je nach Hierarchieebene. So stellen Frauen in den Geisteswissenschaften zwar 67 % der Studierenden, aber nur 41 % der Professor:innen. In den Gesundheitswissenschaften ist das Verhältnis noch deutlicher: Hier werden trotz des hohen Frauenanteils an den Studierenden nur rund 27 % der Professuren von Frauen besetzt. Unter den Studierenden der katholischen Theologie sind im WiSe 22/23 56 % Frauen, unter den Professor:innen nur 20 %. Für die evangelische Theologie liegen die Anteile bei 59 % bei den Studierenden und 29 % bei den Professor:innen.[10]

Eine Karriere an Universitäten scheint für Frauen demnach heute weiterhin schwieriger erreichbar als für Männer. Eine Reihe von Studien befasst sich mit

---

10 Vgl. für alle Daten die Angaben des Statistischen Bundesamtes, Statistisches Bundesamt 2023a.

dem spezifischen Arbeitsmarkt Wissenschaft. Als Begründung für die sogenannte ‚Gläserne Decke' – also die unsichtbare und doch vorhandene Aufstiegsbarriere für Frauen in der Wissenschaft – wird häufig angeführt, dass hier sowohl im Alltag als auch in Bewerbungsverfahren ein bestimmtes Idealbild von Wissenschaft leitend ist. Und dieses Bild würde Frauen weniger zugetraut als Männern: das Ideal des fokussierten, alles um sich herum vergessenden, allein auf den Erkenntnisfortschritt hin orientierten Genies (vgl. Beaufaÿs 2003). Ein solches Idealbild erweist sich insbesondere dann als starkes Karrierehindernis für Frauen, wenn gleichzeitig – wie ebenfalls viele Studien zeigen – Frauen auch in Akademiker:innenbeziehungen den Großteil der familiären Aufgaben übernehmen (vgl. Rusconi und Solga 2011; Fabian et al. 2024, 41 ff.).

Wenn diese Aufgabenteilungen sich stabil halten, dann geschieht dies zum Teil durch unbewusst erlernte Rollenübernahmen. Zum Teil wird aktuell aber auch eine ‚Rückkehr' in tradierte Rollenverhältnisse aktiv gefordert und ideologisch unterlegt. Solche Forderungen finden sich im Programm der AfD, verbunden mit der Forderung einer „[…] höhere[n] Geburtenrate der einheimischen Bevölkerung" (AfD 2016, S. 41). Sie finden sich auch in den Predigten in evangelikalen Kirchen, verbunden mit der Forderung nach einer Rückbesinnung auf Gottes Wille (vgl. Petrin 2023). Sie werden außerdem von Wissenschaftler:innen vorgebracht, verbunden mit einer Warnung vor der Relativierung wissenschaftlichen Wissens (vgl. Näser-Lather 2021).

Zeit also für unseren nächsten Schritt und die Frage, wie soziale Geschlechterordnungen legitimiert werden, wie Gewissheiten in dieser Frage hergestellt werden und welche Bedeutung wissenschaftliche und religiöse Bezüge in diesem Komplex haben.

9.3 Die Kategorie Geschlecht: Konstruktionen im Spannungsfeld von Wissenschaft und Religion

Die Frage, ob Geschlecht biologisch festgelegt, gottgegeben oder sozial konstruiert ist, ist keine akademische Übung, sondern hat unmittelbaren Einfluss auf gesellschaftliche Ordnung – das haben die knappen Einblicke zu Geschlecht als Ordnungskategorie gezeigt. Wenn wir uns nun mit eben dieser Frage und damit beschäftigen, wie Gewissheit zum Thema Geschlecht hergestellt wird, dann haben wir es eigentlich mit drei ineinander verwobenen Fragen zu tun: Erstens geht es um Männer und Frauen und darum, ob und inwiefern sie unterschiedlich sind. Zweitens geht es um geschlechtliche Vielfalt und darum, ob die binäre Gegenüberstellung von Mann und Frau überhaupt angemessen ist. Und drittens geht es beim Thema Geschlecht immer auch um Sexualität. Zu allen drei Themenkomplexen gibt es intensive Debatten in den Theologien ebenso wie in den Natur- und in den Sozial- und Geisteswissenschaften. Und tatsächlich lassen sich nicht nur die Fragen nicht trennscharf voneinander unterscheiden, sondern auch die Diskurse der Fachdisziplinen stehen jeweils nicht unverbunden nebeneinander. Wir versuchen einen ordnenden Blick in die Debattenstränge.

9.3.1 Wissenschaftliche Erklärungen

Wenn gesagt wird, etwas sei ‚wissenschaftlich eindeutig', dann ist mit wissenschaftlich in aller Regel *natur*wissenschaftlich gemeint. In Fragen der Geschlechtsentwicklung werden von der Biologie beziehungsweise der Medizin eindeutige Antworten erwartet. Schon vor der Geburt wird heute mit Blick auf das Ultraschallbild in aller Regel schnell das biologische Geschlecht anhand äußerer Geschlechtsmerkmale festgestellt: Vulva und Vagina gelten als klarer Indikator für weiblich und Penis als klarer Indikator für männlich. Grundlage für diese Selbstverständlichkeit ist die Anatomie, die älteste medizinische Disziplin.

Aber Unterschiede der Geschlechter werden heute längst nicht mehr allein an diesen äußeren Merkmalen festgemacht. Eltern, die es früh genau wissen wollen, können das Geschlecht ihres ungeborenen Kindes auch per Pränataltest feststellen lassen – wenn die DNA-Analyse XX-Kombinationen der Chromosome feststellt, wird von einem Mädchen, bei XY-Kombinationen von einem Jungen ausgegangen. Weitere Merkmale zur Geschlechtsbestimmung sind die Keimdrüsen (Eierstöcke gelten als weiblich, Hoden als männlich) sowie die Hormonentwicklung (überwiegend Östrogen gilt als weiblich, überwiegend Testosteron als männlich).[11]

Nicht ein, sondern eine Reihe von Merkmalen werden also als ausschlaggebend für die Feststellung von Geschlecht angenommen. Und die Bedeutung der Merkmale war und ist dabei auch innerhalb der Medizin immer wieder umstritten – und steht selbstverständlich im Kontext der jeweiligen wissenschaftlichen Entwicklungen. Während anatomisches Wissen schon in der Antike produziert wurde, galt die Keimdrüse erst um das Jahr 1850 herum als ausschlaggebend für die Bestimmung des Geschlechts, bevor dann die Hormonforschung und insbesondere die Genetik die Federführung im Feld übernahm (vgl. Klöppel 2015, S. 299). Die Rolle der Gene für die Geschlechtsentwicklung wird erst seit Beginn des 20. Jahrhunderts intensiv studiert. Eine Pionierin für die Entdeckung des Y-Chromosoms und dessen Bedeutung für die Geschlechtsentwicklung war interessanterweise eine Frau, die Zellbiologin Nettie Stevens (vgl. Reynolds 1999, S. 9–11). Dass ihr die Anerkennung für ihre Arbeit weitgehend verwehrt blieb und der Nobelpreis für die Forschung an einen Mann vergeben wurde, dürfte auch etwas mit der sozialen Geschlechterordnung zu tun gehabt haben – aber bleiben wir zunächst bei den Naturwissenschaften.

Die Bedeutung der unterschiedlichen Merkmale für die Geschlechtsbestimmung war und ist auch innerhalb der Naturwissenschaften nicht unumstritten. Wissenschaftshistorisch lassen sich Entwicklungen der Lehrmeinung rund um den Komplex von Geschlechtsidentität und Sexualität gut anhand des medizinischen Umgangs mit Intergeschlechtlichkeit – in der entsprechenden Literatur auch als Intersexualität oder Hermaphroditismus bezeichnet – nachvollziehen. Ulrike Klöppel (2015) hat eine umfangreiche historische Studie dazu vorgelegt, wie in der deutschen Medizin damit umgegangen wurde, wenn bei der Geburt die genannten

---

11 Für eine kompakte Darstellung des medizinischen Wissensstandes vgl. DER 2012, S. 27–35.

Merkmale nicht eindeutig zuzuordnen sind, wenn also aus dieser Perspektive nicht eindeutig ein männliches oder weibliches Geschlecht feststellbar war. Der Umgang mit der Thematik variierte dabei nicht nur von Epoche zu Epoche, sondern war auch stets innerhalb einer Epoche fachlich umstritten. Als Kontinuität kann wohl festgehalten werden, dass Uneindeutigkeit des Geschlechts als Problem wahrgenommen wurde. Mit der Entwicklung von geeigneten Operationstechniken stand schon seit den 1920er-Jahren auch die Frage zur Entscheidung, ob bei Uneindeutigkeit operativ Eindeutigkeit hergestellt werden sollte.

Im deutschsprachigen Raum vertraten Ärzt:innen bis in die 1950er-Jahre überwiegend die Auffassung, dass solche Eingriffe jedenfalls bei kleinen Kindern nicht vorgenommen, sondern dass zunächst das Geschlechtsempfinden während der Pubertät beobachtet werden sollte. Damit blieb allerdings bei Geburt die Aufgabe, das Geschlecht der Personen zu bestimmten. Die Autorin fasst hier zusammen:

> „Somit konnte die Geschlechtszuweisung intersexueller Neugeborener im Grunde nur provisorisch erfolgen, wenngleich natürlich versucht wurde, eine optimale Entscheidung zu treffen. Über die Kriterien dafür gingen die Meinungen auseinander: Manche meinten, das Erscheinungsbild der Genitalien solle ausschlaggebend sein, andere wollten die Art der Keimdrüsen zum Hauptkriterium machen. Mehrere Ärzte stellten sich auf den Standpunkt, es sei am besten, im Zweifelsfall die Kinder als Jungen aufwachsen zu lassen." (Klöppel 2015, S. 590)

Die bis dahin anerkannten Merkmale wurden demnach deutlich unterschiedlich gewichtet – was ein Geschlecht ausmacht, war medizinisch umstritten. Der Umgang mit intersexuellen Kindern änderte sich nach 1955. Einflussreich war dabei ein Programm am Johns Hopkins Hospital in Baltimore (USA). Hier wurde das Geschlecht von Kindern, deren Geschlechtsmerkmale nicht eindeutig waren, in den ersten zwei Lebensjahren operativ und durch Hormonbehandlungen vereindeutigt. Die Annahme im Hintergrund war zum einen, dass ein Kind psychische Schäden davontragen würde, wenn die Geschlechtszugehörigkeit uneindeutig bliebe. Zum anderen wurde mit diesem Programm eine weitreichende psychologische Theorie entworfen, die davon ausgeht, dass das Geschlechtsempfinden wesentlich von dem sozialen Umgang mit einer Person abhängt. Die vereindeutigenden Operationen sollten dazu beitragen, dass Eltern und andere Personen das betreffende Kind eindeutig als Mädchen oder Junge behandeln würden. Begleitforschung sollte zeigen, dass der operative Eingriff zu dieser Eindeutigkeit geführt hat und dass der soziale Einfluss für die Psychosexualität entscheidend ist. Es sind diese Studien, aus denen die begriffliche Unterscheidung von *sex* (biologisches Geschlecht) und *gender* (soziales Geschlecht) hervorgegangen ist.

In diesen wie in anderen Programmen wurden dabei Fragen der geschlechtlichen Identität und der sexuellen Orientierung eng miteinander verschränkt gesehen, erforscht und behandelt. Zur Vereindeutigung von Geschlecht im Rahmen der Baltimorer Studien gehörte es auch, die Entwicklung hin zu eindeutig heterosexuellen Personen zu unterstützen: Homosexuelle Orientierungen galten in der Evaluierung als Nichterreichen des Behandlungsziels. Dass die Identifikation einer

Person als trans* oder non-binär unabhängig davon ist, ob diese Person homo-, hetero- oder asexuell orientiert ist, wird erst in der jüngeren sexualmedizinischen Literatur hervorgehoben.[12]

Homosexualität wird dabei zwar heute in der Sexualmedizin als eine „Normvariante menschlicher Liebesfähigkeit" (Beier et al. 2021, S. 91) angenommen. Noch bis 1990 wurde sie allerdings von der WHO als Krankheit geführt mit der Konsequenz, dass homosexuelle Personen mit Konversionstherapien von ihrer sexuellen Orientierung „geheilt" werden sollten. Erst 2019 wurde in Deutschland ein Gesetz zum Verbot von Konversionstherapien bei Minderjährigen verabschiedet.

Die Debatten rund um Geschlechtszugehörigkeit und Sexualität sind also auch innerhalb der Naturwissenschaften weiterhin virulent und nicht abgeschlossen. Die Aussage der eingangs zitierten Doktorandin „es gibt in der Biologie nur zwei Geschlechter" erzeugt auch innerhalb ihrer Disziplin Kritik. Sexualmedizinische Forschung geht heute davon aus, dass es weit mehr als die üblicherweise als männlich oder weiblich angenommenen Kombinationen von Chromosomen, Keimdrüsen und Hormonbildung gibt. Chromosomale Mosaikbildung, Mutation der Keimdrüsen oder hormonelle Ungleichgewichte erzeugen demnach eine Vielfalt an Ausprägungen, bei der das biologische Geschlecht nicht als eindeutig männlich oder weiblich definiert werden kann.

Dabei macht diese knappe Skizze ebenfalls deutlich, wie wenig sich naturwissenschaftliche von sozial- und geisteswissenschaftlichen Debatten trennen lassen. Die Gründung der Sexualmedizin kann selbst als Ausdruck dieser Verschränktheit von Perspektiven verstanden werden. Das Fach wurde erst Anfang des 20. Jahrhunderts etabliert und erforscht in interdisziplinären Zusammenhängen „biologische, psychische und soziale Einflussfaktoren auf menschliche Sexualität" (Institut für Sexualwissenschaft und Sexualmedizin 2024) gleichermaßen.

Geschlechtlichkeit und Sexualität, das ist deutlich geworden, ist ein Thema der Naturwissenschaften, aber offenbar nicht *nur* der Naturwissenschaften. In den Sozialwissenschaften hat sich mit den Gender-Studies eine eigene Disziplin etabliert, die die Bedeutung der Kategorie Geschlecht in Gesellschaften untersucht. Hier steht die soziale Konstruktion von Geschlecht im Zentrum, dabei wird wiederum intensiv auf die naturwissenschaftlichen Arbeiten eingegangen und es wird deren Wahrheits- und Autoritätsanspruch kritisch hinterfragt. Aus Perspektive der Genderforschung ist die Interpretation oben genannter Merkmale zur Geschlechtsbestimmung kein neutraler naturwissenschaftlicher Vorgang, sondern eine Handlung, die die Geschlechterordnung in einer Gesellschaft wesentlich mitgestaltet.

Aus dieser Perspektive haben die wissenschaftlichen Entwicklungen zur Erforschung der Keimdrüsen und Hormonentwicklung im 19. Jahrhundert zu einer Biologisierung von Geschlecht überhaupt erst beigetragen. Der Historiker Thomas Laqueur vertritt die These, dass bis ins 18. Jahrhundert hinein biologisch ein „Ein-Geschlecht-Modell" dominiert habe und die weiblichen Geschlechtsorgane

---

12 Für eine Auswertung des medizinischen Wissensstandes vgl. Lob-Hüdepohl 2023.

als umgestülpte, weniger perfekte Ausprägungen der männlichen Organe angenommen worden wären. Die Geschlechterordnung wäre demnach bis dahin allein sozial begründet worden. Gegen diese These sprechen sich eine Reihe anderer Historiker:innen aus, die bereits in der Naturphilosophie der Antike biologisch begründete Zwei-Geschlechter-Modelle erkennen (vgl. Park 2023). Nachvollziehbar ist aber, wie wirkmächtig in der entstehenden bürgerlichen Gesellschaft des 18. Jahrhunderts körperliche Merkmale mit psychologischen Charaktereigenschaften der Geschlechter verknüpft wurden. Nur so – so die These in einem viel beachteten Aufsatz von Karin Hausen (2012) – ließ sich eine gesellschaftliche Arbeitsteilung, die Frauen weiterhin aus dem öffentlichen Leben ausschloss, auch angesichts der aufklärerischen Idee von Gleichheit weiterhin aufrechterhalten. Frauen wurden nun nicht mehr aufgrund ihres sozialen Status, sondern aufgrund ihrer biologisch festgelegten Eigenschaften in bestimmte häusliche Rollen verwiesen.

Vor diesem Hintergrund war es dann ein bedeutender und kritischer Schritt, als in den 1970er-Jahren die Unterscheidung von *sex* und *gender* auch in den Sozialwissenschaften betont wurde. Die oben skizzierte Herkunft dieser Unterscheidung aus dem Umfeld der klinischen und psychologischen Studien zu Intersexualität bei Kindern wurde dabei allerdings lange unbeachtet gelassen (vgl. Klöppel 2015).1975 führte Gayle S. diese Unterscheidung von *sex* als biologischem Geschlecht und *gender* als das sozial konstruierte Geschlecht aus feministischer Perspektive ein. Damit wurde es möglich, patriarchale Strukturen und diskriminierende Rollenzuweisung als sozial hergestellt und damit veränderbar herauszustellen. Die biologische Seite von Geschlecht wurde in dieser Phase allerdings wenig problematisiert. Prominente Kritik an der strikten Gegenüberstellung von biologischem und sozialem Geschlecht hat dann Judith Butler (1991) in den 1990er-Jahren geäußert und hat auf die soziale Konstruiertheit auch von biologischem Wissen hingewiesen.

Disziplingeschichtlich lässt sich damit eine Veränderung von der feministischen Frauenforschung hin zur Genderforschung nachvollziehen. Während die Frauenforschung der 1970er-Jahre die Aufdeckung patriarchaler Strukturen und damit verbundener geschlechtsspezifischer Ungerechtigkeiten zum Ziel hatte, fragt die Genderforschung seit den 1990er-Jahren danach, wie überhaupt die Unterschiede zwischen Mann und Frau hergestellt werden: „Konstruktionsmechanismen und Regelsystem von ‚doing gender'" stehen im Zentrum (Schößler 2010, S. 9). Dabei hat sich das Feld im Laufe der Jahre weit differenziert, neben den Gender Studies fragen mit je eigenen Schwerpunkten die Men's Studies und die Queer Studies – die ihrerseits aus den Gay and Lesbian Studies hervorgegangen sind – nach diesen Konstruktionsmechanismen.

Kritisch hinterfragt werden heute also sowohl Selbstverständlichkeiten in der spezifischen gesellschaftlichen Rollenzuweisung an Frauen und Männer und damit verbundene Sexualitätsnormen als auch das Prinzip der Rollenzuweisung an sich und die damit verbundene binäre Ordnung von Gesellschaften.

Natur- und Sozialwissenschaften arbeiten verschränkt an diesen Fragen; die Komplexität von Fragen und Antworten ist über die Jahrhunderte offenbar nicht kleiner geworden. Die Frage von Geschlechterordnung – auch das ist deutlich geworden – ist aber nicht allein eine Wissensfrage. Es geht um Interessen und normative Werthaltungen und auch die Produktion wissenschaftlichen Wissens steht nicht außerhalb dieser normativen Auseinandersetzungen.

Welche Bedeutung haben religiöse Bezüge? (Wie und inwiefern) Schaffen Religion oder Religiosität Gewissheit zur Legitimation von Geschlechterordnungen? Und wie verhalten sich religiöse und wissenschaftliche Bezüge zueinander?

Diesen Fragen widmen wir uns im folgenden Abschnitt.

9.3.2 Religiöse Erklärungen

Religionen sind in der Lage, symbolische Sinnwelten zu erschaffen, die aktuelle Wirklichkeit über die Grenzen des aktuell Erfahrbaren hinaus legitimieren können – so haben es Berger und Luckmann (vgl. Kap.4) herausgestellt: „Sie [die symbolischen Sinnwelten S.G.] sind wie schützende Dächer über der institutionalen Ordnung und über dem Einzelleben." (Berger und Luckmann 1966, S. 109). Religionen sind also aus dieser Perspektive dazu geeignet, geschaffene Gesellschaftsordnungen zu stützen und ihnen eine wirkungsvolle, weil unverfügbare Legitimation zu verschaffen. Im Text von Berger und Luckmann heißt es weiter:

> „Wir hatten schon gesagt, daß die symbolischen Sinnwelten eine umfassende Integration aller isolierten Prozesse vorsieht. Die Gesellschaft als ganze hat nun einen Sinn. Institutionen und Rollen werden durch ihren Ort in einer umfassend sinnhaften Welt legitimiert. Die politische Ordnung zum Beispiel wird legitimiert durch ihre Beziehung zu einer kosmischen Ordnung von Macht und Gerechtigkeit, und die politischen Rollen werden als Repräsentation dieser kosmischen Prinzipien legitimiert." (ebd., S. 111)

Die Geschlechterordnung ist ein wesentlicher Aspekt gesellschaftlicher Ordnung und es fällt leicht, sich diese legitimierende und stabilisierende Funktion von Religion in Bezug auf die geschlechtsspezifischen Rollen- und Positionsverteilungen vorzustellen. Eingangs wurden in diesem Kapitel die Stichworte aufgezählt, die bis heute für ungleiche Einflussmöglichkeiten von Frauen und Männern in den christlichen Kirchen stehen. Und nicht nur das Christentum, sondern alle ‚großen' Religionen der Gegenwart lassen sich als „Männerreligionen" (Heiler 1977: 47, zitiert nach: Heller und Franke 2024, S. 43) verstehen. Zur Gestaltung der symbolischen Sinnwelten gehören Symbolsysteme, die Männer prinzipiell auf- und Frauen prinzipiell abwerten.

Festgeschrieben werden Rollen und Positionen besonders wirkungsvoll in Schöpfungsgeschichten. Für die christliche Lehre werden Fragen der Geschlechterordnung stets mit Bezug zu den Darstellungen im Buch Genesis (1–3) diskutiert. Diese Texte handeln von der Erschaffung der Welt und vom sogenannten Sündenfall im Paradies und sie sind gut geeignet, eine hierarchische Ordnung zwischen Männern und Frauen als Gottes Wille herauszustellen und damit zu legitimieren.

Geschlechterordnungen werden in Religionen außerdem durch die Unterscheidung rein und unrein hergestellt, stabilisiert und legitimiert. Reinheit ist in unterschiedlichen religiösen Traditionen eine wichtige Kategorie, denn sie zeigt den gesellschaftlichen Status einer Person an. Dabei sind Reinheitsvorschriften und -vorstellungen eng an den Körper geknüpft, und:

> „In der Regel gelten Reinheitsnormen für beide Geschlechter. Häufig werden Frauen jedoch als potentiell unreiner eingestuft. Zum einen, weil sie durch ihre Körperfunktionen (Menstruation, Schwangerschaft, Geburt) regelmäßig in einen Zustand der proklamierten Unreinheit geraten und zum anderen, weil sie im dualistischen Denken patriarchal geprägter Gesellschaften generell stärker mit Körper und Sexualität identifiziert werden als Männer. Un/Reinheitsdiskurse stellen ein zentrales Instrument für die religiöse Plausibilisierung und Stabilisierung der Geschlechterordnung als Garant der sozialen Ordnung dar." (ebd., S. 46)

Monika Wohlrab-Sahr (2000) spricht vor diesem Hintergrund aus der Perspektive der Systemtheorie (vgl. Kap. 3) auch von der Unterscheidung rein/unrein als Zweitcodierung des religiösen Systems. Für den Katholizismus beispielsweise lässt sich die Bedeutung dieser Unterscheidung gut mit Blick auf die lehramtlich festgelegte und bis heute lebendig praktizierte Marienverehrung nachvollziehen (vgl. Heimerl 2024, 202 f.). Maria steht als jungfräuliche Mutter für eine Reinheit, die für lebende Personen niemals erreichbar ist und doch als Ideal verehrt wird.

Es ließen sich wohl viele weitere Beispiele anführen, spezifische biblische Erzählungen aufrufen oder theologische Positionierungen studieren, um denselben Punkt weiter zu untermauern: Religion im Allgemeinen und das Christentum im Besonderen schaffen symbolische Sinnwelten, die bestehende Ungerechtigkeiten in Geschlechterordnungen legitimieren können.

Aber das hatten wir uns eigentlich ja schon gedacht. Dass wir hier mit Selbstverständlichkeit diese legitimierende Funktion der Religion herausstellen und uns dabei auch auf vielfältige Literatur beziehen können, macht gleichzeitig schon darauf aufmerksam, dass diese Funktion von Religion auch Brüche hat und dass das Verhältnis von Religion und Geschlecht längst Gegenstand intensiver – und interdisziplinärer – Debatten ist. Im deutschsprachigen Raum hat sich seit etwa den 1970er-Jahren eine genderbezogene Religionsforschung etabliert, die wesentlich aus der feministischen Theologie heraus entstanden ist.

Dabei hat sich in diesem Forschungsfeld eine ähnliche Entwicklung vollzogen wie in der sozialwissenschaftlichen genderbezogenen Forschung insgesamt: Frühe feministisch orientierte Theologie und Religionsforschung haben vor allem die Bedeutung von Frauen in der Bibel und in der Geschichte der religiösen Traditionen neu betont, haben die männliche Dominanz in Strukturen und Symbolsystemen kritisiert und haben Aussagen biblischer Texte aus feministischer Perspektive neu interpretiert (vgl. Schüngel-Straumann 2015). In der jüngeren religionsbezogenen und theologischen Genderforschung geht es grundlegender darum, welche Bedeutung Religion für die Konstruktion von Geschlecht und damit auch für die Herstellung und Stabilisierung einer binären Geschlechterordnung hat (vgl. Heimbach-Steins et al. 2021). Die theologische Debatte antizipiert dabei intensiv die oben skizzierten Auseinandersetzungen sowohl in den Sozial- als auch in den Naturwissenschaften. Das entspricht dem Prinzip von Theologie als wissenschaftliche Disziplin (vgl. Kap.8): Mit Methoden, die auch in anderen sozial- und geisteswissenschaftlichen Disziplinen etabliert sind, erarbeiten sich die Theologien den fachlichen Sachstand, um auf dieser Grundlage normative Orientierung für die Leitung der Kirche (in einem weiten Sinne) zu geben.

Zur Theologie insgesamt wurde auch in Kapitel 8 gezeigt, dass sie durchaus in Spannung zur kirchlichen lehramtlichen Position stehen kann. Und zur Vergegenwärtigung dieses Spannungsverhältnisses bieten sich Debatten rund um den Begriff Gender, um Geschlechtergerechtigkeit oder auch um den Umgang mit geschlechtlicher Vielfalt besonders gut an. Und wiederum besonders gut lässt sich dieses Spannungsverhältnis am Beispiel der katholischen Kirche nachvollziehen.

Die lehramtlichen – das heißt hier päpstlichen – Aussagen zu diesen Themen zeigen eine stabile Kontinuität. Wir vergegenwärtigen uns dies in wenigen Stichworten zu den Themen 1) Arbeitsteilung zwischen Männern und Frauen, 2) Umgang mit Homosexualität und 3) Umgang mit der Vielfalt geschlechtlicher Identitäten.

1) Eingangs zu diesem Kapitel wurde darauf hingewiesen, dass in der katholischen Kirche die Hierarchie zwischen Männern und Frauen insbesondere dadurch aufrechterhalten wird, dass viele Ämter Priestern vorbehalten und gleichzeitig Frauen vom Weihesakrament ausgeschlossen sind. Diese hierarchische Ordnung wird daher auch immer wieder rund um die Frage der Frauenordination – also der Priester- oder Diakonsweihe für Frauen – thematisiert und seitens des Vatikans legitimiert. Die Legitimation erfolgt in der Regel mit dem Hinweis darauf, dass Jesus selbst ein Mann war und auch dem Kreise seiner zwölf Apostel ausschließlich Männer angehörten. Darüber, ob damit eine unveränderliche göttliche Anweisung verbunden sei, werden ausgiebige theologische Debatten geführt und inzwischen wird theologisch auch die These vertreten, dass der Ausschluss von Frauen vom Weiheamt vielmehr begründungspflichtig ist als deren Zugang (vgl. Eckholt et al. 2018).

In lehramtlichen Aussagen zum Thema ist nun darüber hinaus auffällig, wie hier eine Geschlechterordnung mit Hinweis auf die spezifischen Fähigkeiten und damit verbundenen Aufgaben von Frauen legitimiert wird – in der frühen sozialwissenschaftlichen Frauenforschung wurde dafür der Begriff des „weiblichen Arbeitsvermögens" geprägt und kritisiert (vgl. Ostner 1991). Beispiele dafür lassen sich mit großer Kontinuität etwa im Apostolischen Schreiben *Ordinatio Sacerdotalis* von Papst Johannes Paul II. aus dem Jahre 1994 finden, später auch in einem viel beachteten Schreiben der Kongregation für Glaubenslehre von 2004 mit dem Titel *Über die Zusammenarbeit von Mann und Frau in der Kirche und in der Welt*, das der damalige Kardinal Josef Ratzinger und spätere Papst Benedikt XVI. verfasst hat, und schließlich auch im nachsynodalen apostolischem Schreiben *Querida Amazonia*[13] von Papst Franziskus aus dem Jahre 2020.

Wir werfen einen kurzen Blick in das jüngste Dokument zu diesem Thema: Um zu erklären, warum Frauen nicht zum Weiheamt zugelassen werden, wird hier deren spezifischer Beitrag für die Kirche hervorgehoben und dabei – wie schon in früheren Dokumenten – auf die Mutter Maria verwiesen, die Vorbild für diesen spezifischen Beitrag ist. In den Worten von Papst Franziskus in *Querida Amazonia*:

> „Die Frauen leisten ihren Beitrag zur Kirche auf ihre eigene Weise und indem sie die Kraft und Zärtlichkeit der Mutter Maria weitergeben. Auf diese Weise bleiben wir nicht bei einem funktionalen Ansatz stehen, sondern treten ein in die innere Struktur der Kirche. So verstehen wir in der Tiefe, warum sie ohne die Frauen zusammenbricht, so wie viele Gemeinschaften in Amazonien auseinandergefallen wären, wenn es dort keine Frauen gegeben hätte, die sie aufrechterhalten, bewahrt und sich ihrer angenommen hätten. Hier wird sichtbar, was ihre spezifische Macht ist." (Querida Amazonia: 101)

Papst Franziskus würdigt in diesem Zitat das Engagement der Frauen in der Kirche. Dieses Engagement ist insbesondere in den Gemeinden Amazoniens, wo für große und schwer erreichbare Gebiete nur wenig Priester zur Verfügung stehen, stark ausgeprägt und zugleich existenziell wichtig für das Gemeindeleben. Dass dieses Engagement aber nicht gleichzeitig den Zugang von Frauen zum Weiheamt begründen kann, erklärt der Papst mit Verweis auf einen ganz spezifischen Beitrag, nämlich „die Kraft und Zärtlichkeit der Mutter Maria weiter[zu]geben". Diese Aufgabe kann aus seiner Sicht nur von Frauen übernommen werden und dies gleichzeitig nur, wenn Frauen nicht Teil des „funktionalen Ansatz" werden – wenn sie die „innere Struktur" der Kirche stützen, ohne Positionen in der äußeren Struktur zu besetzen.

Dass Frauen kein Weiheamt besetzen können, wird hier also mit einem spezifischen Vermögen der Frauen begründet, das nur in dieser Positionsteilung angemessen zur Geltung käme. Diskurstheoretisch lässt sich dies als zusätzliche Schließung des Diskurses zum Thema herausstellen: Ist schon dem Glauben an eine göttliche Anweisung nicht argumentativ zu begegnen, so wird hier zusätzlich eine substanzielle Annahme zum Sosein der Frauen – im Sinne der Schöpfung – aufgestellt, die schwer zu hinterfragen ist (was gleichwohl theologisch getan wird).

2) Die lehramtliche Position zu Homosexualität ist ähnlich konstant und abgeschlossen. Sie ist Teil einer Sexualmoral, die Geschlechtsverkehr prinzipiell an das Motiv der ehelichen Liebe bindet, die wiederum nur zwischen Männern und Frauen erlaubt ist. Und was nicht erlaubt ist, ist Sünde. Die entsprechenden Absätze

---

13 Das Schreiben war eine Reaktion auf die Ergebnisse der Sonderversammlung der Bischofssynode, die 2019 in Rom stattgefunden hatte, und die sich mit der spezifischen Situation der Amazonasregion auseinandergesetzt hat. Dabei wurden neben ökologischen und sozialen Problemen auch Fragen zur kirchlichen Struktur in der Region thematisiert.

im Katechismus der Katholischen Kirche (2357–2359)[14] stellen entsprechend das Gebot der Keuschheit außerhalb der Ehe sowie auch ein Verbot von Masturbation auf. Zur Homosexualität heißt es:

> „Homosexualität tritt in verschiedenen Zeiten und Kulturen in sehr wechselhaften Formen auf. Ihre psychische Entstehung ist noch weitgehend ungeklärt. Gestützt auf die Heilige Schrift, die sie als schlimme Abirrung bezeichnet [Vgl. Gen 19, 1–29; Röm 1,24–27; 1 Kor 6,10; 1 Tim 1,10.], hat die kirchliche Überlieferung stets erklärt, „daß die homosexuellen Handlungen in sich nicht in Ordnung sind" (CDF, Erkl. „Persona humana" 8). Sie verstoßen gegen das natürliche Gesetz, denn die Weitergabe des Lebens bleibt beim Geschlechtsakt ausgeschlossen. Sie entspringen nicht einer wahren affektiven und geschlechtlichen Ergänzungsbedürftigkeit. Sie sind in keinem Fall zu billigen.
>
> [...]
>
> Homosexuelle Menschen sind zur Keuschheit gerufen." (KKK, 2357–2359)

Interessant an diesem Absatz ist der kurze Verweis auf die Psychologie, der prinzipiell die Möglichkeit eröffnen würde, dass sich lehramtliche Aussagen je nach wissenschaftlicher Entwicklung in der Psychologie verändern könnten. Der Schwerpunkt der Aussage liegt dann aber doch auf dem „natürlichen Gesetz", gegen das durch homosexuelle Handlungen verstoßen würde – also auch hier eine gegebene Ordnung, die nicht (auch nicht durch wissenschaftliches Wissen) hinterfragbar ist.

Ähnlich wie in Fragen der Arbeitsteilung zwischen Männern und Frauen, wird auch diese lehramtliche Position immer wieder kritisiert und herausgefordert. Praktisch ausgetragen werden Dispute dazu an der Frage der Segnungen von homosexuellen Paaren. Im Dezember 2023 hatte eine Veröffentlichung von Papst Franziskus für große öffentliche Aufmerksamkeit gesorgt, in der er prinzipiell die Möglichkeit einer Segnung von homosexuellen Paaren einräumte. Dieses Schreiben hat international sehr unterschiedliche Reaktionen hervorgerufen: In einigen Staaten, in denen homosexuelle Handlungen gesetzlich verboten sind und zum Teil hart bestraft werden, wurde diese Legitimierung von homosexuellen Paaren durch den Papst aufs Schärfste kritisiert. In anderen Ländern, so auch in Deutschland, wurde dagegen darauf hingewiesen, dass mit diesem Schreiben zwar pastoral ein neuer Weg ermöglicht würde, dass sich aber in der lehramtlichen Bewertung von Homosexualität auch durch dieses Schreiben nichts verändert habe. So wird in dem Dokument weiterhin betont, dass es sich bei gleichgeschlechtlichen Paaren um eine „irreguläre Situation" handele. Der nun ermöglichte Segen sollte deshalb auch in seiner Form keinerlei liturgische Ähnlichkeit mit einem Ehesakrament

---

14 Der zitierte Katechismus der Katholischen Kirche wird umgangssprachlich auch „Weltkatechismus" genannt, er wurde durch eine Redaktionsgruppe unter der Leitung des damaligen Kardinal Josef Ratzinger, später Papst Benedikt XI., verfasst und 1992 vom Vatikan veröffentlicht. Es wurde von Papst Johannes Paul II. mit den Worten eingeführt: „Ich erkenne ihn als gültiges und legitimes Werkzeug im Dienst der kirchlichen Gemeinschaft an, ferner als sichere Norm für die Lehre des Glaubens." (Fidei Depositum, 4).

aufweisen und sollte außerhalb von Gottesdiensten stattfinden (vgl. Schmitz 2024; Goertz 2024).

3) Fragen der geschlechtlichen Identität schließlich wurden lehramtlich lange Zeit wenig explizit thematisiert. Alle bisher genannten Schriften gehen selbstverständlich von Männern und Frauen aus, implizit wird damit eine binäre Geschlechterordnung selbstverständlich angenommen und auch in dieser Form als von Gott gegeben unterstellt.

Explizit hat sich im Jahre 2019 die *Kongregation für das Katholische Bildungswesen* (eine Einrichtung der römischen Kurie, vergleichbar einem Ministerium) in einem Schreiben zu geschlechtlicher Identität geäußert. Der Titel des Schreibens lautet *Als Mann und Frau schuf er sie. Für einen Weg des Dialogs zur Gender-Frage im Bildungswesen*. Tatsächlich drückt der erste Teil des Titels die Programmatik des Dokuments deutlich besser aus als der zweite, denn inhaltlich wird hier gerade kein Dialog eröffnet, sondern genderbezogene Debatten werden gleich zu Beginn als Ideologie bezeichnet, deren behaupteter destruktiver Charakter im Laufe des Dokuments herausgestellt wird. Trans*identitäten kommen in dem Dokument als mutwillige Verletzung der natürlichen Ordnung vor, als Ergebnis einer Willensentscheidung – einer Ideologie folgend, in der der Wille „absolut gesetzt wird" (20):

> „Die *Gender*-Theorien [Hervorh. i. Orig.] – insbesondere die radikalste Form – zeigen einen fortschreitenden Prozess der De-Naturalisierung oder der Entfernung von der Natur hin zu einer totalen Option für die Entscheidung des emotionalen Subjekts." (19)

Mit dieser Entfernung von der Natur, so die Argumentation weiter, würde nicht nur die natürliche Schöpfungsordnung missachtet, sondern in letzter Konsequenz auch die Würde des Menschen:

> „Es ist nötig, die metaphysische Wurzel der sexuellen Differenz zu unterstreichen: In der Tat sind Mann und Frau die beiden Modalitäten, in denen sich die ontologische Wirklichkeit der menschlichen Person ausdrückt und verwirklicht. Das ist die anthropologische Antwort auf die Negation der Dualität männlich und weiblich, aus der die Familie entsteht. Die Leugnung solcher Dualität hebt nicht nur die Konzeption der Schöpfung auf, sondern zeichnet einen „abstrakten Menschen, der sich dann so etwas wie seine Natur selber wählt. Mann und Frau sind in ihrem Schöpfungsanspruch als einander ergänzende Gestalten des Menschseins bestritten. Wenn es aber die von der Schöpfung kommende Dualität von Mann und Frau nicht gibt, dann gibt es auch Familie als von der Schöpfung vorgegebene Wirklichkeit nicht mehr. Dann hat aber auch das Kind seinen bisherigen Ort und seine ihm eigene Würde verloren". (34)

Die hier aufgeführten Beispiele der lehramtlichen Texte zu den Themen geschlechtsspezifischer Arbeitsteilung, Homosexualität und geschlechtlicher Identität haben alle eines gemeinsam: Sie argumentieren strikt naturrechtlich, das heißt, sie legitimieren ihre Position mit unmittelbarem Bezug auf eine von Gott gegebene natürliche Ordnung. Anders als die weiter oben skizzierten theologischen Debatten antizipieren diese lehramtlichen Texte also gerade nicht den Stand der natur- und sozialwissenschaftlichen Debatten, sondern präsentieren eine eigene Wahrheit außerhalb diskursiver Zugänglichkeit.

Genau diese Art der Legitimation steht allerdings immer wieder und aktuell besonders auf einer Metaebene selbst innerkirchlich zur Diskussion. So lässt sich ein großer Teil der auch in der Öffentlichkeit wahrnehmbaren Konflikte um den synodalen Weg der deutschen katholischen Kirche[15] auch als ein Konflikt um einen angemessenen Umgang mit natur- und sozialwissenschaftlichen Erkenntnissen in der katholischen Lehre lesen. Die im Rahmen der Synodalforen entwickelten Papiere zu genderbezogenen Themen lesen sich – ganz im Unterschied zu den oben zitierten lehramtlichen Texten – zum Teil wie Einführungsschriften zum aktuellen Stand der Sexualmedizin. Im Ergebnis fordern diese Papiere dann auch eine grundlegende Veränderung der katholischen Sexualmoral in einer Weise, die dem aktuellen wissenschaftlichen Stand Rechnung tragen kann.

In internationalen Kontexten der katholischen Kirche zeigt sich allerdings, dass die Frage, welche Bedeutung wissenschaftliche Erkenntnisse für die kirchliche Lehre haben sollen, nicht nur zwischen Deutschland und Rom umstritten ist. Die deutsche Theologin Regina Polak (2024) berichtet von einem Treffen einer europäischen Kontinentalsynode und hier von einer „Aversion gegenüber sowie Unkenntnis der deutschsprachigen wissenschaftlichen Theologie, zu der wesentlich die Rezeption von Human- und Sozialwissenschaften gehört" (ebd., S. 25). Sie schreibt weiter:

> „Folgen hat dies beispielsweise bei Fragen zur Sexualethik, zur Rolle der Frau in der Kirche sowie beim Ämterverständnis, da wissenschaftliche Befunde der Gender- und Sexualitätsforschung sowie zum Thema Macht in kirchlichen Institutionen nicht berücksichtigt werden. Dass Theologie im deutschsprachigen Raum von „säkularen" Wissenschaften auch Theologierelevantes lernt, schien weder bekannt noch wurde es gewürdigt." (ebd.)

Die weitere Entwicklung der katholischen Lehre zu genderbezogenen Themen wird also wesentlich davon abhängen, wie das Verhältnis zwischen Lehre und Wissenschaft interpretiert wird. Dabei wäre es keineswegs ein Tabubruch, wenn auch seitens des Vatikans wissenschaftliche Expertise „säkularer" Disziplinen aufgenommen würden. Im Bereich des Klimaschutzes etwa gibt es eine lange Tradition der wissenschaftlichen Auseinandersetzung und die Enzyklika *Laudato si*, die Papst Franziskus im Jahre 2015 veröffentlicht hat, wird auch deshalb von

---

15 Der Synodale Weg ist ein Prozess, der 2019 gemeinsam von der Deutschen Bischofskonferenz und dem Zentralkomitee der deutschen Katholischen (ZdK, die katholische Organisation der „Laien") initiiert wurde. Anlass war die Veröffentlichung von Gutachten zum sexuellen Missbrauch von Kindern in der katholischen Kirche. In gemeinsamen Versammlungen und thematischen Foren wurden Vorschläge zur Neugestaltung kirchlicher Strukturen und Inhalte entwickelt. Die Arbeit wurde Ende 2023 in einen Synodalen Ausschuss überführt und damit dauerhaft etabliert.

vielen gelobt, weil sie auf dem Boden aktueller natur- und sozialwissenschaftlicher Erkenntnisse argumentiert.

Für genderbezogene lehramtliche Texte ist eine solche Auseinandersetzung mit aktuellen wissenschaftlichen Erkenntnissen (vielleicht bisher) nicht erkennbar. Für uns ist dies ein Hinweis, dass in diesem Feld offenbar besonders viel auf dem Spiel steht und dass weitere Forschung zu wissenschaftlichen und religiösen Bezügen in der Debatte aufschlussreich ist.

> **Diskussionsfragen**
>
> - Wir haben gesehen, dass es sich hier um ein hoch aufgeladenes und polarisierendes Thema handelt. Wie lässt sich aus Ihrer Sicht diese Polarisierung erklären?
> - Wie können Bezüge zu wissenschaftlichem Wissen oder zu religiösem Glauben eine gute Auseinandersetzung fördern oder ihr schaden?

Literaturtipps

Literatur zum Einstieg
Heimbach-Steins, Marianne; Könemann, Judith; Suchhart-Kroll, Verena (Hg.) (2021): Gender (Studies) in der Theologie. Begründungen und Perspektiven. Aschendorffsche Verlagsbuchhandlung. Münster: Aschendorff Verlag (Münsterische Beiträge zur Theologie, Neue Folge, Bd. 4).
Schößler, Franziska (2010): Einführung in die Gender Studies. München: Oldenbourg Akademieverlag (Akademie Studienbücher Literaturwissenschaft).

Literatur zum Vertiefen – aus unterschiedlichen konfessionellen Perspektiven
Heller, Birgit; Franke, Edith (Hg.) (2024): Religion und Geschlecht. Berlin, Boston: De Gruyter (De Gruyter Studium).
Höpflinger, Anna-Katharina; Jeffers, Ann; Pezzoli-Olgiati, Daria (Hg.) (2021): Handbuch Gender und Religion. Vandenhoeck & Ruprecht. 2., überarbeitete und erweiterte Aufl. Göttingen: Vandenhoeck & Ruprecht (utb-studi-e-book, 3062).

10 Medizin zwischen Wissenschaft und Religion

> **Überblick**
>
> Auch wenn Medizin heute selbstverständlich mit Wissenschaft und Forschung verbunden wird, sind religiöse oder spirituelle Bezüge beim Umgang mit Fragen von Gesundheit und Krankheit in zeitgenössischen Gesellschaften weiterhin erkennbar. Zum einen sind auch in Deutschland christliche Kirchen als Träger von Einrichtungen der Gesundheitsversorgung stark vertreten, zum anderen sind viele sogenannte alternative Heilungsmethoden beliebt, die auf spirituelle Kräfte setzen. Beides hat eine lange historische Tradition. Durch die Ökonomisierung des Gesundheitssektors ergeben sich aber neue Verflechtungen zwischen Wissenschaft, Religion und Ökonomie.

10.1 Einleitung

Wenn wir heute zur Ärztin gehen oder ins Krankenhaus, gehen wir unhinterfragt davon aus, dass Medizin etwas mit Wissenschaft zu tun hat. Schließlich wird Medizin an Universitäten gelehrt und studiert, sowohl Diagnose- als auch Therapieverfahren, die wir als Patient:innen kennenlernen, wurden in langen Forschungen entwickelt und erprobt. Auch ohne die Details zu kennen, wissen wir, dass es Universitätskliniken gibt, in denen medizinische Grundlagenforschung mit Anwendung kombiniert wird, und dass auch die anwendungsnahe Forschung in Pharmalaboren von Wissenschaftler:innen betrieben wird.

Was Medizin auch mit Religion zu tun haben könnte, fragen wir uns vielleicht, wenn das Krankenhaus, in das wir eingeliefert werden, St. Martinus- oder St. Marienhospital heißt. Wenn wir weiter nachdenken, fällt auf, dass es eine ganze Reihe an Einrichtungen in kirchlicher Trägerschaft gibt, die sich im engen oder weiten Sinne Themen der Medizin oder jedenfalls Fragen von Gesundheit und Krankheit widmen. Unabhängig von dieser institutionenbezogenen Beobachtung könnten uns auf der Praxisebene Heilungspraktiken auffallen, die eher religiös als wissenschaftlich anmuten. Ein Beispiel wäre der ‚Schamanismus' – eine Bewegung, die wir eher in außereuropäischen Regionen vermuten, die im deutschen Institutionensystem nicht verankert ist, die aber als so genannte ‚Alternativmedizin' auch hier für viele Menschen eine Bedeutung hat. Aber auch bei geläufigeren Praktiken wie Yoga, Ayurveda oder Naturheilkunde sind Bezüge zu religiösen Traditionen auf der einen Seite und zu wissenschaftlicher Forschung auf der anderen Seite naheliegend, aber nicht auf den ersten Blick geklärt.

Dass mit diesem Verhältnis zwischen Medizin und Religion komplexe Fragen verbunden sind, hat mit dem Gegenstand zu tun: Medizin befasst sich mit Gesundheit und Krankheit. Was gesund und krank bedeutet, ist aber nicht überall und zu allen Zeiten dasselbe. Im medizinischen Handeln werden Vorstellungen eines gesunden oder kranken Menschen immer wieder neu hergestellt. Ein anschauliches Beispiel ist Homosexualität, die noch bis 1991 von der Weltgesundheitsorganisation WHO als psychische Krankheit eingestuft wurde.[16] Indem definiert wird, was einen gesunden oder einen kranken Menschen ausmacht, wird auch das Menschsein an sich thematisiert, werden anthropologische Grundvorstellungen (re-)konstruiert. Und hier machen religiöse Weltbilder einen Unterschied: Wie ich den Menschen in seinem Gewordensein, seinen Grenzen zwischen Verfügbarkeit und Unverfügbarkeit, sehe, prägt mein Verständnis davon, was ich als Krankheit wahrnehme, welche Gründe ich für diese Krankheit annehme und welche Behandlung ich für sinnvoll erachten kann. (vgl. einführend Franke 2006; Hurrelmann und Richter 2016; Kriwy und Jungbauer-Gans 2018)

Dass wir heute selbstverständlich von einer wissenschaftlich ausgebildeten Ärztin eine Lösung für unser medizinisches Problem erwarten, zeigt, dass hier und heute ein wissenschaftliches Bild vom Menschen als biologisches Wesen dominiert. Gleichwohl zeigen die schon angedeuteten religiösen Bezüge in der Medizin auch die Grenzen dieses Bildes. Sie werden dann zusätzlich deutlich, wenn es um ethische Fragen geht. Medizinethische Debatten kreisen auf die eine oder andere Weise alle um die Grenzen eines rein mechanistischen Bildes vom Menschen. Grundlegende anthropologische Fragen werden außerdem in der Bioethik thematisiert, die auch als Grundlagenforschung zum Medizinsystem verstanden werden kann, und der ein eigenes Kapitel gewidmet ist (vgl. Kap 11).

Das Verhältnis zwischen Religion und Medizin ist schließlich auch aus einer funktionalistischen Perspektive spannungsreich: Wenn es um Fragen von Gesundheit und Krankheit geht, geht es explizit oder implizit immer auch um Fragen von Endlichkeit und Tod. Eine schwere Krankheit ruft Sinnfragen auf: Fragen nach dem Sinn des Lebens im Angesicht des Todes, nach dem Sinn einer (nur als ungerecht wahrnehmbaren) Verteilung von Glück und Leid. Wie in Kap.3 nachvollzogen wurde, wäre aus funktionalistischer Perspektive genau für solche Sinnfragen eigentlich die Religion – und nicht die wissenschaftliche Medizin – geeignet und zuständig. Und auch wenn wir uns am Krankenbett eine funktionale Arbeitsteilung in diesem Sinne vorstellen können, bleibt eine Präsenz von religiösen Bezügen bei solchen existenziellen Fragen naheliegend.

Wir starten unsere Auseinandersetzung mit einem Blick in die Geschichte (Abschnitt 10.2). Die besondere Position von Medizin zwischen Wissenschaft und Religion ist nämlich auch historisch gut nachvollziehbar und sie wird bis heute in der Forschung intensiv reflektiert. Im Anschluss setzen wir uns mit aktuellen Phänomenen auseinander, bei denen religiöse Bezüge im medizinischen Handeln von Bedeutung sind (10.3).

10.2 Medizin und Religion: Eine historische Skizze

Medizinisches Handeln – also Handeln im Umgang mit Gesundheit und Krankheit – lässt sich schon in den frühen Schriften des Altertums um die Mitte des 3. Jahrtausends v. Chr. nachvollziehen. In der historischen Befassung mit solch

---

16 Dieser Veränderung ging dabei ein fast 20 Jahre langer Prozess voraus: Schon 1973 wurde Homosexualität aus dem US-amerikanischen Handbuch der psychischen Störungen (DSM) gestrichen, die WHO strich sie aus der WHO-Klassifikation (ICD-10) dann erst 1991, vgl. Bundespsychotherapeutenkammer 2019.

langen Zeiträumen, die auch bei mehr Platz als in diesem Buch kaum lückenlos in allen Details aufgearbeitet werden können, werden übergreifende Narrative entwickelt: Beschreibungen einer Entwicklung, die eine Reihe von Details miteinander zu einer Gesamterzählung verbinden können. Für das Verhältnis zwischen Religion und Medizin dominiert – wie auch in anderen Bereichen gesellschaftlicher Entwicklung – das Differenzierungsnarrativ (siehe Kap.3). Aus dieser Perspektive sehen wir aktuell die Folgen einer weitgehenden Spezialisierung von Religion auf der einen Seite und Medizin auf der anderen Seite, die die Einheit von Beidem in früheren Zeiten abgelöst hat. Bei näherer Betrachtung – und darauf weisen Medizinhistoriker:innen heute vermehrt hin – ist die Geschichte freilich längst nicht so linear, war weder früher alles Eins, noch ist heute alles Differenz.[17]

Wir beginnen unsere Skizze bei Hippokrates von Kos, dessen Name uns durch den ‚Hippokratischen Eid'[18] noch ein Begriff sein kann: Dieser griechische Arzt, der um 400 v. Chr. gelebt hat, wird heute oft als der Vater der modernen Medizin bezeichnet. Mit dieser Bezeichnung wird betont, dass Hippokrates – oder die Schriften, die ihm zugeschrieben wurden[19] – erstmals Krankheit nicht mehr als unmittelbaren Effekt eines göttlichen Eingreifens gesehen hat. Vielmehr begründete er eine Medizin, die nicht die einzelne Krankheit, sondern den kranken Menschen insgesamt sieht. Die hippokratische Medizin entwickelt eine Vier-Säfte-Lehre (auch Humoralpathologie) und stellt damit Verbindungen her zwischen den vier Elementen der Natur und Organen des menschlichen Körpers: Zwischen dem Wasser und dem Schleim, dem Feuer und der gelben Galle, der Luft und dem hellen Blut sowie zwischen der Erde und der schwarzen Galle. Alles medizinische Handeln ist darauf gerichtet, diese Elemente im Körper in ein Gleichgewicht zu bringen. Entscheidend für hilfreiches medizinisches Handeln ist dabei zunächst eine intensive Anamnese. Dabei wird davon ausgegangen, dass die Ursache für eine Krankheit in der Natur selbst – im Menschen und seinem Verhalten in der Natur – zu finden ist. Heilungsmöglichkeiten werden in einer ausgewogenen Lebensführung, veränderter Ernährung, Wasseranwendungen, körperlicher Ertüchtigung oder Gabe von Heilkräutern gesehen (vgl. Volger 2013) – demnach nicht im Gebet.

Allerdings findet diese Entwicklung parallel und verschränkt mit einer gleichzeitigen Ausbreitung von Tempelanlagen für den Heilgott Asklepios statt. Auch an ihn werden wir heute noch erinnert – er soll auf dem Weg zu Kranken immer einen Wanderstab mit einer sich darum windenden Natter bei sich getragen haben. Dieses Symbol steht bis heute für den Stand der Ärzt:innen und Apotheker:innen. Hippokrates selbst führte seine Abstammung auf den Heilgott Asklepios zurück und Tempelanlagen entstanden teils in denselben Orten wie die hippokratische

---

17 Für kurze Einführungen in die Medizingeschichte vgl. Bynum 2008; Leven 2019.
18 Der Eid des Hippokrates war ein Gelöbnis, das ethische Leitlinien ärztlichen Handelns ausdrückte. Wesentliche Inhalte sind auch in spätere Gelöbnisse eingegangen. Und auch, wenn ein solcher Eid heute nicht mehr verpflichtend und üblich ist, bleiben die ethischen Leitlinien bis heute relevant.
19 Tatsächlich ist umstritten, ob es die historische Person Hippokrates war, die die Texte der hippokratischen Medizin verfasst hat. Weil dies der Bedeutung der Schriften aber keinen Abbruch getan hat, vertiefen wir dies hier nicht und verweisen auf weitere Ausführungen in Leven 2019, S. 18ff.

Medizin. Wenn ein medizinisches Problem auf hippokratische Weise nicht gelöst werden konnte, gab es wohl auch eine Art Überweisungssystem an den Heilgott.

Die Grundidee der hippokratischen Medizin war überaus erfolgreich. Die Humoralpathologie wurde später von dem Arzt Galenos von Pergamon (ca. 129–216 n. Chr.) weiterentwickelt und wird deshalb auch *Galenismus* genannt. Galen verband die vier Elemente und die zugehörigen Säfte zusätzlich mit psychischen Dispositionen und fand so Erklärungen für unterschiedliche Temperamente. In dieser Form war die Humoralmedizin bis ins 19. Jahrhundert hinein bedeutsam.

Die religiösen Bezüge in der Medizin wurden durch das sich etablierende Christentum neu justiert. Der Heilgott Asklepios wurde durch *Christus Medicus* ersetzt, das Heilwissen der Antike wurde gleichzeitig von manchen Bischöfen übernommen, von anderen nicht. Intensive Auseinandersetzungen um medizinisches Wissen fanden nach dem Zusammenbruch des Weströmischen Reiches vor allem in der arabischen Welt statt. An muslimischen Fürstenhöfen wurden griechische Schriften übersetzt, muslimische Ärzte entwickelten sie mit eigenem Wissen weiter, was dann wiederum für das Medizinstudium in Süditalien und Spanien übersetzt wurde.

Schreiben und Entwickeln fand in der christlichen Welt in Klöstern statt und so entstand im Mittelalter die Klostermedizin (vgl. Bruchhausen 2011). Hier findet sich eine interessante Kombination von Bezügen zu den antiken Medizinschriften und deren Einbettung in eine christliche Lehre und Legitimation. Eine berühmte Autorin der Klostermedizin ist die visionäre Äbtissin Hildegard von Bingen (1098–1179). Die Benediktinerin wurde aufgrund ihrer medizinischen Kenntnisse schon zu Lebzeiten verehrt, offiziell heiliggesprochen wurde sie erst im Jahre 2012 durch Papst Benedikt XVI. Als die Grundlagenwerke ihrer Medizin gelten die Bücher *Physica* und *Causae et Cura*. Darin beschreibt sie die Heilkraft der Gaben der Natur, so der Pflanzen aber auch tierischer Produkte oder Edelsteine, und gibt Anleitung, welche Krankheit mit welchem natürlichen Mittel zu behandeln ist. Ein Teil der Anwendungen war zu ihrer Zeit wahrscheinlich schon durch die Volksmedizin bekannt und sie hat das Wissen systematisch aufgeschrieben. Die Entdeckung der Heilwirkung von Ringelblumen und Arnika beispielsweise wird aber Hildegard selbst zugeschrieben (vgl. Volger 2013, S. 16).

Ihre medizinische Lehre hat dabei durchaus Ähnlichkeiten mit der Humoralmedizin, allerdings verbindet die Äbtissin sie mit einer christlichen Rahmung und Deutung. Die Natur mit all ihren heilenden Bestandteilen ist aus dieser Perspektive eine Gabe Gottes und die Heilkraft selbst ein Ausdruck der Liebe Gottes – die nur durch seinen Willen wirkt. Das medizinische Handeln ist auch hier auf eine Balance gerichtet: Es geht darum, Seele und Leib in eine Einheit zu bringen, die durch die Erbsünde prekär geworden sei. Eine Krankheit kann aus dieser Perspektive auch in persönlicher Schuld begründet sein, wenn der sündhafte Körper die Seele dominiert. Christlicher Glaube hat also eine zentrale Bedeutung in der Lehre Hildegards, und doch bleibt sie anschlussfähig an das naturwissenschaftliche Medizinverständnis ihrer Zeit.

Im weiteren Verlauf des Mittelalters führten kirchliche Verbote dazu, dass sich Priester und Ordensleute nicht länger in medizinischer Arbeit engagieren konnten, sie konzentrierten sich stattdessen fortan exklusiv auf geistliche Aufgaben. Erkennbar sind zwei parallele Entwicklungen: Zum einen wird eine Art Vergöttlichung der Natur selbst zum Motor für weitere Naturforschung. Zum anderen entwickelt sich die empirische Wissenschaft mit ihrem rationalistischen Weltbild weiter und begründet neue Auseinandersetzungen mit den hippokratischen Schriften.

Einen vereinenden Blick auf „Göttliches und Menschliches, Sichtbares und Unsichtbares, Himmlisches und Irdisches, Geistig-Seelisches und Materielles" (Bruchhausen 2011, S. 102) versuchten noch die alchimistischen Forscher:innen. Manche von ihnen, wie etwa Paracelsus (1493/94–1540), werden später als Pioniere der modernen Naturwissenschaften geschätzt. Zu Lebzeiten wurden sie aber sowohl von kirchlicher als auch von wissenschaftlicher Seite angefeindet.

Danach dominierte die uns geläufige Arbeitsteilung zwischen Medizin und Religion, wenn es darum ging, Krankheiten zu erkennen und zu heilen. Gleichzeitig waren Kirchen als religiöse Organisationen weiterhin in der Krankenversorgung engagiert und entstand wieder ein Wallfahrtswesen, das auch auf Heilung ausgerichtet war. Eine Zeit lang waren aus Personalmangel auch noch Geistliche mit medizinischen Aufgaben betraut – die Ausbildung dafür erhielten sie aber aus der naturwissenschaftlich orientierten Medizin.

Während diese sich weiter zur professionalisierten Forschung entwickelte, behielt aber auch die andere Entwicklung, die „das Lesen im Buch der Natur" ins Zentrum stellte, weiter an Bedeutung. In der so genannten romantischen Medizin um 1800 wurde ein Unbehagen gegenüber der naturwissenschaftlichen Medizin formuliert, die nun allein auf körperliche Aspekte fokussiert war und „die Seele" außen vor ließ. Dabei wurden auch wieder religiöse Bezüge zur Definition von Gesundheit und Krankheit hergestellt. Die Naturheilbewegung des 19. Jahrhunderts konnte daran anschließen. Einer ihrer prominenten Vertreter:innen war der katholische Pfarrer Sebastian Kneipp (1821–1897), der sich neben seiner seelsorgerischen Tätigkeit der Hilfe für Kranke verschrieb. Dabei entwickelte er eine eigene Heilmethode, in deren Zentrum die Wirkung von Bädern und Güssen, aber auch Spazierengehen und ausgewogene Lebensführung stehen (vgl. Hofmann und Wessel 2020).

Im 19. Jahrhundert wurde die caritative Krankenfürsorge zum zentralen Auftrag von Klöstern beziehungsweise wurden darauf spezialisierte Orden gegründet. Die hier tätigen Schwestern wurden dann zum Pflegepersonal der sich weiter etablierenden Krankenhausmedizin. Damit war allerdings kein Anspruch mehr verbunden, Heilung durch Religion herbeizuführen. Vielmehr unterstützten die engagierten Christ:innen einen medizinischen Betrieb, der auf naturwissenschaftlicher Grundlage arbeitete.

Die knappe historische Skizze bis hierher zeigt: So nachvollziehbar eine Differenzierung von Religion auf der einen Seite und Medizin auf der anderen Seite im Laufe der Jahrhunderte ist, so deutlich bleiben auch weiterhin bestehende Überschneidungen, Uneindeutigkeiten und Gleichzeitigkeiten. Und das gilt auch weiterhin für aktuelle Phänomene und Situationen, mit denen wir uns im Folgenden beschäftigen. Dabei interessieren uns zwei Fragen: Zum einen, inwiefern religiöse Bezüge im aktuellen Handeln in Bezug auf Gesundheit und Krankheit von Bedeutung sind und zum anderen, inwiefern die moderne Medizin selbst religiöse Funktionen übernimmt.

10.3 Religion in der Medizin heute

Wie eingangs schon angedeutet, erwarten wir heute fachkundige Auskunft zu Fragen von Gesundheit und Krankheit in aller Regel von wissenschaftlich medizinisch ausgebildeten Personen und nicht von religiösen Autoritäten. Insofern ist das Narrativ einer Differenzierung von Religion und Medizin gut nachvollziehbar. Gleichzeitig, und auch das wurde schon angedeutet, bleiben bis heute Überschneidungen, Uneindeutigkeiten und Gleichzeitigkeiten – und eben diesen wollen wir im Folgenden genauer nachgehen. Wir werfen dafür zunächst den Blick auf die institutionelle Ebene der Krankenversorgung und sodann auf die Ebene der Heilungspraktiken.

Im Jahre 2022 waren in Deutschland 598 Krankenhäuser in freigemeinnütziger Trägerschaft, das heißt, sie werden von gemeinnützigen Einrichtungen getragen und erwirtschaften keine Gewinne (vgl. Statistisches Bundesamt 2023c). Der größte Teil dieser Träger sind Organisationen der christlichen Kirchen. Der *Verband Christlicher Krankenhäuser in Deutschland* zählt insgesamt 550 Krankenhäuser in kirchlicher, rund 200 in evangelischer und 350 in katholischer Trägerschaft (vgl. CKiD, Christliche Krankenhäuser in Deutschland 2024). Im Verhältnis zur Gesamtzahl aller Krankenhäuser entspricht dies ca. 32 %. Dieser Anteil ist innerhalb der letzten rund 20 Jahre gesunken, im Jahr 2000 lag er noch bei 38 % (vgl. Statistisches Bundesamt 2024a). Diese Entwicklung ist auf die Privatisierung der Krankenversorgung zurückzuführen, in deren Folge sowohl öffentlich als auch freigemeinnützig getragene Krankenhäuser an private Betreiber verkauft wurden. Noch höher ist der Anteil konfessionell getragener Angebote im Bereich der Pflege: Etwa 53 % aller stationären Pflegeheime sind im Jahre 2021 in freigemeinnütziger Trägerschaft und dieser Anteil hat sich auch in den letzten rund 20 Jahren (bei insgesamt steigenden Gesamtzahlen an Einrichtungen) kaum verändert. Auch bei ambulanten Pflegediensten machen die Angebote der freigemeinnützigen Träger 2021 ca. 35 % am Gesamtangebot aus (vgl. Statistisches Bundesamt 2024b).

Das historisch nachvollziehbare Engagement der christlichen Kirchen für die Krankenversorgung ist also bis heute stark ausgeprägt. Dass dies auch staatlicherseits so gewollt ist, lässt sich daran erkennen, dass konfessionell getragene Häuser rechtlich einen Sonderstatus haben (vgl. Makoski 2010). Als freigemeinnützige Träger profitieren sie zum einen von günstigeren Steuerregelungen – das allerdings gilt auch für nicht konfessionelle freigemeinnützige Träger. Christlichen Trägern wird zum anderen aber darüber hinaus gestattet, ein eigenes Arbeitsrecht aufrecht zu erhalten. Dies hat insbesondere in Bezug auf die katholische Kirche immer wieder für auch öffentlich wahrnehmbare Konflikte gesorgt, weil die Grundordnung des kirchlichen Dienstes noch bis Ende 2022 eine Kündigung wegen privater Lebensführung erlaubte. So waren etwa die Arbeitsverhältnisse homosexuell lebender oder nach einer Scheidung wiedererheirateter Personen immer mit Unsicherheiten verbunden. Dies wurde zwar mit einer grundlegenden Reform im November 2022 verändert, aber in Bezug auf die Interessenvertretung der Mitarbeiter:innen arbeiten kirchliche Einrichtungen weiterhin im Sinne eines „Dritten Weges": Es gibt eigene Vertretungsstrukturen außerhalb des Betriebsverfassungsgesetzes und Streik ist darin nicht vorgesehen (Art. 9 GrO n. F).

Diese staatlich gesicherten Sonderregelungen machen deutlich, dass kirchliches Engagement in der Krankenversorgung ausdrücklich auch heute gewünscht ist. Vor diesem Hintergrund stellt sich die Frage, was dieses Engagement auszeichnet, was unterscheidet ein kirchliches von einem privaten Krankenhaus? Zur Beantwortung dieser Frage können wir am besten zunächst herausstellen, worin sie sich *nicht* unterscheiden. Sie unterscheiden sich nämlich nicht – wie der Titel ‚gemeinnützig' es vielleicht nahelegen würde – in ihren Kostenstrukturen und damit verbundenen Sparsamkeitsimperativen. Kirchlich getragene Krankenhäuser sind genauso wie nichtkirchliche gezwungen, ihre Existenz selbst zu erwirtschaften. Sie werden auch nicht beispielsweise durch Kirchensteuer besonders finanziert, sondern unterliegen derselben jeweiligen Gesetzgebung, die die Versorgung von Patient:innen durch die Krankenkassen regelt. Begriffe wie ‚Fallpauschen' und die aktuell verhandelte Krankenhausreform betreffen daher kirchliche Häuser ohne Unterschied zu nichtkirchlichen. Dass sie gemeinnützig arbeiten, bedeutet auch nicht, dass sie keine Gewinne erwirtschaften dürfen, sondern dass diese Gewinne in die Entwicklung des Hauses refinanziert werden müssen.

Vor diesem Hintergrund kommt es auch in kirchlich getragenen Häusern zu Klagen über Überbelastung, und auch für eine besonders wertschätzende Führungskultur garantiert offenbar die kirchliche Trägerschaft nicht (vgl. Berger 2022). Was also dann? Würden wir Angestellte in kirchlichen Krankenhäusern fragen, dann würden sie wahrscheinlich sagen, dass diese Frage immer wieder neu Gegenstand von eigenen Auseinandersetzungen ist. In den USA wurde ein System zur Profilentwicklung katholischer Einrichtungen im Sozial- und Gesundheitswesen entwickelt: Die Catholic Identity Matrix (CIM) soll nachvollziehbar machen, wie gut sich katholische Werte in der praktischen Arbeit umsetzen lassen. Zu den „katholischen Identitätsprinzipien" gehören beispielsweise *Solidarität mit den Armen und Bedürftigen, Ganzheitliche Versorgung* oder *Respekt vor der Würde des Lebens* (vgl. Günther 2013). Dass diese Prinzipien angesichts gleichzeitig wirkender Marktanforderungen an die Einrichtungen stark herausgefordert sind, zeigen verschiedene Prozesse zur Profilbildung auch in Deutschland (vgl. Heimbach-Steins et al. 2017).

Deutlich wird in diesen Prozessen, dass die Spezifizität des Christlichen in christlich getragenen Häusern allein in der Versorgung, in der Ansprache der Patient:innen, also in der Zwischenmenschlichkeit ausgemacht wird. Nicht behandelt wird die Frage der medizinischen Praxis im engen Sinne. Eine Blinddarm- oder eine Hüftoperation wird in einem katholischen Krankenhaus nicht prinzipiell anders durchgeführt als in einem privaten. Die Autorität der wissenschaftlichen Medizin wird hier nicht in Frage gestellt. Wohl aber werden Werte vertreten, die (unabhängig von ihrer Einlösbarkeit) mit dem oben schon gefallenen Begriff der Ganzheitlichkeit zusammengefasst werden können: Bei allen herausfordernden ökonomischen Rahmenbedingungen soll der:die Patient:in nicht auf eine Krankheit oder ein krankes Organ reduziert werden, sondern soll der Mensch in seiner Ganzheit im Blick bleiben. Dieser Anspruch wird vor allem daran zu prüfen sein, wie in einem Krankenhaus oder einer Pflegeeinrichtung mit existenziellen Krisen umgegangen wird und wie auch ein würdiges Sterben ermöglicht wird (vgl. Meier und Roser 2011).

Gleichzeitig ist auch dieser Anspruch keiner, den sich ausschließlich kirchlich getragene Einrichtungen zu Eigen machen. Interessant ist in dem Zusammenhang vielmehr, dass auch private Krankenhäuser Priester anheuern, die in existenziellen Situationen beistehen können. International hat sich in den letzten Jahren der Begriff *spiritual care* etabliert. Dies lässt sich als ein Versuch lesen, die Bedeutung von Spiritualität für Gesundheit auch unabhängig von kirchlichen Organisationen zu würdigen. Das ‚Zwischenmenschliche' wird dabei dann nicht – wie im obigen Absatz unterstellt – als ein Zusatz zu dem eigentlichen medizinischen Handeln gedacht, sondern als ein wesentlicher Anteil von Heilungshandeln gesehen. In Untersuchungen wird die Gesundheitswirkung von seelsorgerischer Arbeit überprüft (vgl. Hvidt et al. 2020; Frick 2011; Grung 2023).

Spiritualität – also ein Bezug zu Transzendentem – bleibt demnach auch innerhalb einer hochtechnisierten medizinischen Versorgung in Krankenhäusern von Bedeutung. Außerhalb des Krankenhauses gilt dies noch deutlicher: Der „Markt für spirituelles Heilen" (Hero 2011) hat in den letzten rund 30 Jahren einen regelrechten Boom erfahren. Neben der so genannten Schulmedizin findet sich ein breit gefächertes Angebot von so genannten alternativen Heilungsmethoden, Stichworte dazu sind „[...] ‚Schamanismus', ‚Reiki', ‚Enneagramm', ‚Tarot', ‚Bachblüten', ‚Channeling', ‚Rebirthing', ‚Aurareinigung', ‚Astrologie', ‚Geoästhesie', ‚Quigong', ‚Yoga', ‚Meditation' und ‚Hypnose' [...]" (ebd., S. 150). Systematisch erfasst sind diese Angebote nicht, eine Vollerhebung gab es in Nordrhein-Westfalen im Jahr 2007, hier wurden mehr als 1000 Anbieter gezählt (vgl. ebd., S. 152). Das Statistikinstitut statista erfasst für das Jahr 2022 3.600 Personen, die im Bereich Heilkunde und Homöopathie sozialversicherungspflichtig beschäftigt waren (vgl. Bocksch 2023). Aber nicht alle Angebote, die unter den Titel „alternative Medizin" geführt werden, sind in gleicher Weise religiös oder spirituell. Der Begriff „Alternativmedizin" wird alltagssprachlich zudem häufig eher abwertend genutzt, Vertreter:innen der Naturheilkunde beispielsweise distanzieren sich davon und sprechen vielmehr von komplementären denn von alternativen Angeboten (vgl. Volger 2013).

Auch wir haben hier nicht die Möglichkeit, das Angebot systematisch zu erheben. Bei einem Blick in die jeweiligen Prinzipien des Heilens fällt aber schnell auf, dass sie sich danach unterscheiden, wie nah oder wie fern sie dem dominierenden wissenschaftlichen Medizinbetrieb sind. Für die schon erwähnte Naturheilkunde etwa gibt es eine Zusatzbezeichnung, die Ärzt:innen führen können, die eine entsprechend zertifizierte Weiterbildung absolviert haben. Damit verbunden sind auch bestimmte Abrechnungsmöglichkeiten, das heißt ein Teil dieser Verfahren wird auch von Krankenkassen bezahlt. Die Naturheilkunde schließt unmittelbar an die oben beschriebenen Traditionen der Naturheilbewegung des 19. Jahrhunderts an, die von Kneipp etablierten Methoden spielen auch in den heutigen Weiterbildungen eine große Rolle. Im *Kneippärztebund* sind dabei aber approbierte Ärzt:innen organisiert und die Methoden werden innerhalb des Wissenschaftssystems weiterentwickelt und geprüft. In Deutschland gibt es mehrere Lehrstühle für Naturheilkunde und integrative Medizin, so beispielsweise an der Berliner Charité.

Auf der anderen Seite des Spektrums gibt es Verfahren, die weder von Krankenkassen bezahlt, noch von approbierten Ärzt:innen umgesetzt, noch im Wissenschaftssystem evaluiert werden. Ein Beispiel dafür ist etwa der Schamanismus. Was damit gemeint ist, wird auf der Seite der *Foundation for Shamanic Studies Europe* beschrieben:

> „Schamanismus ist ein weltweit praktizierter Weg des Wissens und die älteste Heilkunst der Geschichte. Im Dienste ihrer jeweiligen Gemeinschaften versetzen sich Schamanen und Schamaninnen absichtsvoll in einen veränderten Bewusstseinszustand, um die nicht-alltägliche Wirklichkeit zu betreten. Dadurch sind sie in der Lage, zwischen der Welt der Menschen und der Welt der Geister zu vermitteln." (Foundation for Shamanic Studies in Europe 2024)

Die konkreten Angebote in dieser Tradition sind wiederum unterschiedlich, manche erinnern eher an ein Setting der Psychotherapie und betonen die eigenen Heilungskräfte der Klient:innen, andere stellen die Heilungskräfte der Schaman:innen durch Kontakt mit transzendenten Geistern in den Mittelpunkt. Schamane/Schamanin ist keine geschützte Berufsbezeichnung, durch Organisationen wie die genannte europäische Stiftung, die auch Aus- und Weiterbildungen durchführt, wird gleichwohl eine gewisse Homogenisierung versucht.

Wenn wir die beiden Angebote – Naturheilkunde und Schamanismus – weiter miteinander vergleichen, dann fällt neben der unterschiedlichen Nähe zum dominierenden Medizinsystem auch der unterschiedliche Bezug zu Transzendentem auf. Und sicherlich hängt das eine mit dem anderen zusammen. Die Naturheilkunde betont eine Ganzheitlichkeit des Menschen in seinen Umweltbezügen. Dabei wird anerkannt, dass es etwas gibt, das nicht vollständig erfahrbar ist, das transzendent bleibt, denn: „Das Ganze ist mehr als die Summe seiner Teile". Der Transzendenzbezug bleibt damit aber im Hier und Jetzt – die Soziologen Schütz und Luckmann (2017 [1979], S. 587–633) würden von „kleiner" oder „mittlerer Transzendenz" sprechen. Beim Schamanismus dagegen geht es um Bezüge zu einer prinzipiell anderen, im Hier und Jetzt nicht erfahrbaren Welt, um Geister, zu denen eine Vermittlung stattfindet. Schütz und Luckmann würden von „großer Transzendenz" sprechen.

Aus dieser Perspektive könnten wir Angebote weiter untersuchen und fragen, was die Beliebtheit des einen oder des anderen ausmacht. Dabei wird uns dann auch auffallen, wie Transzendenzbezüge in ökonomisches Handeln hineingeflochten sind. Auffällig ist dies etwa beim Yoga, das seine Wurzeln in der indischen Philosophie – im Hinduismus und im Buddhismus hat. Das heute in Europa selbstverständlich gewordene Yoga stellt zwar den körperlich-sportlichen Aspekt deutlicher ins Zentrum als dies bei frühen Formen der Fall war. Aber die Bezüge zu Transzendentem bleiben auch hier klar erkennbar. Gleichzeitig ist Yoga auch in Deutschland Teil eines Lebensstils geworden und erfreuen sich Yoga-Retreats großer Beliebtheit (vgl. Hauser 2021). Ganz ähnliche Ambivalenzen lassen sich beim Ayurveda nachvollziehen (vgl. Kessler et al. 2013; Koch 2006).

Auch in Deutschland ist also Handeln in Bezug auf Gesundheit und Krankheit vielfach weiterhin mit Religiosität und Spiritualität verbunden. Aber was bedeutet das, welche Erklärungen gibt es gar für einen Boom in diesem Bereich? In der Literatur finden sich drei miteinander verflochtene Erklärungsansätze. *Erstens* wird die Beliebtheit solcher Angebote als eine Kritik am dominierenden Medizinsystem und dem damit verbundenen Menschen- und Weltbild gedeutet. Die alternativen oder komplementären Angebote stellen aus dieser Perspektive ein ganzheitliches Verständnis vom Menschen in seinen Bezügen in den Mittelpunkt, während die hoch spezialisierte wissenschaftliche Medizin immer nur Teilbereiche in den Blick nehmen und damit das Ganze aus den Augen verlieren würde. Als Weltauffassung ist damit auch eine Kritik am spätmodernen Lebensstil insgesamt verbunden, wir könnten auch sagen, eine Kritik an Differenzierung. Interessanterweise klingt diese Kritik dann ganz ähnlich wie die aus den Gründungsjahren der Soziologie, als vor Differenzierung gewarnt wurde und die Rolle der Religion für gesellschaftlichen Zusammenhalt vielfältig debattiert wurde (vgl. Kap.2 – 4).

Zweitens wird angenommen, dass sich im Zuspruch zu alternativen oder komplementären Heilungsangeboten auch ein Wunsch nach Autonomie ausdrückt. Das dominierende wissenschaftliche Medizinsystem wird aus dieser Perspektive vor allem als ein hierarchischer Apparat wahrgenommen, der Patient:innen unmündig macht. Viele alternative Angebote dagegen machen es sich zur Aufgabe, auf die eine oder andere Art die Patient:innen und deren Selbstheilungskräfte zu aktivieren.

Eine *dritte* Erklärung schließlich betont – und dies ist mit dem zuletzt genannten verbunden – wie die Angebote spirituellen Heilens auch mit einer neoliberalen Ideologie gut zusammenpassen und sich beides gegenseitig verstärken kann: Indem die Autonomie der Patient:innen gestärkt wird, wird gleichzeitig auch die Verantwortung zugeschrieben. In einer hoch individualisierten Gesellschaft wird auch die stetige Sorge für die eigene Gesundheit zu einer individuellen Pflicht (vgl. Hauser 2021).

Aus einer solchen Perspektive kommen wir gedanklich plötzlich wieder dem längst überwunden geglaubten Verständnis von Krankheit als Ergebnis von Sünde sehr nahe: Zwar würde in einer aufgeklärten spätmodernen Welt in der Regel nicht von einer Sünde vor dem strafenden Gott gesprochen werden, aber doch von einer Schuld aus Pflichtverletzung, die zu Krankheit führt.

10.3 Religion in der Medizin heute

> **Diskussionsfragen**
>
> - Zum Ende des Kapitels wurden drei Erklärungsansätze dafür skizziert, dass spirituelle Heilungsmethoden außerhalb der so genannten Schulmedizin an Bedeutung zunehmen. Inwiefern überzeugen Sie diese Erklärungen, inwiefern nicht? Welche anderen Aspekte sind möglicherweise für eine Erklärung bedeutsam?
> - In dem Kapitel werden viele Verflechtungen zwischen Medizin und Religion herausgestellt. Inwiefern lassen sich diese mit den soziologischen Perspektiven auf Wissenschaft und Religion als Konflikt- oder Differenzverhältnis oder als unterschiedliche epistemische Stile angemessen analysieren?
> - Welche Bedeutung haben nach Ihrer eigenen alltäglichen Anschauung heute Religion und Wissenschaft für den Umgang mit Gesundheit und Krankheit (deskriptiv)? Welche Bedeutung sollten sie aus Ihrer Sicht haben (normativ)? Argumentieren Sie anhand konkreter Beispiele.

Literaturtipps

Literatur zum Einstieg
Bynum, William (2008): History of Medicine. Oxford: Oxford University Press.
Leven, Karl-Heinz (2019): Geschichte der Medizin. 3., überarbeitete und aktualisierte Aufl. München: C. H. Beck.
Lüddeckens, Dorothea (2012): Religion und Medizin in der europäischen Moderne. In: Stausberg, Michael (Hg.): Religionswissenschaft. Berlin, Boston: De Gruyter.

Literatur zum Vertiefen – aus unterschiedlichen konfessionellen Perspektiven
Arens, Thorsten (2019): Muslim doctors in Catholic hospitals. In: Spiritual care 8, H. 4, S. 377–384.
Cobb, Mark R./Puchalski, Christina M./Rumbold, Bruce D. (2012): Oxford textbook of spitaulity in healthcare. Oxford: Oxford University Press.
Grung, Anne Hege (2023): Complexities of spiritual care in plural societies. Complexities of spiritual care in plural societies. Berlin: De Gruyter, 2023.
Klein, Constantin/Berth, Hendrik/Balck, Friedrich (2011): Gesundheit – Religion – Spiritualität, Weinheim, München: Juventa-Verl.
Lüddeckens, Dorothea/Schrimpf, Monika (2018): Medicine – religion – spirituality. Bielefeld: transcript.

11 Bioethik: Lebensdefinitionen zwischen Wissenschaft und Religion

Überblick

Bioethik hat sich als ein interdisziplinäres Feld in Deutschland in den 1980er-Jahren entwickelt. Heute beraten selbstverständlich zahlreiche bioethische Kommissionen die Arbeit von Regierungen wie auch von Forschungseinrichtungen. Theolog:innen unterschiedlicher Konfessionen sind an diesen Gremien beteiligt. In zentralen Debatten, die im Kern in aller Regel etwas mit der Frage von Menschenwürde und Würdeschutz zu tun haben, verlaufen die Diskurslinien aber nicht eindeutig etwa zwischen Konfessionen und auch nicht zwischen Vertreter:innen von Wissenschaft auf der einen Seite und Religion auf der anderen Seite. Das zeigen beispielhaft die Beratungen zu Eingriffen in die menschliche Keimbahn im Deutschen Ethikrat.

11.1 Einleitung

Eine junge Wissenschaftlerin in den USA hat sich mir einmal mit dem Satz vorgestellt: „Ich bin katholisch, aber ich habe kein Problem mit Abtreibungen". In wenigen Worten bringt die Wissenschaftlerin hier die komplexe Verwobenheit von öffentlicher Debatte, gesellschaftlichen Kategorisierungen und individueller Positionierung auf den Punkt.

Wenn heute das Verhältnis zwischen Wissenschaft und Religion öffentlich zum Thema wird, dann geht es fast immer um Fragen der Bioethik. Positionierungen zum Schwangerschaftsabbruch stehen dabei geradezu sinnbildlich für das unvereinbare Gegenüber von rückwärtsgewandter Kirche auf der einen Seite und fortschrittsorientierter Wissenschaft auf der anderen Seite. Aber auch bei Fragen zur Stammzellforschung, zur Reproduktionsmedizin, zur Organtransplantation oder zum assistierten Suizid stehen sich – jedenfalls auf den ersten Blick – religiöse und wissenschaftliche Abwägungen gegenüber. Bioethische Debatten eignen sich deshalb besonders gut, um etwas über die Quellen von Gewissheit und die Legitimation von Entscheidungen in zeitgenössischen Gesellschaften zu lernen.

Wir werfen deshalb zunächst einen Blick auf die Frage, wem eine Expertise in bioethischen Fragen zugetraut wird und welche Funktion bioethischen Kommissionen bei der Suche nach Gewissheit zukommt (Abschnitt 11.2). Sodann setzen wir uns mit einem Themenkomplex auseinander, der explizit oder implizit in jeder bioethischen Debatte von Bedeutung ist: Bestimmungen von Leben und Menschenwürde. Dafür befassen wir uns mit aktuellen und komplexen Diskussionen um Eingriffe in die menschliche Keimbahn (Abschnitt 11.3).

11.2 Wer „macht" Bioethik?

Was genau unter den Begriff der Bioethik fällt, ist umstritten. Mit Blick auf die Wortzusammensetzung geht es offenbar um die Reflexion eines moralischen Umgangs mit Bezug zum Leben (altgriechisch: bios). In einer weiten Definition kann dies auch Fragen der Tier- und Umweltethik umfassen, in einer engen geht es allein um biomedizinische Fragen (vgl. Eissa 2011).

11 Bioethik: Lebensdefinitionen zwischen Wissenschaft und Religion

Bioethik als wissenschaftliches Feld wurde zunächst in den USA in den 1960er-Jahren etabliert, hier wurde das *Institute for Society, Ethics and the Life Sciences* gegründet, heute *Hastings Center*. Im Jahre 1971 öffnete dann das *Joseph and Rose Kennedy Institute of Human Reproduction and Bioethics* heute *Kennedy Institute of Ethics*.[20] In Deutschland entwickelte sich dieses interdisziplinäre Feld in den frühen 1980er-Jahren und es gab dann einen regelrechten Boom in der Einrichtung von Gremien und Kommissionen im Bereich der Bioethik. Diese Entwicklung kann durchaus erstaunen, gab es schließlich keinen wissenschaftlichen Kanon zu bioethischen Fragestellungen und arbeiten hier Personen zusammen, die Expertise in sehr unterschiedlichen Gebieten haben. Bioethik etablierte sich auch in Deutschland innerhalb kurzer Zeit zu einem Feld zwischen Wissenschaft, Politik und Recht mit einer erheblichen Machtfülle (vgl. Gehring 2012, 2016; Bogner 2011).

Und der Eindruck ist: Je näher die Auseinandersetzung an Grenzfragen von Leben und Tod rückt, desto so selbstverständlicher werden auch religiöse Akteure beziehungsweise Vertreter:innen von religiösen Organisationen an Urteilsbildungs- und Entscheidungsprozessen beteiligt.

Dass Auseinandersetzungen mit bioethischen Fragen im Laufe der letzten Jahrzehnte intensiver geworden sind, ist schnell nachvollziehbar. Schließlich entsteht der Bedarf an Auseinandersetzung abhängig von der medizinisch-technologischen Entwicklung. Noch zur Jahrtausendwende hat sich kaum jemand vorstellen können, dass wir heute über die Bedeutung von Eingriffen in die menschliche Keimbahn, über die Züchtung von menschlichen Organen in Tieren oder die künstliche Erzeugung von Embryonen nachdenken müssten. „Ältere" bioethische Themen wie Schwangerschaftsabbruch, Sterbehilfe oder künstliche Befruchtung sind dabei gleichzeitig nicht obsolet geworden, sondern sorgen weiterhin für teils kontroverse gesellschaftliche Auseinandersetzung.

Vor diesem Hintergrund hat sich in den letzten Jahrzehnten international die Bioethik zu einem eigenen Feld entwickelt, das seinen festen Platz nicht nur innerhalb der Forschungs-, sondern auch und besonders innerhalb der Beratungslandschaft hat. Im öffentlichen Bewusstsein ist die Bioethik als Feld vor allem durch vielfältige Formen von Kommissionen und -räten, die auf unterschiedlichen Ebenen eingerichtet wurden. Für Deutschland haben Bernd Krippner und Arnd Pollmann diese Szenerie Anfang der 2000er-Jahre einmal aufgearbeitet (vgl. Krippner und Pollmann 2004). Die Autoren unterscheiden zum einen inhaltlich zwischen solchen Kommissionen, die im medizinischen und solchen, die im politischen Feld arbeiten. Zum anderen unterscheiden sie nach der regionalen Reichweite der Organisationen und identifizieren solche auf lokaler, auf föderaler und auf nationaler Ebene. Mit dieser Matrix zählen sie für 2004 rund 50 Kommissionen, Komitees oder Räte. Darunter fallen auch solche Gremien, die direkt an Kliniken oder Forschungseinrichtungen eingerichtet wurden. Die ethische Beratung ist hier nicht ein freiwilliger Austausch, sondern Pflicht: Wer ein biomedizinisches Forschungs-

---

20 Zur US-amerikanischen Geschichte der Bioethik vgl. Jonsen 1998.

vorhaben umsetzen möchte, muss dies vorab durch eine Ethikkommission begutachten lassen – das gilt so in Deutschland wie auch in vielen anderen Ländern.[21]

Während diese Form forschungsbezogener Ethikkommissionen kaum umstritten ist, wurden nationale Ethikräte in den Politikwissenschaften intensiv diskutiert. Solche Gremien – wie auch der Deutsche Ethikrat – werden von Bundesregierungen damit beauftragt, aktuell drängende ethische Fragen zu erörtern und dazu Stellungnahmen abzugeben. Diese Stellungnahmen haben zwar keine gesetzliche Verbindlichkeit, aber Gesetzgebungen, die ihnen explizit widersprechen, sind schwieriger zu begründen. Weil die Gremien nicht durch demokratische Verfahren legitimiert sind, werden sie aus demokratietheoretischer Perspektive auch kritisch problematisiert (vgl. Bogner 2011; Hagner 2012; Weingart et al. 2015).

Für unsere Auseinandersetzung ist nun von besonderem Interesse, wie das Ziel solcher Ethikräte definiert wird und wer dann als diejenigen Personen gesehen werden, die dieses Ziel gut verfolgen können. Für den Deutschen Ethikrat werden im Gesetz zur Einrichtung des Deutschen Ethikrats (Ethikratgesetz – EthRG) folgende Aufgaben definiert:

„Der Deutsche Ethikrat verfolgt die ethischen, gesellschaftlichen, naturwissenschaftlichen, medizinischen und rechtlichen Fragen sowie die voraussichtlichen Folgen für Individuum und Gesellschaft, die sich im Zusammenhang mit der Forschung und den Entwicklungen insbesondere auf dem Gebiet der Lebenswissenschaften und ihrer Anwendung auf den Menschen ergeben. Zu seinen Aufgaben gehören insbesondere:

1) Information der Öffentlichkeit und Förderung der Diskussion in der Gesellschaft unter Einbeziehung der verschiedenen gesellschaftlichen Gruppen;

2) Erarbeitung von Stellungnahmen sowie von Empfehlungen für politisches und gesetzgeberisches Handeln;

3) Zusammenarbeit mit nationalen Ethikräten und vergleichbaren Einrichtungen anderer Staaten und internationaler Organisationen."

Aus dieser Aufgabenformulierung wird Mehreres deutlich. Zum einen wird die „Entwicklung und Forschung auf dem Gebiet der Lebenswissenschaften" als etwas Problematisches betont. Das liest sich aus heutiger Perspektive für uns weitgehend selbstverständlich. Wenn wir etwa an den Fortschrittsoptimismus zur Frühzeit der Soziologie denken, ist es dies aber keinesfalls. Ausgedrückt wird hier eine Sorge im Zusammenhang mit wissenschaftlichem Fortschritt. Wissenschaft wird unter Beobachtung gestellt, damit die Folgen sowohl für das Individuum als auch für die Gesellschaft bedacht und negative Folgen verhindert werden können. Und diese begrenzende Form der Beobachtung wird eben nicht der Naturwissenschaft selbst (jedenfalls nicht allein) zugetraut, sondern (auch) an andere geeignete Personen übertragen.

---

21 Vgl. die Homepage des „Arbeitskreises Medizinischer Ethik-Kommissionen" und die hier gelisteten Publikationen AKEK 2024.

Zum anderen wird aus der Formulierung auch eine inhaltliche Ungewissheit deutlich. Zunächst ist eine solche Ungewissheit natürlich schon mit der Einrichtung eines Ethikrates per se verbunden – denn wenn die politischen Vertreter:innen wüssten, was zu tun ist, müssten sie kein Beratungsgremium einrichten. Aber die Ausformulierung der Aufgabenstellung bleibt dann auch in der Gewissheit, die diesem Gremium zugetraut wird, zurückhaltend. Als erste Aufgabe wird „die Förderung der Diskussion in der Gesellschaft" herausgestellt. Erwartet wird also nicht eine eindeutige Richtlinie, die es umzusetzen gilt, sondern die Förderung eines breiten Nachdenkens darüber, was richtig sein könnte. Und dieses Nachdenken und diese Diskussion soll „unter Einbeziehung der verschiedenen gesellschaftlichen Gruppen" stattfinden.

Diese Formulierungen erinnern durchaus an die Habermas'sche Idee eines Diskurses und daran, dass auch er solche Diskurse gerade für biomedizinische Themen als notwendig herausgestellt hat. Friedemann Voigt (2008, S. 264) hat entsprechend darauf hingewiesen, dass der Einrichtung von Ethikräten eine eigene, nicht hintergehbare Normativität zugrunde liegt. Sie fußt nämlich auf der gemeinsam geteilten Idee, dass der Diskurs und der Austausch von Argumenten gut und richtig sind. Gewissheit, so können wir auch zusammenfassen, kann aus dieser normativen Perspektive nur im Zusammenwirken unterschiedlicher Perspektiven entstehen.

Bleibt die Frage, wer diesen Diskurs führt und welche Form dann das Ergebnis haben kann. Werfen wir noch einmal einen Blick in das EthRG, dann finden wir unter § 4 „Mitglieder" folgende Bestimmung:

> (1) Der Deutsche Ethikrat besteht aus 26 Mitgliedern, die naturwissenschaftliche, medizinische, theologische, philosophische, ethische, soziale, ökonomische und rechtliche Belange in besonderer Weise repräsentieren. Zu seinen Mitgliedern gehören Wissenschaftlerinnen und Wissenschaftler aus den genannten Wissenschaftsgebieten; darüber hinaus gehören ihm anerkannte Personen an, die in besonderer Weise mit ethischen Fragen der Lebenswissenschaften vertraut sind.
>
> (2) Im Deutschen Ethikrat sollen unterschiedliche ethische Ansätze und ein plurales Meinungsspektrum vertreten sein.
>
> (3) Die Mitglieder des Deutschen Ethikrats dürfen weder einer gesetzgebenden Körperschaft des Bundes oder eines Landes noch der Bundesregierung oder einer Landesregierung angehören.

In diesen Formulierungen finden wir noch einmal die deutliche Betonung von Pluralität als positivem Wert. Pluralität meint auch Interdisziplinarität: Acht unterschiedliche Disziplinen werden hier aufgezählt, die an der Herstellung von Gewissheit beteiligt werden sollen. Und unter (1) lesen wir dann, dass eine Repräsentanz theologischer Belange hier selbstverständlich in einer Reihe mit diversen anderen Belangen aufgeführt ist. Der Theologie wird also etwas zugetraut in Sachen Ethik und sie wird hier ins Gespräch gebracht mit anderen Disziplinen, denen ebenfalls etwas zugetraut wird.

Dabei stellt sich selbstverständlich die Frage, welche Theologie gemeint ist. Seit der Gründung des Deutschen Ethikrates im Jahr 2007 und auch schon in der Vorgängerinstitution, dem Nationalen Ethikrat, wurde bei der Besetzung auf einen Proporz zwischen Vertreter:innen der katholischen und der protestantischen Kirche und Theologie geachtet. Die Islamische Theologie wurde explizit erst mit der Berufung der Islamwissenschaftlerin und Theologin Muna Tarai im Jahre 2020 erstmals berücksichtigt. Von 2012 bis 2020 war İlhan Ilkılıç Mitglied, der zwar auch Islamwissenschaftler und Philosoph, aber kein Theologe ist.

Dabei ist im internationalen Vergleich interessant, wie sehr die fachliche und auch disziplinäre Expertise als ausschlaggebend für eine Berufung in den Deutschen Ethikrat betont wird. In Frankreich beispielsweise liegt die Betonung woanders. Das *Comité consultatif national d'éthique pour les sciences de la vie et de la santé* (CCNE) wurde 1983 vom damaligen Staatspräsidenten Francois Mitterand gegründet und war europaweit das erste Gremium dieser Art. Im Dekret zur Gründung ist festgehalten, dass von den insgesamt 39 Mitgliedern fünf direkt vom Staatspräsidenten ernannt werden, die „den wichtigsten philosophischen und spirituellen Familien angehören". Zu diesen „philosophischen Familien" wurde dann in manchen Amtsperioden auch der Marxismus gezählt. Aktuell wurde unter dieser Überschrift eine Klimaforscherin berufen. (vgl. Fuchs 2005, S. 13–19)

Mit diesen unterschiedlichen Regelungen wird auch deutlich, dass die Entscheidung, wer Mitglied eines solchen Beratungsgremiums sein soll, gar nicht so einfach zu treffen ist. Was die Beteiligung der religiösen Perspektive angeht, so kann auch unterschieden werden zwischen expliziten Religionsvertreter:innen, die also als Repräsentant:innen einer religiösen Organisation Teil des Gremiums sind, und solchen Personen, die sich als Mitglied einer religiösen Organisation identifizieren, aber nicht beruflich mit dieser verbunden sind (vgl. Voigt 2008, 256 f.). So können wir uns prinzipiell auch eine:n Naturwissenschaftler:in als Mitglied vorstellen, der:die regelmäßig eine Kirche, Moschee oder Synagoge besucht.

Welche Bedeutung dies für die Positionierung im Ethikrat hätte, wäre eine zu untersuchende empirische Frage. Und eine solche Untersuchung, so viel kann vorab angenommen werden, kann nicht mit einfachen Kategorisierungen arbeiten, sondern sie müsste sich mit den Inhalten befassen, die in solch einem Ethikgremium verhandelt werden. Dies werden wir beispielhaft im Folgenden vertiefen.

11.3 Zentrale Kontroverse: Was ist schützenswertes Leben?

Bioethische Auseinandersetzungen haben im Kern mit der grundlegenden Frage zu tun, was Leben eigentlich ausmacht – und (ab) wann von einem schützenswerten Leben die Rede sein kann. Wir werden uns die Bedeutung dieser Frage im Folgenden an einem konkreten Beispiel vergegenwärtigen: der bioethischen Debatte zu Eingriffen in die menschliche Keimbahn. Diese Debatte wird seit rund 10–15 Jahren international intensiv geführt, der Deutsche Ethikrat hat im Jahre 2017 eine Ad-hoc-Empfehlung (DER 2017) und im Jahre 2019 eine ausführliche Stellungnahme dazu veröffentlicht (DER 2019). Eingriffe in die menschliche Keimbahn sind für manche ein hochproblematischer Tabubruch, für andere ein segensreicher Fortschritt der Wissenschaft. In jedem Fall wurden und werden mit diesen Experimenten neue Grenzen überschritten und die Debatte zeigt, wie komplex ethische Abwägungen für diese neuartigen Forschungsmöglichkeiten sind. Für uns ist dies ein gutes Beispiel, um die Bedeutung von religiösen und wissenschaftlichen Bezügen in der Debatte und deren Verflechtungen zu studieren. Außerdem zeigt dieses Beispiel, wie die normative Idee der Pluralität und Perspektivenvielfalt zur Erlangung von Gewissheit inhaltlich umgesetzt wird.

Worum geht es biologisch? Als Keimbahn wird die Zellenfolge bezeichnet, aus der die Keimzellen – oder auch Fortpflanzungszellen – entstehen. Und darin steckt auch schon die ganze Brisanz: Von diesen Zellen hängt ab, was an zukünftige Generationen vererbt wird. Vererbung an sich ist ein komplexer Vorgang, der auch längst nicht vollständig verstanden ist. Vererbt werden Chromosome, im Regelfall 46 lange Ketten mit DNA, von denen 23 von der Mutter und 23 vom Vater geerbt werden. Die auf diesen Ketten enthaltenen Gene tragen alle Information dazu, wie ein Körper aussieht und funktioniert. Jede einzelne Zelle enthält alle Gene (rund 20.000), manche Funktionen werden von einem einzigen Gen, andere von mehreren oder vielen kontrolliert.

Eingriff in die Keimbahn meint also einen Eingriff in die genetische Information, die in Fortpflanzungszellen gespeichert ist. Darüber überhaupt nachzudenken, wäre selbst vor 15 Jahren noch mehr Science-Fiction als reale Auseinandersetzung gewesen. Im Jahre 2012 allerdings wurde eine neue Technologie im so genannten Genome Editing entwickelt, die Vieles hat denkbar werden lassen: CRISPR/Cas heißt diese Methode und sie wird auch als ‚Genschere' bezeichnet, weil mit ihr viel zielgenauer als mit allen bis dahin üblichen Verfahren Gene gezielt angesteuert, entfernt und ersetzt werden können.

Inhaltlich steht bei solchen Entwicklungen zunächst vor allem die Vermeidung von Krankheiten im Vordergrund. Gene sind ja nicht nur zentral für das Funktionieren des Körpers, sondern als Mutationen können sie auch Krankheiten verursachen oder das Krankheitsrisiko jedenfalls erhöhen. So galt auch der erste internationale Durchbruch dieser Art im Jahre 2017 der Korrektur einer Mutation in Spermazellen, die eine lebensgefährliche Krankheit verursachen kann (vgl. Ma et al. 2017). Die Embryos in diesem Experiment, das einem US-amerikanischen Labor durchgeführt wurde, wurden wenige Tage später getötet und also nicht ausgetragen, weil die Technik insgesamt noch für zu unsicher gehalten wurde. Prinzipiell wurde damit aber eine Veränderung vorgenommen, die auch an alle folgenden Generationen weitergegen worden wäre.

Weil diese Eingriffe für so weitreichend gehalten wurden und ihre Folgen gleichzeitig so schwer abzusehen waren, hatten zwei Jahre zuvor, also im Jahre 2015, international anerkannte Forscher:innen eigentlich zu einem Moratorium, zu einer Denkpause auf diesem Gebiet aufgerufen.[22] Zunächst sollten alle technischen und vor allem auch ethischen Fragen rund um diese Technologie eingehend geprüft

---

22 Vgl. die Stellungnahme des "Organizing Committee for the International Summit on Human Gene Editing" (2015). Ein Moratorium wurde auch von führenden Wissenschaftler:innen in Deutschland befürwortet, vgl. Nestler 2015; Schmitt 2015.

und in ihren Folgen erörtert werden, bevor die Forschung in diese Richtung weiter schreitet. Dass zwei Jahre später ein solcher Durchbruch veröffentlicht wurde, zeigt, dass dieser Aufruf nicht sehr wirksam war. Wiederum ein Jahr später verkündete ein chinesischer Forscher die Geburt des weltweit ersten gentechnisch veränderten Babys. In der Fachwelt blieb umstritten, ob er das Experiment tatsächlich erfolgreich durchgeführt hatte oder dies nur eine Behauptung war (vgl. Lehming 2018). Unzweifelhaft war aber, dass die Möglichkeit, es durchzuführen, rasant näher gerückt war.

Vor diesem Hintergrund hat sich dann auch der Deutsche Ethikrat mit dem Thema befasst. Und aus dem bisher Gesagten wird gleich nachvollziehbar, dass zur Entwicklung einer ethischen Orientierung die Expertise aus unterschiedlichen Fachrichtungen nötig ist. Die naturwissenschaftlichen Experimente schreiten weiter voran und eine Abwägung ist auf Informationen aus dieser Zunft unbedingt angewiesen, um überhaupt die reale Bedeutung des Themas einschätzen zu können. Gleichzeitig wird an diesem Thema auch gut nachvollziehbar, welche Bedeutung die Rechtswissenschaften in solchen Abwägungen haben. Schließlich sind sowohl in Deutschland als auch auf EU-Ebene und international viele Dinge bereits geregelt und es braucht eine Expertise dazu, was überhaupt auf welcher Ebene zu verändern oder neu zu implementieren wäre, um eine spezifische ethische Bewertung auch praktisch bedeutsam werden zu lassen. Und die professionellen Ethiker:innen, sei es aus der Philosophie oder Theologie, sind gefragt, um prinzipiell orientierende Kriterien für die Abwägung der komplexen Materie zu entwickeln.

Mit Blick auf die umfangreiche Stellungnahme von 2019 fällt nun auf, dass die gemeinsamen Empfehlungen sich auf wenige übergreifende Anmerkungen beschränken. Der Ethikrat fordert beispielsweise noch einmal ein internationales Moratorium auf diesem Gebiet und die Einrichtung einer Institution, die international gültige ethische Standards entwickelt und die naturwissenschaftliche Entwicklung genau beobachtet. Anstelle von weitergehenden konkreten Empfehlungen wird in der Stellungnahme dann ein „Entscheidungsbaum" vorgestellt: Es werden Fragen unterschiedlicher Grundsätzlichkeit gestellt, und je nach Bewertung auf der jeweils grundlegenderen Ebene ergeben sich neue Fragen auf der nächst konkreteren Ebene. Nicht eine konkrete Empfehlung, sondern Transparenz in Bezug auf die Implikationen einer spezifischen ethischen Positionierung steht also im Ergebnis des Berichtes. Diese Form ist durchaus auffällig und weist zusätzlich auf die Komplexität des Themas hin. Zwar ist es auch in anderen Stellungnahmen üblich, dass sich widersprechende Positionen per Sondervotum deutlich gemacht werden. Gleichzeitig wird aber üblicherweise eine Empfehlung abgegeben, die von der Mehrheit der Mitglieder getragen wird.

Allein aufgrund der Stellungnahme wissen wir daher auch nicht, welche Mitglieder welche Position vertreten haben beziehungsweise, welche Frage in dem Entscheidungsbaum sie wie beantworten würden. Zur Orientierung der ethischen Abwägung wurden insgesamt acht Kriterien entwickelt: Menschenwürde, Lebens- und Integritätsschutz, Freiheit, Natürlichkeit, Schädigungsvermeidung und Wohltätigkeit, Gerechtigkeit, Solidarität und Verantwortung.

Auf der obersten Ebene im Entscheidungsbaum, von der alle folgenden Entscheidungen abhängen, steht die Frage, ob die menschliche Keimbahn unantastbar ist. Diese Frage wurde innerhalb des Deutschen Ethikrates einstimmig verneint. Diese Einstimmigkeit ist insofern bemerkenswert, als in der öffentlichen Debatte durchaus der Eingriff selbst als ein ‚Gott spielen' problematisiert wird. Tatsächlich bedeutet diese Positionierung aber auch nicht, dass es keine prinzipiellen Einwände gegen die Veränderung der Keimbahn gäbe – „wenige der Mitglieder" (DER 2019, S. 45) bringen solche vor und lehnen die Experimente entsprechend grundsätzlich ab. In seinem Statement im Rahmen der Pressekonferenz zur Veröffentlichung der Stellungnahme sagt etwa der katholische Theologe Andreas Lob-Hüdepohl:

> „Zwar ist die menschliche Keimbahn keinesfalls sakrosankt. Insofern dürfte man in sie durchaus eingreifen. Aber: Darf oder soll man überhaupt das Ziel verfolgen, unter klar bezeichneten Voraussetzungen in die Keimbahn einzugreifen?" (Lob-Hüdepohl 2019, S. 1)

Die Einwände werden demnach nicht mit der Unantastbarkeit der Entität Keimbahn begründet, sondern mit dem Zweifel an der Sinnhaftigkeit der Ziele, die mit diesen Veränderungen verbunden werden. Hier kommen dann auch Kosten-Nutzenabwägungen zum Tragen sowie Bezüge zu anderen Kriterien wie etwa soziale Gerechtigkeit oder Freiheit (des zukünftig lebenden Menschen).

In der öffentlichen Positionierung der katholischen Kirche zu den Ergebnissen des Deutschen Ethikrates wird allerdings auch diese Unterscheidung zwischen Unantastbarkeit der Entität Keimbahn auf der einen Seite und Bewertung der Eingriffe auf der anderen Seite kritisiert. So widerspricht der Pressesprecher Deutschen Bischofskonferenz, Matthias Kopp, explizit dem Statement des oben genannten katholischen Theologen:

> „Die katholische Kirche ist der Auffassung, dass die Keimbahn grundlegende Aspekte der menschlichen Existenz bestimmt, die von derartigen Eingriffen berührt würden. Sie hat daher erhebliche Vorbehalte gegen die Annahme, dass die menschliche Keimbahn nicht kategorisch unantastbar ist bzw. auch keine weiteren prinzipiellen Gründe gegen die Weiterverfolgung der Entwicklung von Keimbahneingriffen am Menschen sprechen." (Kopp 2019, S. 1)

Die Frage ist also, wo „grundlegende Aspekte der menschlichen Existenz" verortet sind. Der Deutsche Ethikrat hat im Unterschied zur Deutschen Bischofskonferenz befunden, dass die Keimbahn selbst nicht „[…] Gegenstand beziehungsweise Substrat von Würde- oder Lebensschutz sein [kann]." (DER 2019, S. 44). Die Frage aber, ab wann ein solcher Würde- und Lebensschutz besteht, wird auch innerhalb des Deutschen Ethikrates unterschiedlich bewertet. Sie wird an der Frage ausgetragen, ob zum Zwecke der Keimbahnveränderung verbrauchende Embryonenforschung erlaubt sein soll oder nicht.

Auch wenn der Begriff der „Würde des Menschen" weithin selbstverständlich gebraucht wird (nicht zuletzt in Artikel 1 des Grundgesetzes) ist die genaue Bedeutung hoch umstritten (vgl. z. B. Knoepffler 2004; Knoepffler et al. 2011; Vögele 2000, 2016; Joas 2015). Eine solche besondere Würde lässt sich sowohl in theologischer als auch in philosophischer Tradition begründen. Theologisch beziehen sich die Konzepte auf die Gottesebenbildlichkeit und auf die göttliche Schöpfung. Philosophisch hat Immanuel Kant das Begriffsverständnis wesentlich geprägt, indem er vom Menschen als „Zweck an sich" aufgrund seiner Vernunftsbegabung und Moralfähigkeit gesprochen hat. Ganz im Sinne von Habermas (siehe Kap. 4) können wir also eine Übersetzbarkeit der theologischen Sprache in eine philosophische annehmen, wenn es darum geht, die prinzipielle und unantastbare Würde des Menschen zu begründen.

Nicht allein eine Frage der wechselseitig verstehbaren Sprache ist dann aber die Bestimmung derjenigen Entität, der diese Würde zugeschrieben wird. Dieser Komplex wird mit dem Kriterium „Lebens- und Integritätsschutz" bezeichnet und es geht also letztlich darum, wann dieses menschliche Leben beginnt, dem diese besondere Würde zukommt. Allen lebenden Menschen? Nur solchen, die tatsächlich vernunftsbegabt sind? Oder auch solchen, die noch gar nicht geboren sind?

Die typische christliche, und hier vor allem katholische, Antwort auf diese Frage wäre die letztgenannte: Auch dem Embryo kommt vom frühestmöglichen Zeitpunkt an, also mit der Befruchtung der Eizelle, die volle Menschenwürde zu. Vor diesem Hintergrund ist die so genannte „verbrauchende Embryonenforschung" – also solche Forschung, die zwangsläufig zur Zerstörung menschlicher Embryonen führt – ethisch hoch problematisch.

In der Stellungnahme des Deutschen Ethikrates wird ausgeführt, dass eine „Minderheit der Ratsmitglieder" diese verbrauchende Embryonenforschung prinzipiell ablehnt:

> „Für sie genießt jeder entstandene Embryo von Anfang an vollen (Würde-)Schutz, der eine in der Forschung sich manifestierende illegitime Instrumentalisierung ausschließe und ein unbedingtes Lebensrecht einschließe [...]." (DER 2019, S. 50)

Auffällig ist nun, dass in der Begründung dieser Positionierung an keiner Stelle ein explizit religiöser Bezug hergestellt wird. Religiöse Argumente, so wurde es auch in früheren Untersuchungen schon herausgestellt, können nicht eine „für alle gültige Norm" (NER, zitiert nach Voigt 2008, S. 260) begründen. Wie auch in anderen Zusammenhängen, in denen es um den moralischen Status des Embryos geht, bezieht sich auch die Begründung des Deutschen Ethikrates auf die so genannten SKIP-Argumente. Diese Argumente werden zwar häufig auch von kirchlichen Vertreter:innen genutzt, sie kommen tatsächlich aber ohne solche Wörter wie Gottesebenbildlichkeit oder Schöpfung aus. Dieses Bündel aus vier Argumenten ist inhaltlich vielmehr ein philosophisches – das gleichzeitig auch mit einer spezifischen Vorstellung der naturwissenschaftlichen Vorgänge einhergeht.

SKIP steht für die Anfangsbuchstaben der vier Argumente: 1) Das Speziesargument betont, dass die Zugehörigkeit zur Gattung Mensch schon die Würde begründen muss, unabhängig von den spezifischen Merkmalen des je einzelnen menschlichen Individuums. 2) Das Kontinuitätsargument stellt die kontinuierliche Entwicklung des Menschen von der befruchteten Eizelle bis zum ausgewachsenen Individuum heraus und weist daraufhin, dass zu keinem Zeitpunkt in dieser Entwicklung eine substanzielle Veränderung eintritt, die einen späteren Beginn der Menschenwürde rechtfertigen würde. 3) Das Identitätsargument baut darauf auf und verweist darauf, dass die Identität eines Menschen – auch im genetischen Sinne – von diesem frühen Stadium an bis zum Lebensende dieselbe bleibt. 4) Das Potenzialitätsargument schließlich begründet den frühen Würdeschutz damit, dass hier bereits die Möglichkeit einer Entwicklung angelegt ist, auch wenn sie aktuell noch nicht realisiert ist (vgl. Damschen und Schönecker 2003).

Die SKIP-Argumente prägen seit Jahrzehnten die Debatte, sie sind in unterschiedlicher Weise kritisiert und in Frage gestellt worden. Die Kritiken setzen insbesondere bei den zugrundeliegenden naturwissenschaftlichen Annahmen an. Beispielsweise wird argumentiert, dass der Zeitpunkt der Nidation, also der Einnistung der Blastozyste in die Gebärmutterschleimhaut, durchaus eine Zäsur in der Entwicklung darstelle und entsprechend der Würdeschutz auch von diesem Zeitpunkt an zu begründen wäre. Dass trotz dieser und anderer naturwissenschaftlicher Argumente jedenfalls ein Teil der Mitglieder des Deutschen Ethikrates an der Begründung mithilfe der SKIP-Argumente festhält zeigt, dass die Frage des moralischen Status des Embryos nicht allein naturwissenschaftlich zu klären ist. Offenbar führt erst die Verbindung von Weltauffassung und Kenntnis naturwissenschaftlicher Entwicklungen zu einer Positionierung.

Und diese Positionierung kann auch für Vertreter:innen der christlichen Religionen durchaus unterschiedlich sein. So enthält eine Stellungnahme der Evangelischen Kirche Deutschland zur Neuregelung des Schwangerschaftsabbruchs nach § 218 mindestens implizit auch die Idee eines gestuften Lebensschutzes (vgl. EKD 2023). Und was die Eingriffe in die menschliche Keimbahn angeht, leiten auch hier die SKIP-Argumente für deren Verfechter:innen nicht zu einer eindeutigen Positionierung. Schließlich steht der Lebensschutz der aktuellen Entität auch im Verhältnis zum Lebensschutz künftiger Generationen. Wie diese Abwägung zu entscheiden ist, hat wiederum vor allem damit zu tun, was der Wissenschaft zugetraut wird.

Explizite theologische Bezüge finden sich dann bezeichnenderweise gerade dort, wo sie gemeinhin vielleicht nicht erwartet würden: Bei der möglichen Begründung für die ethische Zulässigkeit oder sogar die ethische Gebotenheit von Eingriffen in die menschliche Keimbahn. Im Zusammenhang mit dem Kriterium der Natürlichkeit wird ausgeführt, dass Natürlichkeitsargumente „[...] allein kein geeignetes Mittel [seien], ein kategoriales Verbot genetischer Keimbahneingriffe zu therapeutischen oder darüber hinausgehenden Verbesserungszwecken zu rechtfertigen." (DER 2019, S. 135):

„Einer solchen weitreichenden Freisetzung des Menschen müssen im Übrigen auch spezifisch religiöse Annahmen eines Schöpfungsglaubens, wie sie etwa in den drei abrahamitischen Religionen vorhanden sind, keineswegs widersprechen. Aus jüdischer, christlicher und muslimischer Sicht zwingt der Glaube an die Allmacht des Schöpfers und die Integrität und Gutheit der Schöpfung nämlich keineswegs dazu, dem Menschen die rein passive Rolle des bloßen Erhaltens und Bewahrens zuzuweisen. Vielmehr ist diesen religiösen Auffassungen zufolge der Mensch als kulturschaffendes und grundsätzlich zur moralischen Verantwortungsübernahme befähigtes Wesen von Gott ausdrücklich dazu ermächtigt, in die geschaffene Wirklichkeit aktiv einzugreifen." (ebd.)

Eingriffe in die menschliche Keimbahn, so die Quintessenz dieses Zitats, können also gerade durch religiöse Bezüge begründet werden. Ganz offensichtlich lassen sich Positionen in dieser Debatte also nicht einfach zuordnen und in wissenschaftliche oder religiöse unterteilen.

Diskussionsfragen

- Die Veränderung der Keimbahn ist eines von mehreren bioethischen Themen, die in jüngerer Zeit intensiv diskutiert wurden. Welche anderen Beispiele sind aus Ihrer Sicht relevant? Welche Bedeutung haben in der Diskussion dieser Beispiele religiöse und wissenschaftliche Bezüge zur Legitimierung von Handeln?
- Der Einbezug von Theolog:innen und Kirchenvertreter:innen in ethische Kommissionen ist immer wieder auch umstritten. Was spricht aus Ihrer Sicht für, was gegen sie?
- Inwiefern erkennen Sie in diesen Debatten Aspekte der soziologischen Perspektiven auf Religion und Wissenschaft als Konflikt- oder Differenzverhältnis oder als Verhältnis unterschiedlicher epistemischer Stile wieder?

Literaturtipps

Literatur zum Einstieg
Kurreck, Jens/Beck, Birgit (2019): Kursbuch Bioethik. Berlin: Universitätsverlag der TU Berlin.
Schramme, Thomas (2002): Bioethik. Frankfurt am Main, New York: Campus.

Literatur zum Vertiefen – aus unterschiedlichen konfessionellen Perspektiven
Al-Bar, Mohammed Ali (2015): Contemporary Bioethics. Islamic Perspective. Cham: Springer Nature.
Crane, Jonathan K. (2013): Narratives and Jewish bioethics. Basingstoke: Palgrave Macmillan.
Crawford, S. Cromwell (2003): Hindu Bioethics for the Twenty-First Century. Albany: State University of New York Press (SUNY Series in Religious Studies). Online verfügbar unter http://gbv.eblib.com/patron/FullRecord.aspx?p=3408575.
Eich, Thomas (2008): Moderne Medizin und islamische Ethik. Biowissenschaften in der muslimischen Rechtstradition. Freiburg im Breisgau, Basel u. a.: Herder (Religion und Gesellschaft, Bd. 2).

Heinzmann, Richard/Selcuk, Mualla/Körner, Felix (2007): Menschenwürde. Grundlagen im Christentum und Islam. Stuttgart: Kohlhammer.

Keown, Damien (1995): Buddhism and Bioethics. 1995. Aufl. Basingstoke: Palgrave Macmillan UK; Palgrave Macmillan.

Körtner, Ulrich H. J. (Hg.) (2006): Lebensanfang und Lebensende in den Weltreligionen. Beiträge zu einer interkulturellen Medizinethik. Neukirchen-Vluyn: Neukirchener.

Schliesser, Christine (2020): Theologie im öffentlichen Ethikdiskurs. Leipzig: Evangelische Verlagsanstalt.

Voigt, Friedemann (Hg.) (2010): Religion in bioethischen Diskursen. Interdisziplinäre, internationale und interreligiöse Perspektiven. Berlin, Boston: De Gruyter.

12 Verschwörungsdenken

> **Überblick**
>
> Verschwörungsdenken bezeichnet eine Sicht auf die Welt, die davon ausgeht, dass nichts durch Zufall geschieht, nichts so ist, wie es scheint und alles mit allem verbunden ist. Gesellschaftlich problematisch ist diese Weltauffassung, weil sie nach Schuldigen sucht, die für eine Entwicklung verantwortlich gemacht werden können. Im öffentlichen Diskurs wird Verschwörungsdenken mal als religiös, unter dem Titel Verschwörungs*theorien* auch mal als Form von Wissenschaft bezeichnet. Damit fordert Verschwörungsdenken dazu auf, eine normativ wünschenswerte Form von Wissenschaft und von Religion zu entwickeln. Universeller Skeptizismus in der Wissenschaft und Wissen um den Glauben in der Religion werden als Vorschläge für dieses Vorhaben skizziert.

12.1 Einleitung

Das Schlagwort ‚Verschwörung' steht in jüngster Zeit im Zentrum vieler Auseinandersetzungen. Während der Covid-19-Pandemie schienen plötzlich viele Menschen zu ‚Verschwörungsgläubigen' zu werden, die sich vorher gar nicht in dieser Weise geäußert hatten. In der medialen Debatte wurden bald auch die Risiken solcher Bewegungen parallel zu den Risiken der Pandemie selbst thematisiert.

Tatsächlich ist Verschwörungsdenken kein Phänomen, das erst mit der Covid-19-Pandemie entstanden ist. Und mit etwas Abstand steht auch in Frage, ob alles, was in dieser Zeit als Verschwörungsdenken eingeordnet wurde, tatsächlich zu Recht diesen Titel bekommen hat. In jedem Fall aber ist die allgemeine Aufmerksamkeit für dieses Thema gewachsen – und das sicherlich aus gutem Grund.

Für uns ist alles, was mit dem Stichwort Verschwörung zu tun hat, deshalb von besonderem Interesse, weil hier Bezüge sowohl zu Religion als auch zu Wissenschaft nahegelegt werden – und dies auf eine Weise, die für das allgemeine Verständnis von Religion und Wissenschaft herausfordernd ist. Wer nämlich davon überzeugt ist, dass es sich bei Verschwörungsdenken nicht um Religion und nicht um Wissenschaft handelt, braucht dafür gute Argumente und ein eindeutiges Verständnis davon, was jeweils die Unterschiede sind.

Mit dieser Herausforderung geht dieses Kapitel um. Vorab steht also ein durchaus normativ geprägtes Selbstverständnis der Autorin dazu, dass sich Unterschiede zwischen Verschwörungsdenken und Religion auf der einen Seite und Wissenschaft auf der anderen Seite eindeutig identifizieren lassen. Um die zu entwickeln, befassen wir uns zunächst mit dem Phänomen Verschwörung selbst – und in dem Zusammenhang vor allem mit den Begriffen, die rund um dieses Phänomen genutzt werden. Wie manchen Leser:innen vielleicht aufgefallen ist, vermeide ich in dieser Hinführung bisher eine klare Festlegung, spreche von Verschwörung im ganz Allgemeinen oder von Verschwörungsdenken. Medial üblicher ist der Begriff Verschwörungstheorie oder in der deutschsprachigen wissenschaftlichen Debatte der des Verschwörungsnarrativs. Die jeweiligen Implikationen der Begriffswahl erörtern wir im Folgenden ebenso wie die gesellschaftspolitische Bedeutung des

Phänomens. Auf dieser Grundlage analysieren wir sodann zunächst das Verhältnis zwischen Verschwörungsdenken und Wissenschaft und dann das zwischen Verschwörungsdenken und Religion. Wenn wir im Fazit die Unterschiede zusammenfassen, überprüfen wir gleichzeitig das mit dieser Analyse verbundene Selbstverständnis dessen, was Religion und Wissenschaft im Kern ausmachen.

12.2 Was macht Verschwörungsdenken aus und welche gesellschaftliche Bedeutung ist damit verbunden?

Nehmen wir ein Beispiel: Bald nach Ausbruch der Covid-19-Pandemie kursierten Erzählungen darüber in den sozialen Medien, dass der Microsoft-Gründer Bill Gates dieses Virus kreiert und für dessen Verbreitung auf der Welt gesorgt hätte. Gates würde es demnach darum gehen, seine Weltherrschaft weiter auszubauen und dieses Ziel würde er nun über staatlich organisierte Zwangsimpfungen verfolgen. Diese Impfungen würden nämlich gleichzeitig dazu genutzt, allen Menschen einen Mikrochip zu implantieren, um dadurch Kontrolle über deren Gedanken zu bekommen.

Ich gehe davon aus, dass diese Erzählung für alle Leser:innen genauso abstrus klingt wie für mich. Gleichzeitig hat sie eine nicht unerhebliche Anzahl von Menschen überzeugt und hat sich ja offenbar so weit verbreitet, dass wir überhaupt von ihr wissen. Diese Geschichte vereint alles, was als Merkmale einer Verschwörungstheorie angenommen wird. Der US-amerikanische Politikwissenschaftler Michael Barkun (2013 [2003]) hat in seinem Grundlagenwerk zum Thema folgende drei Grundannahmen von „conspiracy theories" herausgestellt: Sie nehmen an, 1) dass nichts durch Zufall geschieht, 2) dass nichts so ist, wie es scheint und 3) dass alles mit allem verbunden ist.

Wenn wir uns diese drei Annahmen als grundlegende Haltung zur Welt vorstellen, dann wird jedenfalls schon ein wenig deutlicher, warum eine solche Geschichte für diejenigen, die eine solche Haltung haben, gut verfangen kann. Wenn keinerlei gedankliche Toleranz für Zufall besteht, dann ist ein Ereignis wie die Pandemie kaum zu verarbeiten beziehungsweise braucht deren Verarbeitung Wege, die jedenfalls in unseren Ohren abstrus klingen. Die zweite Annahme macht zudem Verschwörungsdenken zu einer Art Aufdeckungs- und Erleuchtungsakt: Nichts ist, wie es scheint, aber nur manche haben die Fähigkeit, die wahren Gründe für eine Entwicklung zu erkennen. Solche Aufdeckungsakte konnten gerade während der Covid-19-Pandemie viel Aufmerksamkeit auf sich ziehen, weil hier ansonsten die öffentliche Meinung deutlicher als zu anderen Zeiten und Themen recht geschlossen war – Positionen, die gängige Erklärungen in Frage stellten, also besonders auffällig waren. Die Annahme, dass alles mit allem zusammenhängt, macht es schließlich möglich und nötig, Erklärungsketten zwischen Ereignissen zu entwickeln und so kommt es hier zu Verbindungen zwischen Viren, Impfungen und Mikrochips.

Die gesellschaftspolitische Bedeutung von solchem Verschwörungsdenken wird aber erst deutlich, wenn wir uns auch die weiteren Implikationen dieser Annahmen vergegenwärtigen. Wenn nämlich davon ausgegangen wird, dass nichts durch

Zufall geschieht, dann bedeutet dies gleichzeitig, dass es eine oder mehrere Personen gibt, die alles planen und umsetzen (können). Und darum geht es hier vor allem: die Schuldigen für eine Entwicklung zu identifizieren. Der Weg dieser Identifizierung funktioniert dann von hinten nach vorn und die entscheidende Frage ist: Wem nützt es? (vgl. Butter 2018). In dieser Logik wird nachvollziehbar, warum Bill Gates oft im Zentrum von Verschwörungsdenken steht. Wikipedia erwähnt in den ersten Zeilen des Eintrags zu ihm, dass er als der viertreichste Mann der Welt gilt.[23] Gleichzeitig war er wesentlich beteiligt an der Entwicklung von Technologien, die nur Wenige in der Tiefe durchschauen können. Er bildet daher eine ideale Projektionsfläche für diejenigen, die (wie wohl von einer Portion Neid und Technikskepsis getrieben) nach Erklärungen für schwer Erklärbares suchen.

In der Welt der Verschwörungstheorien gibt es wenige Schuldige, viele Ahnungslose und manche Erleuchtete. Und wer sich selbst für erleuchtet in diesem Sinne hält, kann möglicherweise auch für sich Gewalt als Mittel zur Rettung der Welt rechtfertigen. Dabei reproduzieren Verschwörungstheorien häufig – vielleicht immer – Ressentiments, die ohnehin Gesellschaften spalten. Antisemitismus und Verschwörungstheorien stehen in einem sehr engen Zusammenhang – so ist etwa das Ressentiment gegenüber Vermögenden, wie wir es oben gegenüber Bill Gates gesehen haben, zugleich eine Chiffre für eine antisemitische Aussage in einer Umgebung, in der Antisemitismus unter starker Beobachtung steht (vgl. Salzborn 2021). Gesellschaftspolitisch problematisch sind Verschwörungstheorien auch deshalb, weil sie nicht diskursoffen sind und gleichzeitig Misstrauen gegenüber allen demokratischen Institutionen schüren – eine angenommene Verschwörung im Sinne dieses Denkens kümmert sich nicht um Parlamente.

Insbesondere in der deutschsprachigen sozialwissenschaftlichen Auseinandersetzung mit diesem Phänomen ist eine Debatte darüber entstanden, welcher Begriff am besten geeignet wäre, um das oben Beschriebene zu fassen. International üblich ist der Begriff „conspiracy theory" – also „Verschwörungstheorie". Manche Autor:innen stören sich an dem Begriff der Theorie, weil er eine Wissenschaftlichkeit unterstellen würde, die solche Erzählungen aber gerade nicht erfüllen würden. Pia Lamberty, Sozialpsychologin und prominente Protagonistin in dieser Debatte, plädiert daher für den Begriff der Verschwörungs*narrative* (vgl. Nocun und Lamberty 2021). Damit nutzt sie einen in der Sozialwissenschaft verbreiteten Terminus, mit dem die Perspektivgebundenheit jeder Weltauffassung betont wird und der gleichzeitig zur empirischen Rekonstruktion dieser Weltauffassung auffordert. Weitere Begriffe in der Debatte sind Verschwörungsideologien und Verschwörungsmythen. Ersteres betont vor allem die Geschlossenheit des Weltbildes und die Immunität gegenüber Belegen, die diese Ideologie auch in Frage stellen könnten. Letzteres nimmt Bezug auf solche Erzählungen, in denen auch erdachte Figuren eine Rolle spielen – zum Beispiel Reptiloide. Ich habe schließlich in diesem Kapitel schon häufig von Verschwörungsdenken geschrieben – der jedenfalls nach meiner Rezeption offenste Begriff, der gleichzeitig eine gute Brücke

---

23 https://de.wikipedia.org/wiki/Bill_Gates

zu unserer Auseinandersetzung mit Religion und Wissenschaft als epistemische Stile schlagen kann.

Von all diesen Begriffen zu unterscheiden ist schließlich der der Verschwörung. Tatsächlich gab und gibt es immer wieder auch reale Verschwörungen im Sinne einer geheimen Absprache von mehreren, mit der eine bestimmte Tat geplant und umgesetzt wird, um ein bestimmtes Ziel zu erreichen. Häufig wird in dem Zusammenhang die Ermordung Julius Cäsars im Jahr 44 vor Christus genannt (vgl. Butter 2018, S. 5). Dabei handelt es sich aber eben um spezifische abgrenzbare Akte, deren Zusammenhänge sich real nachvollziehen lassen, und die nicht Ausgangspunkt für ein ganzes Weltbild werden.

Mit dieser kleinen Begriffsauseinandersetzung sind wir allerdings schon mittendrin in den zu begründenden Abgrenzungen. Wie wir das nennen, hat nämlich nicht nur damit zu tun, wie wir das Phänomen Verschwörungstheorie, -narrativ, -mythos, -ideologie einschätzen, sondern auch damit, was wir unter Wissenschaft – und unter Religion – verstehen. Zu dieser Auseinandersetzung kommen wir jetzt.

12.3 Verschwörungsdenken und Wissenschaft

Wenn wir das Verhältnis zwischen Verschwörungsdenken und Wissenschaft in den Blick nehmen, können wir unmittelbar an oben erwähnte Debatte über den Begriff der Verschwörungs*theorien* anknüpfen. Michael Butter (2018), ein viel zitierter Autor zum Thema, plädiert dafür, durchaus von Verschwörungstheorien zu sprechen und eben nicht von -ideologien oder -mythen. Sein Argument ist, dass hinter der Ablehnung des Begriffes eigentlich ein zu unreflektiertes Verständnis von wissenschaftlichen Theorien stehen würde. Tatsächlich gehe es beim Begriff der wissenschaftlichen Theorie zunächst nur darum, dass sie von ihrer Struktur her auch (mit zusätzlicher empirischer Forschung) in Frage gestellt werden kann. Mit dieser Aussage bezieht er sich auf Karl Popper (1959 [1934]), der das Prinzip der Falsifikation gegen das bis dahin übliche der Verifikation in die Wissenschaftstheorie einbrachte: Eine wissenschaftliche Theorie zeichne sich demnach dadurch aus, dass sie falsifiziert werden kann.

Butter macht nun deutlich, dass die von Verschwörungsdenkenden entwickelten Theorien durchaus diese Struktur hätten. Und tatsächlich ließe sich ja die Art der Aussage „Bill Gates hat das Virus erschaffen" prinzipiell durch empirische Belege wissenschaftlich widerlegen. Der Unterschied zwischen der Debatte um eine wissenschaftliche Theorie und der um eine Verschwörungstheorie ist dann allerdings, dass die Anhänger:innen Letzterer sich von solchen Belegen nicht von ihrer Theorie abbringen lassen würden.

Wenn wir dem folgen, dann wird erkennbar, dass das Problem vielleicht weniger in dem Wort ‚Theorie' liegt als in der damit verbundenen Unterstellung, dass diejenigen, die Theorien aufstellen, gleichzeitig auch einen wissenschaftlichen Denkstil pflegen würden. Popper nimmt nämlich in der Tat einen bestimmten wissenschaftlichen Denkstil an, wenn er die Falsifizierbarkeit zum Kriterium einer wissenschaftlichen Theorie macht: Wissenschaftler:innen sollten demnach nämlich immer danach streben, dass die eigene Theorie falsifiziert wird. Denn erst durch die Falsifizierung kann Neues entstehen und die Wissenschaft als Ganzes vorangetrieben werden. Wissenschaftler:innen müssten dann gerade darauf hoffen, dass sie von anderen widerlegt werden.

In einem Artikel zur Abgrenzung zwischen Wissenschaft und Nicht-Wissenschaft von 1974 beschreibt er sein Bild wissenschaftlicher Persönlichkeiten wie folgt:

> „Und das Bild wird eine grobe Vereinfachung sein: es sind Menschen mit mutigen Ideen, die aber ihren eigenen Ideen gegenüber höchst kritisch sind, indem sie versuchen herauszufinden, ob sie nicht vielleicht falsch sind" (Popper 1997, S. 104)

Wenn wir diese Charakterisierung eines wissenschaftlichen Denkstils dem gegenüberstellen, was als Merkmal von Verschwörungstheorien angenommen wird, dann wird der Unterschied sofort offenkundig: Verschwörungstheorien suchen nach Belegen zur Unterstützung ihrer Theorie und sind nicht nur nicht interessiert an einer Hinterfragung, sondern immunisieren sich gleichsam gegen sie.

Wenn wir uns an die Arbeiten von Ludwik Fleck (siehe Kapitel 4.2) erinnern, dann wird gleichzeitig deutlich, dass Popper von einem idealisierten Bild von Wissenschaftspersönlichkeiten (in seinen Darstellungen in der Regel Männer) ausgeht, die ganz dem Dienst an der Wahrheit verschrieben sind. Tatsächlich hat die Wissenschaftssoziologie inzwischen vielfältig herausgestellt, dass es auch im wissenschaftlichen Betrieb um vieles anderes geht als um die mutige Entwicklung von Ideen und schließlich heroische Bezweiflung dieser Ideen. Sozialdynamiken spielen in diesem Betrieb ebenso eine Rolle wie in anderen sozialen Bereichen und Thomas Kuhn (1962) hat prominent beschrieben, wie auch hier lange Zeit an Theorien festgehalten wird, obwohl es längst Belege gegen sie gibt. Das Bild, das Popper von der einer wissenschaftlichen Persönlichkeit zeichnet, ist also in hohem Maße idealisiert. Und doch, und das ist der entscheidende Unterschied zu den Theoretisierungsanstrengungen von Verschwörungsdenker:innen, ist dieses Ideal normativ wirksam. Wissenschaftler:innen stehen unter Rechtfertigungsdruck, wenn sie ihre Theorien nicht offen befragen lassen. Der Soziologe Robert K. Merton (1910–2003) hat dies den *Ethos* der Wissenschaft genannt (vgl. Merton 1942). Innerhalb einer Gruppe von Verschwörungsdenker:innen besteht dieser Rechtfertigungsdruck nicht.

Popper ist dabei auch derjenige, der den Begriff der Verschwörungstheorie früh in die Debatte eingebracht und theoretisiert hat. Der Zusammenhang, in dem er dies tat, ist eine Kritik an Hegel und Marx, die später vielfältig als ungerechtfertigt kritisiert wurde – eine Debatte, die wir hier nicht vertiefen können. Relevant für unser Interesse ist aber, was Popper als Merkmal und auch als Begründung für die Popularität von Verschwörungstheorien schon früh annimmt. Zunächst seine Definition:

> „Um meine Gedanken zu verdeutlichen, werde ich in kurzen Zügen eine Theorie beschreiben, die weit verbreitet ist, die aber das genaue Gegenteil

> dessen annimmt, was ich für das richtige Ziel der Sozialwissenschaften halte; ich nenne sie die Verschwörungstheorie der Gesellschaft. Diese Theorie behauptet, daß die Erklärung eines sozialen Phänomens in dem Aufweis der Menschen und Gruppen besteht, die am Eintreten dieses Phänomens ein Interesse haben (dieses Interesse ist manchmal verborgen und muß erst enthüllt werden) und die zum Zwecke seiner Herbeiführung Pläne gemacht und konspiriert haben." (Popper 1945, S. 181)

Popper führt also den Begriff der Verschwörungstheorie ein, wenn er sich mit dem Ziel der Sozialwissenschaften auseinandersetzt. Verschwörungstheorien im von ihm definierten Sinne verdeutlichen damit, was Sozialwissenschaft *nicht* ist: Die Identifikation von Verantwortlichen oder Schuldigen – wir erinnern uns an die Charakterisierung oben, nach der es das Merkmal von Verschwörungsdenken ist, danach zu fragen, wem etwas nützt.

Popper rekonstruiert nun, welche Idee von Planbarkeit und Handlungsfähigkeit mit einer solchen Haltung verbunden ist:

> „Diese Auffassung von der Aufgabe der Sozialwissenschaften entspringt natürlich der irrtümlichen Theorie, daß alle Vorgänge innerhalb einer Gesellschaft – insbesondere Kriege, Arbeitslosigkeit, Armut, Mangelerscheinungen, also Vorgänge, die die Menschen in der Regel unangenehm finden – das Ergebnis eines direkten Plans von Seiten gewisser mächtiger Individuen oder Gruppen sind." (ebd., S. 182)

Popper beschäftigt sich hier noch ausgiebiger mit dem Glauben an die Macht der Handlung von einzelnen Personen. Oben wurde als Merkmal von Verschwörungstheorien eingeführt, dass sie keinerlei Zufall tolerieren, dies entspricht der hier von Popper identifizierten Haltung. Interessant ist nun, wie er die Popularität von Verschwörungstheorien begründet:

> „Der Glaube an die homerischen Götter, deren Verschwörungen die Geschichte des Trojanischen Kriegs erklären, ist verschwunden. Die Götter sind abgeschafft. Aber ihre Stelle nehmen nun mächtige Männer oder Gruppen ein – unheilvolle Druckgruppen, deren Bosheit für alle Übel verantwortlich ist, unter denen wir leiden – wie die Weisen von Zion, die Monopolisten, die Kapitalisten oder die Imperialisten." (ebd.)

Verschwörungstheorien in dieser Deutung sind also keine Theorien im wissenschaftlichen Sinn, weil ihre Vertreter:innen nicht an einer Falsifikation interessiert sind. Möglicherweise, so hier die Aussage von Popper, sind sie ein Religionsersatz – Theorien, die dabei helfen, das Unerklärbare, das bisher den Göttern zugeschrieben werden konnte, nun mächtigen innerweltlichen Kräften zuzuschreiben.

Was haben Verschwörungstheorien mit Religion zu tun? Zu dieser Auseinandersetzungen kommen wir nun.

12.4 Verschwörungsdenken und Religion

Die These, die Popper vor nunmehr rund 80 Jahren aufgestellt hat, ist auch in der aktuellen Debatte wieder geläufig: Verschwörungstheorien wären eine Art Ersatzreligion. Und tatsächlich, wenn wir uns die verschiedenen Aussagen zu Religion in Erinnerung rufen, die wir weiter oben schon kennengelernt haben, dann liegen gewisse Parallelen auf der Hand. Dabei argumentiert Popper klar funktionalistisch: Wenn Religion früher die Funktion hatte, Unerklärbares zu erklären, dann könnte diese Funktion heute (für manche Menschen jedenfalls) der Glaube an eine Verschwörungstheorie übernehmen. Mit Niklas Luhmann gesprochen, geht es dabei auch um die Funktion der Kontingenzbewältigung. Wenn Kontingenz meint, dass die Dinge immer auch anders sein können als sie gerade sind, dann ist Kontingenzbewältigung eine Strategie, um mit der damit verbundenen steten Erwartungsunsicherheit umzugehen. Religion überführt diese Unsicherheit, die in Krisenzeiten besonders ausgeprägt ist, in den Glauben an einen verborgenen göttlichen Plan, Verschwörungstheorien in den Glauben an einen Plan von mächtigen Verschwörungsakteuren.

Inwiefern der Ausdruck Religion zur Bezeichnung von Verschwörungsdenken angemessen sein kann, hängt darüber hinaus dann aber wesentlich von der Religionsdefinition ab. Wenn wir uns ganz auf die Funktion der Kontingenzbewältigung fokussieren, dann kann, wie beschrieben, eine solche Parallele naheliegen. Die Frage, die damit gleichzeitig aufgerufen wird, ist aber, ob Religion diese Funktion auf dieselbe Weise erfüllt wie Verschwörungsdenken. Und aus dieser Perspektive werden auch Grenzen des Vergleichs schnell deutlich. Wenn wir etwa bei dem Begriff der Kontingenzbewältigung nach Luhmann bleiben, dann ist damit immer auch ein Aspekt der Kontingenz*akzeptanz* verbunden. Der Ausspruch ‚so Gott will', der seine Entsprechungen in allen anderen Weltreligionen hat, drückt diese Akzeptanz besonders sinnfällig aus: Religiöser Glaube geht mit einer Art Selbstbeschränkung in der Suche nach eindeutigen Antworten und Kontrolle einher – ein Aspekt, den wir etwa auch bei der Beschreibung des religiösen Sprachstils bei Latour kennengelernt haben.

Verschwörungsdenken kennt dagegen diese Selbstbeschränkung nicht, sondern sucht gerade weiter nach Zusammenhängen, die eine eindeutige Verantwortung von angenommenen mächtigen Verschwörungsakteuren belegen könnten. Susanne Schaaf, Psychologin und Leiterin einer Fachstelle für Sektenfragen in der Schweiz, hat diesen Unterschied in einem Interview so ausgedrückt: „Mitglieder von Religionsgemeinschaften wissen, dass sie glauben. Verschwörungsgläubige sind hingegen überzeugt, dass sie wissen und ihr Wissen belegen können." (zitiert in: Küng 2021)

Neben der Funktion der Kontingenzbewältigung, so können wir weiter überlegen, können Verschwörungstheorien möglicherweise auch die Funktion der Gemeinschaftsbildung erfüllen, die ja ebenfalls über lange Zeit der Religion zugeschrieben wurde. Der Schriftsteller Tobias Ginsburg (2018) hat sich einmal für ein paar Monate inkognito in der Lebenswelt der „Reichsbürger" aufgehalten und hat seine Erlebnisse literarisch aufgearbeitet. In dieser Darstellung wird deutlich, wie sehr das Verschwörungsdenken von einer verschworenen Gemeinschaft getragen und vorangetrieben wird, wie Anfragen von Menschen außerhalb dieser Gemeinschaft zu einer immer stärkeren Grenzziehung nach außen und damit verbundener Stärkung des Gemeinschaftsgefühls im Inneren führt. Vor diesem Hintergrund ist es auch verständlich, dass Verschwörungstheorien häufig aus der Perspektive der Sektenforschung betrachtet werden, beziehungsweise dass Beratungsstellen für Sektenfragen um Rat im Umgang mit Verschwörungsdenkenden gefragt werden und dass auch die Bundesstelle für Sektenfragen sich mit diesem Phänomen beschäftigt (vgl. Bundesstelle für Sektenfragen 2021).

Auch im Zusammenhang mit dem Gemeinschaftsgefühl stoßen wir also auf Definitionsfragen: Geht es eher um Ähnlichkeiten zu Religion oder doch zu Sekten und was meint das Eine und was das Andere? Auf solche Definitionsfragen stoßen schließlich auch diejenigen Forscher:innen, die sich mit dem Zusammenhang zwischen Religion und Verschwörungsdenken mit Mitteln der quantitativen Sozialforschung nähern. Die hier im Raume stehende Frage lautet: Sind religiöse Menschen anfälliger für die Annahme von Verschwörungstheorien als nicht-religiöse? Inzwischen gibt es eine ganze Reihe von Versuchen, diese Frage zu operationalisieren und zu erheben, die Befunde sind aber keineswegs eindeutig.

So zeigen manche Studien das Gegenteil und betonen, dass Religiosität gerade in Krisen wie der Covid-19-Pandemie eine Form von Resilienz bietet und religiöse Menschen damit weniger anfällig für den Glauben an Verschwörungstheorien wären (vgl. Roberto et al. 2020). Diejenigen Studien, die einen positiven Zusammenhang zwischen Religiosität und Verschwörungsdenken feststellen, qualifizieren dann noch einmal genauer, welche Form von Religiosität sie dabei untersuchen beziehungsweise unterscheiden zwischen Religiosität und anderen abgrenzenden Begriffen. So kommt zum Beispiel eine repräsentative Befragung in Polen zu dem Ergebnis, dass Menschen mit einer fundamentalistisch religiösen Haltung häufig auch an Verschwörungstheorien glauben. Dasselbe gilt aber nicht für Menschen, die sich in einem allgemeinen Sinne als religiös beschreiben. (vgl. Łowicki et al. 2022)

Eine Studie in der Schweiz während der Covid-19-Pandemie betont den Unterschied zwischen Religiosität und Spiritualität (vgl. Schwaiger et al. 2023). Und während Religiosität im Sinne einer Selbsteinschätzung oder auch im Sinne von Konfessionszugehörigkeit kaum einen Einfluss auf den Glauben an Verschwörungstheorien haben, finden die Autor:innen durchaus einen solchen in Bezug auf Spiritualität.

Dabei stellt sich natürlich die Frage, was hier unter Spiritualität verstanden wird. Und wenn wir uns die Fragen anschauen, die als Indikator für das Maß an Spiritualität gestellt wurden, dann ist ein Zusammenhang zu Verschwörungsdenken hier möglicherweise auch bereits methodisch nahegelegt. Eine Frage lautet zum Beispiel: „Jeder Mensch hat ein höheres spirituelles Selbst, das erweckt und erleuchtet werden kann". Eine andere: „Das gesamte Universum entspringt der einen universellen spirituellen Energie." Die Erste Frage zielt auf die individuelle Erleuchtung und die zweite darauf, dass alles mit allem zusammenhängt – beides Aspekte, die wir als zentral für Verschwörungsdenken kennengelernt haben. Wenn wir Spiritualität und Verschwörungsdenken als epistemische Stile betrachten, dann finden sich hier – jedenfalls bei dieser Definition von Spiritualität – also Strukturähnlichkeiten.

Die Zusammenhänge zwischen Religion und Verschwörungsdenken sind also nicht so eindeutig. Zwar legen Begriffe wie Verschwörungs*glaube*, die Selbstdarstellung als Gemeinschaft von Erleuchteten oder auch der missionarische Eifer im Milieu von Verschwörungsdenker:innen einen Zusammenhang nahe. Wenn wir aber genauer prüfen, dann ist es doch eher eine bestimmte Art von Religiosität, für die ein solcher Zusammenhang naheliegend ist und zwar eine solche, die jedenfalls von der normativen Idee einer „aufgeklärten" Religion, wie sie Habermas beschrieben hat, weit entfernt ist.

12.5 Fazit

Der letzte Gedanke macht noch einmal deutlich, dass das Nachdenken über Verschwörungsdenken und dessen Zusammenhänge zu Wissenschaft auf der einen Seite und Religion auf der anderen Seite ein durch und durch normatives Unterfangen ist. Der Begriff der Verschwörungstheorie wurde schon von Popper in einer abgrenzenden Absicht eingeführt und auch im heutigen Diskurs geht es um ein Phänomen, das als Risiko für zeitgenössische Gesellschaften im Allgemeinen und für liberale Demokratien im Besonderen zu verstehen ist. Und in diesem normativen Bewusstsein ist auch dieses Kapitel geschrieben.

Gleichwohl weist die Auseinandersetzung auch darauf hin, wie Kategorisierungen allein diesem normativen Anliegen kaum Rechnung tragen können. Wenn wir etwas Verschwörungstheorie oder -narrativ nennen, dann drückt dies in aller Regel aus, dass hier etwas passiert, das nicht unseren normativen Idealen entspricht. Wenn Ähnlichkeiten zwischen Verschwörungsdenken und Religion oder Wissenschaft betont werden, oder wenn etwa gesagt wird, dass das „so anders ja auch gar nicht ist", was eben Religion oder Wissenschaft ausmacht, dann ist mit dieser Aussage gleichzeitig auch eine Kritik an eben Religion und Wissenschaft ausgedrückt.

Die Debatte um Verschwörungsdenken kann also dazu führen, noch einmal neu zu fragen, was eine normativ gewünschte Form von Wissenschaft und von Religion ist, die dann auch von Verschwörungsdenken klar zu unterscheiden ist. Ansatzpunkte zur Beantwortung dieser Frage wurden in diesem Kapitel zusammengestellt – in weiterer Diskussion gilt es, diese zu vertiefen.

Diskussionsfragen

- Welche Werte stehen in Debatten um Verschwörungsdenken auf dem Spiel?
- Wie könnte eine gesellschaftliche Auseinandersetzung über solche Werte aussehen?
- Die EU-Kommission hat gemeinsam mit der UNESCO Handreichungen zum Umgang mit Verschwörungsdenken herausgegeben. Sie finden sie im Internet unter: https://commission.europa.eu/strategy-and-policy/coronavirus-response/fighting-disinformation/identifying-conspiracy-theories_de
    - Inwiefern halten Sie diese Handreichungen für hilfreich, inwiefern nicht?
    - Wie kommen Wissenschaft und Religion explizit oder implizit in diesen Handreichungen vor? (Inwiefern) Sehen Sie Bezüge zu den Ansätzen, die wir in den Kapiteln zu soziologischen Perspektiven kennengelernt haben?

Literaturtipps

Literatur zum Einstieg
Nocun, Katharina/Lamberty, Pia (2021): Fake facts. Köln: Quadriga.
Schwaiger, Lisa/Schneider, Jörg/Eisenegger, Mark/Nchakga, Camille (2023): Verschwörung als Ersatzreligion? Religiosität, Spiritualität und Verschwörungsaffinität in Zeiten gesellschaftlicher Krisen. In: Zeitschrift für Religion, Gesellschaft und Politik 7, S. 617–638.

Literatur zum Vertiefen
Barkun, Michael (2013 [2003]): A Culture of Conspiracy. Second edition. Berkeley: University of California Press.
Butter, Michael (2018): „Nichts ist, wie es scheint". Berlin: Suhrkamp.

13 Ausblick

Im Zentrum dieses Buches stand nur vordergründig das Verhältnis zwischen Religion und Wissenschaft. Eigentlich ging es um die darunter liegende Frage, wie Gewissheit in Gesellschaften hergestellt wird. Und für die Herstellung von Gewissheit, so haben wir gesehen, sind religiöse und wissenschaftliche Bezüge sowie deren Verhältnis zueinander von größter Bedeutung.

Wie diese Verhältnisse konzipiert werden, das haben die Auseinandersetzungen in Teil I gezeigt, hängt wesentlich davon ab, welche Definitionen von Religion und von Wissenschaft jeweils zugrunde gelegt werden. Grob gesagt, geht die Konfliktthese von Religion und Wissenschaft als zwei unterschiedliche Welterklärungen aus, die sich quasi zwangsläufig dogmatisch gegenüberstehen müssen. In der Differenzbeschreibung liegt der Fokus stärker auf der Funktion von religiösen Institutionen auf der einen Seite und wissenschaftlichen Institutionen auf der anderen Seite. Zwischen diesen Institutionen kann aus dieser Perspektive je nach Zugang mehr oder weniger Spannung entstehen oder sie können sich komplementär ergänzen. Wenn schließlich von Religion und Wissenschaft als epistemische Stile gesprochen wird, dann wird der Blick auf die Prozesse gelenkt, die solche Institutionen erst herstellen: Religion und Wissenschaft werden nicht nur nicht eindeutig in einem spezifischen Verhältnis zueinander gesehen, sondern das, was überhaupt Religiöses auf der einen Seite und Wissenschaftliches auf der anderen Seite ausmacht, wird hier zur klärungsbedürftigen Frage.

Dass alle drei Perspektiven in realen Debatten miteinander verschränkt vorkommen, macht schon der Blick in die Geschichte deutlich (Teil II): In Auseinandersetzungen um die Arbeiten von Galileo Galilei, Isaac Newton und Charles Darwin ging es sowohl um Welterklärung als auch um Macht- und Aufgabenteilungen im institutionellen Gefüge der Zeit als auch um die Frage, welche Art von Gewissheit wie zu erreichen ist. Aktuelle historische Forschung legt allerdings nahe, dass die Auseinandersetzungen der Zeit deutlich differenzierter geführt wurden, als die spätere Zuspitzung in der Konfliktthese dies nahelegt.

Im dritten Teil schließlich wird erkennbar, welche Bedeutung Auseinandersetzungen zu Verhältnissen zwischen Religiösem und Wissenschaftlichem auch aktuell haben. Jedenfalls in Deutschland werden diese Auseinandersetzungen nicht immer laut und explizit unter dem Titel ‚Religion und Wissenschaft' geführt. Aber Debatten zur Theologie, zu Geschlecht und geschlechtlicher Vielfalt, zu Medizin, Bioethik oder Verschwörungsdenken zeigen, wie komplex die Bezüge sind, mit denen Gewissheiten hergestellt und legitimiert werden. Die Aufgabe der Sozialwissenschaften ist es, diese Komplexität verstehbar zu machen. Die mit diesem Buch verbundene normative Aufforderung heißt, sich nicht mit schnellen Kategorisierungen zufrieden zu geben, sondern danach zu fragen, was eigentlich passiert, wenn etwas als Religion oder als Wissenschaft bezeichnet wird.

Die Bedeutung dieser Auseinandersetzung ist selbstverständlich nicht auf die hier ins Zentrum gestellten Themen beschränkt. Beispielsweise wurde hier nicht über den ganzen Bereich der Physik gesprochen – aktuelle Entwicklungen in der Astro-

13 Ausblick

physik etwa machen die Frage nach Quellen von Gewissheit neu brisant. Auch in Kontroversen zum Klimawandel und zum angemessenen Umgang damit stehen aktuell religiöse und wissenschaftliche Bezüge in komplexer Weise miteinander in Beziehung. Und auch hier ist es normativ so erforderlich, Diskursschließungen zu verhindern.

Diese und weitere Themen müssen auf folgende Bücher verschoben werden, die möglicherweise dann auch von den Leser:innen dieser Einführung verfasst werden.

Literaturverzeichnis

Ackroyd, Peter (2006): Isaac Newton. London: Chatto & Windus (Ackroyd's brief lives).
Adorno, Theodor W. (1975): Der Positivismusstreit in der deutschen Soziologie. (u. a) 4. Aufl. Neuwieb. Berlin: Luchterhand (Soziologische Texte, Bd. 58).
AfD, Alternative für Deutschland (2016): Programm für Deutschland. Das Grundsatzprogramm der Alternative für Deutschland. im Internet: https://www.afd.de/grundsatzprogramm/ (letzter Aufruf: 23.07.2024).
AKEK, Arbeitskreises Medizinischer Ethik-Kommissionen (2024): Über uns. im Internet: https://www.akek.de/ (letzter Aufruf: 26.08.2024).
Altmann, Matthias (2018): „Nihil obstat": Wenn dem Lehrstuhl nichts im Wege steht. Die Besonderheiten bei der Berufung von Theologieprofessoren. im Internet: https://www.katholisch.de/artikel/19243-wenn-dem-lehrstuhl-nichts-im-wege-steht.
Anton, Andreas; Schetsche, Michael (2020): Im Schatten des Szientismus. Das Paranormale in der DDR. In: Zeitschrift für Anomalistik 20 (1–2), S. 118–130.
Arns, Paulo Evaristo (1986): Die Theologie der Befreiung: Hoffnung oder Gefahr für die Kirche? 1. Aufl. Hg. v. Johann Baptist Metz. Düsseldorf: Patmos-Verl. (Patmos Paperback, Bd. 122).
Barbour, Ian G. (1966): Issues in science and religion. London: SCM Pr.
Barkun, Michael (2013 [2003]): A Culture of Conspiracy. Apocalyptic Visions in Contemporary America. Second edition. Berkeley: University of California Press (Comparative studies in religion and society, 15). Online verfügbar unter https://www.jstor.org/stable/10.1525/j.ctt3fh35v.
Bausenhart, Guido (2016): Einführung in die Theologie. Genese und Geltung theologischer Aussagen. 1. Aufl. Freiburg im Breisgau: Herder.
Bayertz, Kurt (2009): Sozialdarwinismus in Deutschland 1860–1900. In: Eve-Marie Engels (Hg.): Charles Darwin und seine Wirkung. Orig.-Ausg., 1. Aufl. Frankfurt am Main: Suhrkamp (Suhrkamp-Taschenbuch Wissenschaft, 1903), S. 178–202.
Beaufaÿs, Sandra (2003): Wie werden Wissenschaftler gemacht? Beobachtungen zur wechselseitigen Konstitution von Geschlecht und Wissenschaft. Bielefeld: transcript Verlag. Online verfügbar unter https://library.oapen.org/bitstream/id/a127c855-6343-4e45-bb05-b808768f4235/1007396.pdf.
Beier, Klaus M.; Loewit, Kurt; Bosinski, Hartmut A. G. (2021): Anthropologische Grundlagen. In: Klaus M. Beier, Hartmut A. G. Bosinski, Kurt Loewit und Bettina Böttcher (Hg.): Sexualmedizin. Grundlagen und Klinik sexueller Gesundheit. 3. Aufl. München: Elsevier, S. 86–104.
Berger, Julia (2022): Führungskräfte in christlichen Krankenhäusern: Vertrauensbeziehungen als Grundlage für den Unternehmenserfolg. Unter Mitarbeit von Doris Nauer. Vallendar: Philosophisch-Theologische Hochschule Vallendar.
Berger, Peter L.; Luckmann, Thomas (1963): Sociology of Religion and Sociology of Knowledge. In: Sociology and Social Research 47 (4), S. 417–427.
Berger, Peter L.; Luckmann, Thomas (1966): Die gesellschaftliche Konstruktion der Wirklichkeit. Eine Theorie der Wissenssoziologie. Frankfurt am Main: Fischer-Taschenbuch-Verlag.
Biancucci, Duilio (1987): Einführung in die Theologie der Befreiung. München: Kösel (Reihe: Evangelium konkret).
BMBF, Bundesministerium für Bildung und Forschung (2023a): Islamische Theologie. im Internet: https://www.bmbf.de/bmbf/de/forschung/geistes-und-sozialwissenschaften/islamische-theologie/islamische-theologie_node.html (letzter Aufruf: 22.07.2024).
BMBF, Bundesministerium für Bildung und Forschung (2023b): Zweiter Gleichstellungsbericht der Bundesregierung. Eine Zusammenfassung. Berlin. Online verfügbar unter https://www.bmfsfj.de/resource/blob/122398/87c1b52c4e84d5e2e5c3bdfd6c16291a/zw

eiter-gleichstellungsbericht-der-bundesregierung-eine-zusammenfassung-data.pdf (letzter Aufruf: 23.07.2024).

Bocksch, René (2023): So verbreitet ist der Glaube an alternative Heilmethoden. Statista Befragung. Im Internet: https://de.statista.com/infografik/31444/anteil-der-befragten-die-alternative-heilmethoden-der-schulmedizin-vorziehen/ (letzter Aufruf: 28.08.2024).

Bogner, Alexander (2011): Die Ethisierung von Technikkonflikten. Studien zum Geltungswandel des Dissenses. Weilerswist: Velbrück.

Böhm, Julius (2022): Nach Druck von radikalen Aktivisten: Humboldt-Uni sagt Geschlechter-Vortrag von Biologin ab. Sicherheitsbedenken nach Demo-Aufruf. In: Bild, 02.07.2022.

Breuer, Marc (2019): Talcott Parsons: The Theoretical Development of the Sociology of Religion. A Chapter in the History of Modern Science. In: Christel Gärtner und Gert Pickel (Hg.): Schlüsselwerke der Religionssoziologie. Wiesbaden, Heidelberg: Springer VS (Veröffentlichungen der Sektion Religionssoziologie der Deutschen Gesellschaft für Soziologie), S. 191–199.

British Humanist Association (2012): The Bus Campaign. Im Internet: http://www.humanism.org.uk/bus-campaign (letzter Aufruf: 01.08.2019).

Brocker, Manfred (2004): Protest – Anpassung – Etablierung. Die Christliche Rechte im politischen System der USA. Frankfurt am Main: Campus Verlag.

Brocker, Manfred (2007): Die christliche Rechte in den USA. In: Aus Politik und Zeitgeschichte (6), S. 24–31.

Brooke, John Hedley (1991): Science and Religion. Some Historical Perspectives. New York, Port Chester, Melbourne, Sydney: Cambridge University Press.

Brooke, John Hedley (2001): The Wilberforce-Huxley Debate: Why did it happen? In: Science and Christian Belief 13 (1), S. 127–141.

Bruchhausen, Walter (2011): Beziehungen zwischen Gesundheit und Religion von der Frühgeschichte bis zur Neuzeit. In: Constantin Klein, Hendrik Berth und Friedrich Balck (Hg.): Gesundheit – Religion – Spiritualität. Konzepte, Befunde und Erklärungsansätze. Weinheim, München: Juventa-Verl. (Gesundheitsforschung), S. 93–111.

Bundespsychotherapeutenkammer (2019): Homosexualität und Transgeschlechtlichkeit sind keine Krankheiten. BPtK unterstützt nachdrücklich Behandlungsverbot. im Internet: https://www.bptk.de/pressemitteilungen/homosexualitaet-und-transgeschlechtlichkeit-sind-keine-krankheiten/ (letzter Aufruf: 28.08.2024).

Bundesstelle für Sektenfragen (2021): Das Phänomen Verschwörungstheorien in Zeiten der COVID-19-Pandemie. Bericht der Bundesstelle für Sektenfragen. Hg. v. Bundesstelle für Sektenfragen. Wien.

Butler, Judith (1991): Das Unbehagen der Geschlechter. Erstausg., 1. Aufl. Frankfurt am Main: Suhrkamp (Gender studies, 1722 = N.F., Bd. 722).

Butter, Michael (2018): „Nichts ist, wie es scheint". Über Verschwörungstheorien. 1. Aufl. Originalausgabe. Berlin: Suhrkamp (Suhrkamp-E-Books Kultur- und Sozialwissenschaft). Online verfügbar unter http://www.content-select.com/index.php?id=bib_view&ean=9783518757932.

Bynum, William (2008): History of Medicine. A Very Short Introduction. Oxford: Oxford University Press (Very Short Introductions). Online verfügbar unter https://ebookcentral.proquest.com/lib/kxp/detail.action?docID=684585.

Casanova, José (1994): Public religions in the modern world. 8th print. Chicago: University of Chicago press.

CKiD, Christliche Krankenhäuser in Deutschland (2024): Wer wir sind. im Internet: https://christliche-krankenhaeuser.de/#/wer-wir-sind (letzter Aufruf: 28.08.2024).

Comte, Auguste (1891 [1852]): Katechismus der positiven Religion. Leipzig: Wiegand.

Comte, Auguste (1973 [1822]): Plan der wissenschaftlichen Arbeiten die für eine Reform der Gesellschaft notwendig sind. Auguste Comte; Einl. von Dieter Prokop. München: Hanser (Reihe Hanser, 131).

Comte, Auguste (Hg.) (2015 [1844]): Rede über den Geist des Positivismus. Unter Mitarbeit von Iring Fetscher. Hamburg: Felix Meiner Verlag (Philosophische Bibliothek, v. 468).

D'Alembert, Jean Rond (1955 [1751]): Einleitung zur Enzyklopädie von 1751. Unter Mitarbeit von Erich Köhler und Annemarie Heins. Hamburg: F. Meiner (Philosophische Bibliothek, Bd. 242).

Dalfert, Ingolf U.; Stoellger, Philipp (2001): Wahrheit, Glaube und Theologie: Zur theologischen Rezeption zeitgenössischer wahrheitstheoretischer Diskussionen. In: Theologische Rundschau 66 (1), S. 36–102.

Damschen, Gregor; Schönecker, Dieter (2003): Der moralische Status menschlicher Embryonen. Pro und contra Spezies-, Kontinuums-, Identitäts- und Potentialitätsargument. Berlin, New York: De Gruyter (De Gruyter Studienbuch).

Darwin, Charles (2018 [1871]): The Descent of Man, and Selection in Relation to Sex. Nachdruck der Ausgabe von. Norderstedt: Hansebooks GmbH.

Darwin, Charles (2019 [1859]): On the Origin of Species. Altenmünster: Jazzybee Verlag.

Delitz, Heike (2020): Gesellschaft als imaginäre Institution. Die Durkheimsche Religionssoziologie. In: Volkhard Krech und Hartmann Tyrell (Hg.): Religionssoziologie um 1900. Eine Fortsetzung. 1. Aufl. Baden-Baden: Ergon Verlag, S. 304–340.

DER, Deutscher Ethikrat (2012): Intersexualität. Stellungnahme. Berlin: DER. Online verfügbar unter https://www.ethikrat.org/fileadmin/Publikationen/Stellungnahmen/deutsch/DER_StnIntersex_Deu_Online.pdf (letzter Aufruf 23.07.2024).

DER, Deutscher Ethikrat (2017): Keimbahneingriffe am menschlichen Embryo: Deutscher Ethikrat fordert globalen politischen Diskurs und internationale Regulierung. Berlin: DER. Online verfügbar unter file://///khsb-fs02.hochschule.khsb.welt/vdi-homes$/silke.guelker/Downloads/empfehlung-keimbahneingriffe-am-menschlichen-embryo.pdf (letzter Aufruf 27.08.2024).

DER, Deutscher Ethikrat (2019): Eingriffe in die menschliche Keimbahn. Stellungnahme. Berlin.

Der Heilige Stuhl (1965): Pastorale Konstitution Gaudium et Spes über die Kirche in der Welt von heute. im Internet: https://www.vatican.va/archive/hist_councils/ii_vatican_council/documents/vat-ii_const_19651207_gaudium-et-spes_ge.html (letzter Aufruf: 22.07.2024).

Dilthey, Wilhelm (1895): Ideen über eine beschreibende und zergliedernde Psychologie. Ausgegeben am 31. Januar 1895. Berlin: Reichsdruckerei.

Dilthey, Wilhelm (1970 [1911]): Das Problem der Religion. Gesammelte Schriften., Bd. 6. Göttingen: Vandenhoeck & Ruprecht. Online verfügbar unter http://nbn-resolving.de/urn/resolver.pl?urn=urn:nbn:de:bvb:12-bsb00107048-8.

Dilthey, Wilhelm (1970 [1883]): Einleitung in die Geisteswissenschaften: Versuch einer Grundlegung für das Studium der Gesellschaft und der Geschichte. Gesammelte Schriften, Bd. 1. Göttingen: Vandenhoeck & Ruprecht. Online verfügbar unter http://nbn-resolving.de/urn/resolver.pl?urn=urn:nbn:de:bvb:12-bsb00107048-8.

Dixon, Thomas; Cantor, Geoffrey; Pumfrey, Stephen (Hg.) (2010): Science and Religion. New Historical Perspectives. Cambridge: Cambridge University Press.

Draper, John William (2009 [1873]): History of the conflict between religion and science. Cambridge u. a.: Cambridge University Press.

Durkheim, Emile (2013 [1933]): The Division of Labour in Society. 2nd. Basingstoke: Palgrave Macmillan.

Durkheim, Emile (2017 [1912]): Die elementaren Formen des religiösen Lebens. 4. Aufl. Berlin: Insel Verlag (Theorie, [86]).

Durkheim, Emile; Mauss, Marcel (1987 [1901/02]): Über einige primitive Formen von Klassifikation. Ein Beitrag zur Erforschung der kollektiven Vorstellungen. In: Hans Joas (Hg.): Emile Durkheim: Schriften zur Soziologie der Erkenntnis. Wiss. Sonderausg., 1. Aufl. Frankfurt am Main: Suhrkamp, S. 169–256.

Durkheim, Émile (1996 [1893]): Über soziale Arbeitsteilung. Studie über die Organisation höherer Gesellschaften. 2. Aufl. Frankfurt am Main: Suhrkamp (Suhrkamp-Taschenbuch Wissenschaft, 1005).

Eckholt, Margit; Link-Wieczorek, Ulrike; Sattler, Dorothea; Strübind, Andrea (Hg.) (2018): Frauen in kirchlichen Ämtern. Reformbewegungen in der Ökumene. Verlag Herder. Freiburg im Breisgau, Göttingen: Herder; Vandenhoeck & Ruprecht.

Edgell, P.; Gerteis, J.; Hartmann, D. (2006): Atheists As „Other". Moral Boundaries and Cultural Membership in American Society. In: American Sociological Review 71 (2), S. 211–234. DOI: 10.1177/000312240607100203.

Eissa, Tina-Louise (Hg.) (2011): Geschichte der Bioethik. Eine Einführung. Paderborn: Mentis.

EKD, Evangelische Kirche Deutschlands (2023): Stellungnahme des Rates der EKD zur Frage, ob und unter welchen Voraussetzungen eine Regelung zum Schwangerschaftsabbruch außerhalb des Strafgesetzbuchs möglich ist. 11. Oktober 2023. Berlin: EKD.

Engelhardt, Jan Felix (2017): Islamische Theologie im deutschen Wissenschaftssystem. Ausdifferenzierung und Selbstkonzeption einer neuen Wissenschaftsdisziplin. Wiesbaden: Springer VS.

Engels, Eve-Marie (Hg.) (2009a): Charles Darwin und seine Wirkung. Orig.-Ausg., 1. Aufl. Frankfurt am Main: Suhrkamp (Suhrkamp-Taschenbuch Wissenschaft, 1903).

Engels, Eve-Marie (2009b): Charles Darwin: Person, Theorie, Rezeption. Zur Einführung. In: Eve-Marie Engels (Hg.): Charles Darwin und seine Wirkung. Orig.-Ausg., 1. Aufl. Frankfurt am Main: Suhrkamp (Suhrkamp-Taschenbuch Wissenschaft, 1903), S. 9–57.

Eßbach, Wolfgang (1988): Die Junghegelianer. Zugl.: Göttingen, Univ., Habil.-Schr. Fink, München.

Eßbach, Wolfgang (2019): Religionssoziologie 2. Entfesselter Markt und Artifizielle Lebenswelt als Wiege neuer Religionen. 1. Aufl. Paderborn: Verlag Wilhelm Fink (Religionssoziologie 1 + 2, 2).

Evangelisch Lutherische Landeskirche Hannovers (2024): Studienorte. im Internet: https://www.theologie-studieren.de/themen/vor_dem_studium/studienorte (letzter Aufruf: 21.07.2024).

Evans, Christopher H. (2013): Histories of American Christianity: An Introduction. Waco, Texas: Baylor University Press.

Evans, M. S. (2008): Defining the public, defining sociology. Hybrid science—public relations and boundary-work in early American sociology. In: Public Understanding of Science 18 (1), S. 5–22. DOI: 10.1177/0963662506071283.

Fabian, Gregor; Heger, Christophe; Fedzin, Merritt (2024): Barometer für die Wissenschaft. Ergebnisse der Wissenschaftsbefragung 2023. Berlin: DZHW (DZHW Monitoringbericht 2024). Online verfügbar unter https://www.wb.dzhw.eu/downloads/wibef_barometer2023.pdf?wt_zmc=nl.int.zonaudev.112331552451_450881217837.nl_ref (letzter Aufruf: 30.08.2024).

Fennema, Jan; Paul, Iain (Hg.) (1990): Science and religion. One world – changing perspectives on reality?; papers. European conference on science and religion. Dordrecht: Kluwer Academic (European conference on science and religion, 2).

Fischer, Klaus (2015): Galileo Galilei. Biographie seines Denkens. 1. Aufl. Stuttgart: Kohlhammer Verlag.

Fleck, Ludwik (Hg.) (2015 [1935]): Entstehung und Entwicklung einer wissenschaftlichen Tatsache. Einführung in die Lehre vom Denkstil und Denkkollektiv. 10. Aufl. Frankfurt am Main: Suhrkamp (Suhrkamp-Taschenbuch Wissenschaft, 312).

Fölsing, Albrecht (1996 [1983]): Galileo Galilei – Prozeß ohne Ende. Eine Biographie. Überarb. Neuausg. Reinbek bei Hamburg: Rowohlt (rororo rororo-Sachbuch rororo science, 60118).

Fornet-Betancourt, Raúl (Hg.) (2001): Befreiungstheologie. Kritischer Rückblick und Perspektiven für die Zukunft. Mainz: Matthias-Grünewald-Verl.

Foundation for Shamanic Studies in Europe (2024): Was ist Schamanismus? Im Internet: https://www.shamanism.eu/de/was-ist-schamanismus (letzter Aufruf: 28.08.2024).

Franke, Alexa (2006): Modelle von Gesundheit und Krankheit. Bern: Verlag Hans Huber (Lehrbuch Gesundheitswissenschaften).

Frick, Eckhard S. J. (2011): Spiritual Care in der Humanmedizin: Profilierung und Vernetzung. In: Constantin Klein, Hendrik Berth und Friedrich Balck (Hg.): Gesundheit – Religion – Spiritualität. Konzepte, Befunde und Erklärungsansätze. Weinheim, München: Juventa-Verl. (Gesundheitsforschung), S. 407–420.

Frietsch, Ute (2008): Häresie und „pseudo-scientia". Zur Problematisierung von Alchemie, Chymiatrie und Physik in der Frühen Neuzeit. In: Dirk Rupnow, Veronika Lipphardt, Jens Thiel und Christina Wessely (Hg.): Pseudowissenschaft. Konzeptionen von Nichtwissenschaftlichkeit in der Wissenschaftsgeschichte. Orig.-Ausg., 1. Aufl. Frankfurt am Main: Suhrkamp (Suhrkamp-Taschenbuch Wissenschaft, 1897), S. 51–76.

Fuchs, Michael (2005): Nationale Ethikräte. Hintergründe, Funktionen und Arbeitswesen im Vergleich. Berlin: Nationaler Ethikrat.

Gärtner, Claudia; Herbst, Jan-Hendrik (Hg.) (2020): Kritisch-emanzipatorische Religionspädagogik. Diskurse zwischen Theologie, Pädagogik und Politischer Bildung. Springer Fachmedien Wiesbaden. 1. Aufl. 2020. Wiesbaden: Springer Fachmedien Wiesbaden.

Gause, Ute (2024): Christentum – protestantisch. In: Birgit Heller und Edith Franke (Hg.): Religion und Geschlecht. Berlin/Boston: De Gruyter (De Gruyter Studium), S. 205–211.

gbs, Giordano Bruno Stiftung (Hg.) (2024): Denkfabrik für Humanismus und Aufklärung. im Internet: https://www.giordano-bruno-stiftung.de/denkfabrik-fuer-humanismus-aufklaerung (Letzter Aufruf: 19.07.2024).

Gehring, Petra (2012): Fragliche Expertise. Zur Etablierung von Bioethik in Deutschland. In: Michael Hagner (Hg.): Wissenschaft und Demokratie. Originalausgabe, 1. Aufl. Berlin: Suhrkamp (Edition Unseld, 47), S. 112–139.

Gehring, Petra (2016): Ethik als Realexperiment von Rechtspolitik. Zum Dreiecksverhältnis von Bioethik, Recht und Politik. In: Jahrbuch für Wissenschaft und Ethik 20 (1), S. 143–162.

Gernhardt, Robert (1996): Über alles. Ein Lese- und Bilderbuch. Hg. v. Ingrid Heinrich-Jost. Frankfurt am Main: Fischer-Taschenbuch-Verl. (Fischer, 12985).

Giberson, Karl W.; Yerxa, Donald A. (2002): Species of Origins. America's Search for a Creation Story. Lanham, Boulder, New York, Oxford: Rowman & Littlefield (American Intellectual Culture).

Ginsburg, Tobias (2018): Die Reise ins Reich. Unter Reichsbürgern. 2. (korrigierte) Aufl. Berlin: Verlag Das Neue Berlin.

Glick, Thomas F.; Martínez, Rafael A. (2009): Der Vatikan und die Evolution. Die Haltung des Heiligen Stuhls gegenüber der „katholischen Evolutionstheorie". In: Eve-Marie Engels (Hg.): Charles Darwin und seine Wirkung. Orig.-Ausg., 1. Aufl. Frankfurt am Main: Suhrkamp (Suhrkamp-Taschenbuch Wissenschaft, 1903), S. 397–426.

Glock, Charles Y. (1973): Religion in Sociological Perspektive. Essays in the Empirical Study of Religion. 73.print. Belmont: Wadsworth Publ. (The Wadsworth Series in Sociology).

Goertz, Stephan (2024): Römische Schwellenängste. Ein moraltheologischer Kommentar zu „Fiducia Supplicans". In: Herder Korrespondenz 78 (2), S. 22–24.

Goncalves, Guilherme Leite (2016): Funktionale Differenzierung als Ideologie. Von Niklas Luhmann zur postkolonialen Kritik. In: Kolja Möller und Jasmin Siri (Hg.): Systemtheorie und Gesellschaftskritik. Perspektiven der Kritischen Systemtheorie. digitale Originalausgabe. Bielefeld: transcript Verlag (Sozialtheorie), S. 57–75.

Gould, Stephen Jay (2014 [1997]): Nonoverlapping Magisteria. In: Filozoficzne Aspekty Genezy 11, 7–21.

Graf, Dittmar; Lammers, Christoph (2011): Evolution und Kreationismus in Europa. In: Dittmar Graf (Hg.): Evolutionstheorie – Akzeptanz und Vermittlung im europäischen Vergleich. Berlin, Heidelberg: Springer, S. 9–28.

Große Kracht, Hermann-Josef (2019): Auguste Comte: Catechisme positiviste [Katechismus der positiven Religion] (1852). In: Christel Gärtner und Gert Pickel (Hg.): Schlüsselwerke der Religionssoziologie. Wiesbaden, Heidelberg: Springer VS (Veröffentlichungen der Sektion Religionssoziologie der Deutschen Gesellschaft für Soziologie), S. 57–64.

Grung, Anne Hege (2023): Complexities of spiritual care in plural societies. An introduction. In: Complexities of spiritual care in plural societies. Berlin: De Gruyter, 2023.

Guerra, Duarte Antônio; Souza, Carolina Ortiz; Irigaray, Carlos Teodoro; Da Silva, Carolina Joana (5): Elementos do Bem Viver dos Povos Indígenas Brasileiros. In: Research, Society and Development 12 (2023), S. 1–15. Online verfügbar unter http://dx.doi.org/10.33448/rsd-v12i5.41072 (letzter Aufruf 31.08.2024).

Gülker, Silke (2019a): Bronislaw Malinowski: Magic, Science and Religion (1925). In: Christel Gärtner und Gert Pickel (Hg.): Schlüsselwerke der Religionssoziologie. Wiesbaden, Heidelberg: Springer VS (Veröffentlichungen der Sektion Religionssoziologie der Deutschen Gesellschaft für Soziologie), S. 159–166.

Gülker, Silke (2019b): From „Science and Religion" to „Transcendence in Science", or: What We Can Learn from the (History of) Science and Technology Studies. In: Stephen H. Jones, Rebecca Catto und Tom Kaden (Hg.): Science, Belief and Society: International Perspectives on Religion, Non-Religion and the Public Understanding of Science. Bristol: Policy Press.

Günther, Thomas (2013): German Catholic Identity Matrix. Profilentwicklung in katholischen Gesundheits- und Sozialeinrichtungen. In: Zeitschrift für Medizinische Ethik 59 (1), S. 107–116.

Gutiérrez, Gustavo (1992 [1971]): Theologie der Befreiung. 10., erw. und neubearb. Aufl. Mainz: Matthias-Grünewald-Verl. (Welt der Theologie).

Habermas, Jürgen (1981): Theorie des kommunikativen Handelns. 1. Aufl. Frankfurt am Main: Suhrkamp.

Habermas, Jürgen (1992): Faktizität und Geltung. Beiträge zur Diskurstheorie des Rechts und des demokratischen Rechtsstaats. Frankfurt am Main: Suhrkamp.

Habermas, Jürgen (2002): Glauben und Wissen. Der Preisträger des Friedenspreises des Deutschen Buchhandels zu Säkularisierung in der postsäkularen Gesellschaft und kooperativer Übersetzung religiöser Gehalte. In: Dialog (1), S. 63–74.

Habermas, Jürgen (2019): Auch eine Geschichte der Philosophie. Lizenzausgabe. Frankfurt am Main: Suhrkamp.

Habermas, Jürgen; Ratzinger, Joseph (Hg.) (2005): Dialektik der Säkularisierung. Freiburg im Breisgau: Herder.

Hacking, Ian (1996): Einführung in die Philosophie der Naturwissenschaften. Stuttgart: Reclam (Universal-Bibliothek, 9942).

Hagner, Michael (Hg.) (2012): Wissenschaft und Demokratie. Originalausgabe, 1. Aufl. Berlin: Suhrkamp (Edition Unseld, 47).

Harrison, Peter (2010a): Religion and the early Royal Society. In: Science and Christian Belief 22 (1), S. 3–22.

Harrison, Peter (Hg.) (2010b): The Cambridge Companion to Science and Religion. Cambridge: Cambridge University Press.

Hausen, Karin (2012): Geschlechtergeschichte als Gesellschaftsgeschichte. Göttingen: Vandenhoeck & Ruprecht (Kritische Studien zur Geschichtswissenschaft, Bd. 202).

Hauser, Beatrix (2021): The health imaginary of postural yoga. In: Anthropology & Medicine 28 (3), S. 297–319.

Hehl, Walter (2017): Galileo Galilei kontrovers. Ein Wissenschaftler zwischen Renaissance-Genie und Despot. Wiesbaden: Springer Vieweg.

Heimbach-Steins, Marianne (2022): Sozialethik und Theologie. In: Marianne Heimbach-Steins, Michelle Becka, Johannes J. Frühbauer und Gerhard Kruip (Hg.): Christliche Sozialethik. Grundlagen – Kontexte – Themen: ein Lehr- und Studienbuch. Regensburg: Verlag Friedrich Pustet, S. 62–80.

Heimbach-Steins, Marianne; Becka, Michelle; Frühbauer, Johannes J.; Kruip, Gerhard (Hg.) (2022): Christliche Sozialethik. Grundlagen – Kontexte – Themen: ein Lehr- und Studienbuch. Verlag Friedrich Pustet. Regensburg: Verlag Friedrich Pustet.

Heimbach-Steins, Marianne; Könemann, Judith; Suchhardt-Kroll, Verena (Hg.) (2021): Gender (Studies) in der Theologie. Begründungen und Perspektiven. Aschendorffsche Verlagsbuchhandlung. Münster: Aschendorff Verlag (Münsterische Beiträge zur Theologie, Neue Folge, Bd. 4).

Heimbach-Steins, Marianne; Schüller, Thomas; Wolf, Judith (Hg.) (2017): Katholische Krankenhäuser – herausgeforderte Identität. Paderborn: Verlag Ferdinand Schöningh (Schöningh, Fink and mentis Religious Studies, Theology and Philosophy E-Books Online, Collection 2013–2017, ISBN, 9).

Heimerl, Theresia (2024): Christentum: katholisch. In: Birgit Heller und Edith Franke (Hg.): Religion und Geschlecht. Berlin/Boston: De Gruyter (De Gruyter Studium), S. 197 – 204.

Heintz, Bettina. (2000): Die Innenwelt der Mathematik. Zur Kultur und Praxis einer beweisenden Disziplin/Bettina Heintz. Wien: Springer (Ästhetik und Naturwissenschaften, 1430–5321).

Heller, Birgit; Franke, Edith (2024): Methodologische und theoretische Grundlagen. In: Birgit Heller und Edith Franke (Hg.): Religion und Geschlecht. Berlin/Boston: De Gruyter (De Gruyter Studium), S. 17–53.

Hempelmann, Reinhard (2014): Vision einer religionsfreien Welt. Der Neue Atheismus hat verschiedene Facetten. In: Herder Korrespondenz Spezial (1), S. 2–5.

Hero, Markus (2011): Der Markt für spirituelles Heilen. Seine soziologische Betrachtung seiner Akteure und Institutionen. In: Constantin Klein, Hendrik Berth und Friedrich Balck (Hg.): Gesundheit – Religion – Spiritualität. Konzepte, Befunde und Erklärungsansätze. Weinheim, München: Juventa-Verl. (Gesundheitsforschung), S. 149–162.

Herwig, Malte (2016): Evolutionsbiologe Richard Dawkins „Jede Nacht werde ich vorübergehend geisteskrank". In: Stern, 06.09.2016.

Herzog, Markwart (2023): Fußball – eine Weltreligion im 21. Jahrhundert. In: Zeitschrift für Fußball und Gesellschaft 4 (2), S. 77–92. DOI: 10.3224/fug.v4i2.02.

Heuser, Harro (2005): Der Physiker Gottes. Isaac Newton oder die Revolution des Denkens. Orig.-Ausg. Freiburg im Breisgau, Basel, Wien: Herder (Herder-Spektrum, Bd. 5591).

Himmelrath, Armin (2022): Vollbrecht-Tweet darf als Leugnung von NS-Verbrechen bezeichnet werden. Urteil gegen umstrittene Biologie-Doktorandin. In: Spiegel online, 11.11.2022. Online verfügbar unter https://www.spiegel.de/panorama/bildung/marie-luise-vollbrecht-verliert-streit-um-meinungsaeusserung-a-fabb1812-5a5c-4b52-8982-590f5b0e6f2f (letzter Aufruf: 23.07.2024).

Hochgeschwender, Michael (2017a): Der amerikanische Evangelikalismus bis 1950. In: Frederik Elwert, Martin Radermacher und Jens Schlamelcher (Hg.): Handbuch Evangelikalismus. 1. Aufl. Bielefeld: transcript (Religionswissenschaft, 5), S. 73–94.

Hochgeschwender, Michael (2017b): Der nordamerikanische Evangelikalismus nach 1950. In: Frederik Elwert, Martin Radermacher und Jens Schlamelcher (Hg.): Handbuch Evangelikalismus. 1. Aufl. Bielefeld: transcript (Religionswissenschaft, 5), S. 109–128.

Hofmann, Annette R.; Wessel, Anne (2020): The Health Movement of the German Priest Sebastian Kneipp (1821–1897) and his Approach Towards Physical Activity. In: Michael Krüger und Annette R. Hofmann (Hg.): Sportgeschichte in Deutschland. Herausforderungen und internationale Perspektiven = Sport history in Germany : challenges and international perspectives. Wiesbaden, Germany: Springer VS (Bildung und Sport, Bd. 22), S. 247–264.

Hoping, Helmut; Striet, Magnus; Orth, Stefan (Hg.) (2023): Gott, Freund der Freiheit. Ein Streitgespräch. Verlag Herder. Freiburg im Breisgau, Basel, Wien: Herder.

Hunter, James Davison (1983): American evangelicalism. Conservative religion and the quandary of modernity. 3. print. New Brunswick, NJ: Rutgers University Press.

Hurrelmann, Klaus; Richter, Matthias (Hg.) (2016): Soziologie von Gesundheit und Krankheit. Springer Fachmedien Wiesbaden GmbH. 1. Aufl. 2016. Wiesbaden: Springer Fachmedien Wiesbaden.

Hvidt, Niels Christian; Tomra Nielsen, Kristina; Kørup, Alex K. (2020): What is spiritual care? Professional perspectives on the concept of spiritual care identified through group concept mapping. In: BMJ Open 10, S. 1–10.

Institut für Sexualwissenschaft und Sexualmedizin (2024): Forschung am Institut für Sexualwissenschaft und Sexualmedizin. im Internet: https://sexualmedizin.charite.de/forschung/ (Letzter Aufruf: 30.08.2024).

Joas, Hans (2009): Die religiöse Situation in den USA. In: Bertelsmann Stiftung (Hg.): Woran glaubt die Welt? Analysen und Kommentare zum Religionsmonitor 2008. Gütersloh: Bertelsmann, S. 329–347.

Joas, Hans (2015): Die Sakralität der Person. Eine neue Genealogie der Menschenrechte. [Ny utg.]. Berlin: Suhrkamp.

Jonsen, Albert R. (1998): The Birth of Bioethics. New York: Oxford University Press Incorporated. Online verfügbar unter https://ebookcentral.proquest.com/lib/kxp/detail.action?docID=3053670.

Kaden, Tom (2011): Was ist neu am Neuen Atheismus? Geistesgeschichtliche und soziologische Perspektiven. In: Philosophische Rundschau 58, S. 22–34.

Kaden, Tom (2014): Kreationismus und Antikreationismus in den Vereinigten Staaten. Eine konfliktsoziologische Untersuchung. Wiesbaden: Harrassowitz.

Kaden, Tom; Schmidt-Lux, Thomas (2016): Scientism and atheism then and now. The role of science in the Monist and New Atheist writings. In: Culture and Religion 17 (1), S. 73–91. DOI: 10.1080/14755610.2016.1160944.

Kant, Immanuel (1968 [1781]): Kritik der reinen Vernunft. 2. Aufl. 1787. In: Kants Werke. Akademie Ausgabe. Unveränderter Photomechanischer Abdruck des Textes der von der Preußischen Akademie der Wissenschaften 1902 begonnenen Ausgabe von Kants gesammelten Schriften. Berlin: Walter de Gruyter & Co.

Keller, Reiner; Reichertz, Jo; Knoblauch, Hubert (2013): Kommunikativer Konstruktivismus. Theoretische und empirische Arbeiten zu einem neuen wissenssoziologischen Ansatz. Wiesbaden: Springer Fachmedien Wiesbaden; Imprint; Springer VS (Wissen, Kommunikation und Gesellschaft, Schriften zur Wissenssoziologie).

Kern, Bruno (2013): Theologie der Befreiung. Tübingen, Basel: Francke (UTB, 4027).

Kessler, Christian S.; Wischnewsky, Manfred; Michalsen, Andreas; Eisenmann, Clemens; Melzer, Jörg (2013): Ayurveda: Between Religion, Spirituality, and Medicine. In: Evidence-based Complementary and Alternative Medicine (1).

Klöppel, Ulrike (2015): XX0XY ungelöst. Hermaphroditismus, Sex und Gender in der deutschen Medizin. Eine historische Studie zur Intersexualität. Bielefeld: transcript Verlag (GenderCodes – Transkriptionen zwischen Wissen und Geschlecht, 12).

KNA, Katholische Nachrichten-Agentur (2018): Vatikan bestätigt Wucherpfennig jetzt doch als Hochschulrektor. Verständnis für Homosexualität. In: Frankfurter Allgemeine Zeitung, 15.11.2018. Online verfügbar unter https://www.faz.net/aktuell/rhein-main/vatikan-bestaetigt-wucherpfennig-als-hochschulrektor-15892741.html (letzter Aufruf: 22.07.2024).

Knoblauch, Hubert (1999): Religionssoziologie. Berlin, New York: De Gruyter (Sammlung Göschen, 2094).

Knoepffler, Nikolaus (2004): Menschenwürde in der Bioethik. Berlin, Heidelberg: Springer Berlin/Heidelberg. Online verfügbar unter https://ebookcentral.proquest.com/lib/kxp/detail.action?docID=6303345.

Knoepffler, Nikolaus; Kunzmann, Peter; O'Malley, Martin (Hg.) (2011): Facetten der Menschenwürde. 1. Aufl. Baden-Baden: Verlag Karl Alber (Alber-Reihe Philosophie). Online verfügbar unter https://www.nomos-elibrary.de/10.5771/9783495997284.

Koch, Anne (2006): Wie Medizin und Heilsein wieder verwischen. Ethische Plausibilisierungsmuster des Ayurveda im Westen. In: Zeitschrift für Medizinische Ethik 52 (2), S. 169–182.

Kongregation für die Glaubenslehre (1984): Instruktion über einige Aspekte der „Theologie der Befreiung". im Internet: https://www.vatican.va/roman_curia/congregations/cfaith/documents/rc_con_cfaith_doc_19840806_theology-liberation_ge.html (letzter Aufruf: 22.07.2024).

Kopp, Matthias (2019): Stellungnahme des Deutschen Ethikrates „Eingriffe in die menschliche Keimbahn". Bonn: Deutsche Bischofskonferenz.

Krippner, Bernd; Pollmann, Arnd (2004): Bioethik-Kommissionen in Deutschland – Ein Überblick. In: MenschenRechtsMagazin 9 (4), S. 239–254.

Kriwy, Peter; Jungbauer-Gans, Monika (Hg.) (2018): Handbuch Gesundheitssoziologie. Wiesbaden: VS Verlag für Sozialwissenschaften (Living reference work).

Kuhn, Thomas S. (1962): The structure of scientific revolutions. Chicago: University of Chicago press.

Küng, Alice (2021): Was Verschwörungstheorien mit Religion zu tun haben. Zürich: Katholisches Medienzentrum. Online verfügbar unter https://www.kath.ch/newsd/was-verschwoerungstheorien-mit-religion-zu-tun-haben/ (letzter Aufruf: 27.08.2024).

Latour, Bruno (1993): We have never been modern. Cambridge, Massachusetts: Harvard University Press.

Latour, Bruno (2002): Jubiler ou les tourments de la parole religieuse. Texte imprimé. Paris: Les Empecheurs de Penser en Rond.

Latour, Bruno (2005): Reassembling the social. An introduction to actor-network-theory. USA: Oxford University Press.

Latour, Bruno (2011): Jubilieren. Über religiöse Rede. 1., neue Ausg. Berlin: Suhrkamp.

Latour, Bruno; Woolgar, Steve (1986): Laboratory Life. The Construction of Scientific Facts. 2 Edition. Princeton (NJ).

Lehming, Malte (2018): Genmanipulierte Babys in China. Das Sein steht über dem Design. In: Der Tagesspiegel am 27.8.2018. Im Internet: https://www.tagesspiegel.de/politik/genmanipulierte-babys-in-china.

Leven, Karl-Heinz (2019): Geschichte der Medizin. Von der Antike bis zur Gegenwart. 3., überarbeitete und aktualisierte Aufl. München: C. H. Beck (C. H. Beck Wissen). Online verfügbar unter https://ebookcentral.proquest.com/lib/kxp/detail.action?docID=6990263.

Lob-Hüdepohl, Andreas (2019): Pressekonferenz anlässlich der Veröffentlichung der Stellungnahme „Eingriffe in die menschliche Keimbahn". Jahrestagung des Deutschen Ethikrates. Statement. Berlin, 9. Mai 2019. Berlin: DER. Online verfügbar unter https://www.ethikrat.org/fileadmin/PDF-Dateien/Pressekonferenzen/pk-2019-05-09-lob-huedepohl.pdf (letzter Aufruf: 27.08.2024).

Lob-Hüdepohl, Andreas (2023): Zwischen „männlich" und „weiblich" – eine Spurensuche im sexualmedizinischen Befund zur sexuellen Identität. In: Konrad Hilpert und Jochen Sautermeister (Hg.): Kirchliche Sexualmoral vor dem Abgrund? Theologische Perspektiven zum Synodalen Weg. Freiburg im Breisgau, Basel, Wien: Herder (Katholizismus im Umbruch, Bd. 16), S. 171–182.

Łowicki, Paweł; Marchlewska, Marta; Molenda, Zuzanna; Karakula, Adam; Szczepańska, Dagmara (2022): Does religion predict coronavirus conspiracy beliefs? Centrality of religiosity, religious fundamentalism, and COVID-19 conspiracy beliefs. In: Personality and Individual Differences 187.

Luhmann, Niklas (1995): Gesellschaftsstruktur und Semantik, Bd. 4. 1. Aufl. Frankfurt am Main: Suhrkamp.

Luhmann, Niklas (2015 [2000]): Die Religion der Gesellschaft. 4. Aufl. Frankfurt am Main: Suhrkamp (Theorie der Gesellschaft/Niklas Luhmann, 1581).

Luhmann, Niklas (2016 [1982]): Funktion der Religion. 8. Aufl. Frankfurt am Main: Suhrkamp.

Lüke, Ulrich; Schnakenberg, Jürgen; Souvignier, Georg (Hg.) (2011): Darwin und Gott. Das Verhältnis von Evolution und Religion. Sonderausg. Darmstadt: Wiss. Buchges (WBG-Bibliothek).

Ma, Hong; Nuria Marti-Gutierrez; Sang-Wook Park; Jun Wu; Yeonmi Lee; Keiichiro Suzuki et al. (2017): Correction of a pathogenic gene mutation in human embryos. In: Nature, S. 416–419.

Makoski, Kyrill (2010): Kirchliche Krankenhäuser und staatliche Finanzierung. Geschichte, Ausgestaltung, verfassungsrechtliche Anforderungen. Zugl.: Düsseldorf, Univ., Diss., 2009. 1. Aufl. Frankfurt am Main: Lang (Schriften zum Staatskirchenrecht, 49).

Malinowski, Bronislaw; Redfield, Robert (1948): Magic, science and religion. And other essays. Glencoe, Illinois: The Free Press.

Marx, Karl (1973 [1882a]): Die Klassenkämpfe in Frankreich 1848–1850. In: Karl Marx und Friedrich Engels (Hg.): Werke. 4. Aufl. 1973, unveränderter Nachdruck der 1. Aufl. 1962, Bd. 7. Berlin. DDR: (Karl) Dietz Verlag, S. 9–107.

Marx, Karl (1973 [1882b]): Zur Kritik der Hegelschen Rechtsphilosophie. In: Karl Marx und Friedrich Engels (Hg.): Werke. 4. Aufl. 1973, unveränderter Nachdruck der 1. Aufl. 1962, Bd. 1. Berlin. DDR: (Karl) Dietz Verlag, S. 378–391.

Marx, Karl; Engels, Friedrich (1973 [1882]): Statuten des Bundes der Kommunisten. In: Karl Marx und Friedrich Engels (Hg.): Werke. 4. Aufl. 1973, unveränderter Nachdruck der 1. Aufl. 1962, Bd. 4. Berlin. DDR: (Karl) Dietz Verlag, S. 596–601.

Mazón, Patricia M. (2003): Gender and the modern research university. The admission of women to German higher education, 1865–1914. Orig. print. Stanford, Calif.: Stanford University Press.

McGrath, Alister E. (2001): Naturwissenschaft und Religion. Eine Einführung. Freiburg im Breisgau, Basel, Wien: Herder.

Meier, Christoph; Roser, Traugott (2011): Medizin und Theologie in gemeinsamer Sorge für kranke und sterbende Menschen. In: Praktische Theologie.

Mertens, Lothar (1989): Die Entwicklung des Frauenstudiums in Deutschland bis 1945. In: Aus Politik und Zeitgeschichte 28 (3–12).

Merton, Robert K. (1942): The Normative Structure of Science. In: Robert K. Merton und Norman William Storer (Hg.): The sociology of science. Theoretical and empirical investigations. Chicago: University of Chicago press, S. 267–278.

Mill, John Stuart (2016 [1865]): Auguste Comte and Positivism. Milano: John Stuart Mill.

Müke, Marcel; Tranow, Ulf; Schnabel, Annette; Menouar, Yasemin el (2023): Zusammenleben in religiöser Vielfalt. Warum Pluralität gestaltet werden muss. Gütersloh: Bertelsmann Stiftung (Religionsmonitor, 2023).

Næss, Atle (2006 [2002]): Als die Welt still stand. Galileo Galilei – verraten, verkannt, verehrt. Berlin, Heidelberg, New York: Springer.

Näser-Lather, Marion (2021): Wissenschaftler_innen vs. Gender Studies. Argumentationen, Wirkungen und Kontexte einer ‚wissenschafts'-politischen Debatte. In: Annette Henninger und Ursula Birsl (Hg.): Antifeminismen. ‚Krisen'-Diskurse mit gesellschaftsspaltendem Potential? Bielefeld, Germany: transcript Verlag, 105–148.

Nestler, Ralf (2015): Eingriff in die menschliche Keimbahn „Ein Moratorium ist absolut nötig". In: Tagesspiegel, 24.04.2015.

Nocun, Katharina; Lamberty, Pia (2021): Fake facts. Wie Verschwörungstheorien unser Denken bestimmen. Köln: Quadriga.

Numbers, Ronald L. (2010): Scientific Creationsm and Intelligent Design. In: Peter Harrison (Hg.): The Cambridge Companion to Science and Religion. Cambridge: Cambridge University Press, S. 127–147.

Oevermann, Ulrich (1996): Strukturmodell von Religiosität. In: Karl Gabriel (Hg.): Religiöse Individualisierung oder Säkularisierung. Biographie und Gruppe als Bezugspunkte moderner Religiosität. Gütersloh, S. 29–40.

Organizing Committee for the International Summit on Human Gene Editing (2015): On Human Gene Editing: International Summit Statement: im Internet: http://www8.nationalacademies.org/onpinews/newsitem.aspx?RecordID=12032015a, letzter Zugriff: 7.11.2017.

Ostner, Ilona (1991): „Weibliches Arbeitsvermögen" und soziale Differenzierung. In: Leviathan 19 (2), S. 192–207.

Pannenberg, Wolfhart (1977): Wissenschaftstheorie und Theologie. Wiss. Sonderausg., 1. Aufl. Frankfurt am Main: Suhrkamp.

Park, Katharine (2023): The Myth of the „One-Sex" Body. In: Isis 114 (1), S. 150–175.

Parsons, Talcott (1951): The social system. New York, NY: Free press.

Parsons, Talcott (1968 [1937]): The structure of social action. 1. A study in social theory with special reference to a group of recent European writers. New York, N.Y.: Free Pr.

Petrin, Susanna (2023): Im Himmel gibt es keine Hierarchie» – Kann man feministisch und religiös zugleich sein? In: Neue Züricher Zeitung, 10.01.2023. Online verfügbar unter https://www.nzz.ch/feuilleton/im-himmel-gibt-es-keine-hierarchie-ld.1719146 (letzter Aufruf: 23.07.2023).

Petzke, Martin (2020): Religionssoziologie und Differenzierungstheorie um 1900. In: Volkhard Krech und Hartmann Tyrell (Hg.): Religionssoziologie um 1900. Eine Fortsetzung. 1. Aufl. Baden-Baden: Ergon Verlag, 35–91.

Peukert, Helmut (2009 [1976]): Wissenschaftstheorie – Handlungstheorie – fundamentale Theologie. Analysen zu Ansatz und Status theologischer Theoriebildung. 3. Aufl. Frankfurt am Main: Suhrkamp (Suhrkamp-Taschenbuch Wissenschaft, 231).

Pickel, Gert (2011): Religionssoziologie. Wiesbaden: VS Verlag für Sozialwissenschaften.

Pickel, Gert; Yaeckel, Yvonne; Yendell, Alexander (2019): Konfessionslose – Kirchenfern, indifferent, religionslos oder atheistisch? In: Pascal Siegers, Sonja Schulz und Oshrat Hochman (Hg.): Einstellungen und Verhalten der deutschen Bevölkerung. Analysen mit dem ALLBUS. Wiesbaden, Heidelberg: Springer VS (Blickpunkt Gesellschaft), S. 123–152.

Polak, Regina (2024): Die Rolle der Theologie im Synodalen Prozess. Geist versus Intellekt – Dienst versus Macht – Einheit versus Vielfalt. In: Julia Knop (Hg.): Gottes starke Töchter. Frauen und Ämter im Katholizismus weltweit. 1. Aufl. München: Verlag Herder, S. 25–27.

Pollack, Detlef (1995): Was ist Religion? In: Zeitschrift für Religionswissenschaft 3 (2), S. 163–190. DOI: 10.1515/0023.163.

Pollack, Detlef (2007): Religion und Moderne. Versuch einer Bestimmung ihres Verhältnisses. Bochum. Bochum: SBR-Schriften.

Pollack, Detlef (2012): Säkularisierung – ein moderner Mythos? In: Studien zum religiösen Wandel in Deutschland; [1]: Säkularisierung – ein moderner Mythos? Tübingen: Mohr Siebeck, 2012.

Pollack, Detlef (2018): Säkularisierung. In: Detlef Pollack, Volkhard Krech, Olaf Müller und Markus Hero (Hg.): Handbuch Religionssoziologie. Wiesbaden: Springer Fachmedien Wiesbaden (Veröffentlichungen der Sektion Religionssoziologie der Deutschen Gesellschaft für Soziologie), S. 303–327.

Pollack, Detlef (2019): Niklas Luhmann: Funktion der Religion (1977). In: Christel Gärtner und Gert Pickel (Hg.): Schlüsselwerke der Religionssoziologie. Wiesbaden, Heidelberg:

Springer VS (Veröffentlichungen der Sektion Religionssoziologie der Deutschen Gesellschaft für Soziologie), S. 323–333.

Pollack, Detlef (2021): Säkularisierung. In: Lexikon für Kirchen- und Religionsrecht. DOI: 10.30965/9783506786401_0016.

Pollack, Detlef; Krech, Volkhard; Müller, Olaf; Hero, Markus (Hg.) (2018): Handbuch Religionssoziologie. Wiesbaden: Springer Fachmedien Wiesbaden (Veröffentlichungen der Sektion Religionssoziologie der Deutschen Gesellschaft für Soziologie).

Popper, Karl R. (1945): Die offene Gesellschaft und ihre Feinde, Bd. II. Falsche Propheten. Hegel, Marx und die Folgen. Tübingen: Mohr.

Popper, Karl R. (1959 [1934]): The logic of scientific discovery. New York.

Popper, Karl R. (1997): Das Abgrenzungsproblem (1974). In: Karl R. Popper: Karl R. Popper Lesebuch. Ausgewählte Texte zur Erkenntnistheorie, Philosophie der Naturwissenschaften, Metaphysik, Sozialphilosophie. 2., durchges. Aufl. Hg. v. David Miller. Tübingen: UTB/BRO; Mohr Siebeck (UTB S (Small-Format), 2000), S. 103–116.

Prange, Astrid (2015): Befreiungstheologie in Lateinamerika: Gesegnete Revolution. In: taz, 22.05.2015. Online verfügbar unter https://taz.de/Befreiungstheologie-in-Lateinamerika/!5007559/ (letzter Aufruf: 22.07.2024).

Probst, Hans-Ulrich (2022): Fußball als Religion? Eine lebensweltanalytische Ethnographie. 1st ed. Bielefeld: transcript Verlag (rerum religionum. Arbeiten zur Religionskultur, 11). Online verfügbar unter https://elibrary.utb.de/doi/book/10.5555/9783839461105.

Probst, Hans-Ulrich (2023): Religiöse Sinndimensionen unter Fans: Fußball als gelebte Religion. In: Zeitschrift für Fußball und Gesellschaft 4 (2), S. 139–156. DOI: 10.3224/fug.v4i2.10.

Qualbrink, Andrea (2019): Frauen in Leitungspositionen deutscher Ordinariate/Generalvikariate 2018. Studie im Auftrag der Deutschen Bischofskonferenz. im Internet: https://www.kirche-im-mentoring.de/files/uploads/kirche-im-mentoring/pdf/hv_kim_qualbrink_frauen_leitungsposition.pdf (letzter Aufruf: 23.07.2024).

Reichenbach, Hans (1938): Experience and prediction. An analysis of the foundations and the structure of knowledge. Chicago Ill: University of Chicago press.

Repplinger, Roger (1999): Auguste Comte und die Entstehung der Soziologie aus dem Geist der Krise. Frankfurt am Main u. a.: Campus-Verl. (Campus Forschung, 780).

Reynolds, Moira Davison (1999): American women scientists. 23 inspiring biographies, 1900–2000. Jefferson, NC: McFarland.

Riedel-Spangenberger, Ilona (2002): Papst und Bischofskollegium. Träger höchster kirchlicher Autorität und Verantwortung. In: Ilona Riedel-Spangenberger (Hg.): Leitungsstrukturen der katholischen Kirche. Kirchenrechtliche Grundlagen und Reformbedarf. Freiburg im Breisgau, Basel, Wien: Herder (Quaestiones disputatae, Bd. 198), S. 23–49.

Roberto, Anka; Sellon, Alicia; Cherry, Sabrina T.; Hunter-Jones, Josalin; Winslow, Heidi (2020): Impact of spirituality on resilience and coping during the COVID-19 crisis: A mixed-method approach investigating the impact on women. In: Health care for women international 41 (11–12), S. 1313–1334. DOI: 10.1080/07399332.2020.1832097.

Rottländer, Peter (Hg.) (1986): Theologie der Befreiung und Marxismus. Münster: Edition Liberación.

Rusconi, Alessandra; Solga, Heike (Hg.) (2011): Gemeinsam Karriere machen. Die Verflechtung von Berufskarrieren und Familie in Akademikerpartnerschaften. Opladen, Berlin: Budrich.

Salzborn, Samuel (2021): Verschwörungsmythen und Antisemitismus. In: Aus Politik und Zeitgeschichte 35–36, S. 41–47.

Schäfers, Burkhard (2015): Anspruch und Wirklichkeit. Islamische Theologie. im Internet: https://www.deutschlandfunk.de/islamische-theologie-anspruch-und-wirklichkeit-100.html (letzter Aufruf: 22.07.2024).

Schimank, Uwe (2007): Theorien gesellschaftlicher Differenzierung. 3. Aufl. Wiesbaden: VS Verlag für Sozialwissenschaften (Lehrbuch).

Schleiermacher, Friedrich (2002 [1811/1830]): Kurze Darstellung des theologischen Studiums zum Behuf einleitender Vorlesungen (1811/1830). Unter Mitarbeit von Herausgegeben von Dirk Schmid. Berlin: De Gruyter (de Gruyter Texte). Online verfügbar unter https://www.degruyter.com/isbn/9783110864809.

Schleiermacher, Friedrich (2016 [1799]): Über die Religion. Reden an die Gebildeten unter ihren Verächtern. EBook. München: BookRix.

Schmidt-Lux, Thomas (2008): Wissenschaft als Religion. Szientismus im ostdeutschen Säkularisierungsprozess. Würzburg: Ergon Verlag (Religion in der Gesellschaft, Bd. 22).

Schmitt, Stefan (2015): Das Band der Generationen. Forderungen nach einer Denkpause bei Erbgut-Manipulationen kommen keinen Moment zu früh. In: Die Zeit, 19.03.2015.

Schmitz, Annika (2024): Fiducia Supplicans: Die 10-Sekunden-Regel. In: Herder Korrespondenz 78 (2), S. 9–10,

Schnabel, Annette (2012): Religion und soziale Integration – Europa als Anwendungsfall einer Mehrebenen-Analyse. In: Detlef Pollack, Ingrid Tucci und Hans-Georg Ziebertz (Hg.): Religiöser Pluralismus im Fokus quantitativer Religionsforschung. Wiesbaden: Springer VS (Veröffentlichungen der Sektion Religionssoziologie der Deutschen Gesellschaft für Soziologie), S. 371–386.

Scholtz, Gunter (2011): Diltheys „Problem der Religion". In: Archiv für Kulturgeschichte 93 (2), S. 257–282.

Schöpfer, Hans (1979): Lateinamerikanische Befreiungstheologie. Stuttgart, Berlin, Köln, Mainz: Kohlhammer (Urban-Taschenbücher, Bd. 649: T-Reihe).

Schößler, Franziska (2010): Einführung in die Gender Studies. München: Oldenbourg Akademieverlag (Akademie Studienbücher Literaturwissenschaft).

Schüller, Thomas (2017): Lehrerlaubnis für katholische Theologinnen und Theologen an Hochschulen und Schulen. Eine kirchenrechtliche Bestandsaufnahme. In: Rauf Ceylan und Clauß Peter Sajak (Hg.): Freiheit der Forschung und Lehre? Das wissenschaftsorganisatorische Verhältnis der Theologie zu den Religionsgemeinschaften. Wiesbaden, Heidelberg: Springer VS, S. 93–124.

Schüngel-Straumann, Helen (2015): Feministische Theologie und Gender. Interdisziplinäre Perspektiven. Zürich etc.: Lit-Verlag (Internationale Forschungen in Feministischer Theologie und Religion, 4).

Schütz, Alfred; Luckmann, Thomas (2017 [1979]): Strukturen der Lebenswelt. Konstanz: UVK (284).

Schwaiger, Lisa; Schneider, Jörg; Eisenegger, Mark; Nchakga, Camille (2023): Verschwörung als Ersatzreligion? Religiosität, Spiritualität und Verschwörungsaffinität in Zeiten gesellschaftlicher Krisen. In: Zeitschrift für Religion, Gesellschaft und Politik 7, 617–638.

Schwinn, Thomas (2019): Max Weber: Zwischenbetrachtungen: Theorie der Stufen und Richtungen religiöser Weltablehnung (1916). In: Christel Gärtner und Gert Pickel (Hg.): Schlüsselwerke der Religionssoziologie. Wiesbaden, Heidelberg: Springer VS (Veröffentlichungen der Sektion Religionssoziologie der Deutschen Gesellschaft für Soziologie), S. 141–149.

Sekretariat der Deutschen Bischofskonferenz (2024): Studienorte in Deutschland. im Internet: https://www.katholische-theologie.info/studienorte (letzter Aufruf: 21.07.2024).

Silber, Stefan (2021): Postkoloniale Theologien. Eine Einführung. Tübingen: Narr Francke Attempto (UTB, Nr. 5669).

Simmel, Georg (2017 [1919]): Der Begriff und die Tragödie der Kultur. Gesamtausgabe, Bd. 14: Hauptprobleme der Philosophie. Philosophische Kultur. 1. Aufl. Hg. v. Rüdiger Kramme und Otthein Rammstedt. Berlin: Suhrkamp Verlag.

Spencer, Herbert (2009 [1862]): First Principles. Nachdruck der Ausg. 1862. Cambridge/New York: Cambridge University Press (Cambridge University Press Books of Enduring Scholarly Value).

Literaturverzeichnis

Statistisches Bundesamt (2023a): Frauenanteile an Hochschulen in Deutschland nach akademischer Laufbahn in den Jahren 2020 bis 2022. im Internet: https://de.statista.com/statistik/daten/studie/249318/umfrage/frauenanteile-an-hochschulen-in-deutschland/ (letzter Aufruf: 23.07.2024).

Statistisches Bundesamt (2023b): Gender Pay Gap 2022: Frauen verdienten pro Stunde 18 % weniger als Männer. Pressemitteilung vom 30.1.2023. im Internet: https://www.destatis.de/DE/Presse/Pressemitteilungen/2023/01/PD23_036_621.html (letzter Aufruf: 23.07.2024).

Statistisches Bundesamt (2023c): Krankenhäuser 2022 nach Trägern und Bundesländern. im Internet: https://www.destatis.de/DE/Themen/Gesellschaft-Umwelt/Gesundheit/Krankenhaeuser/Tabellen/eckzahlen-krankenhaeuser.html (letzter Aufruf: 28.08.2024).

Statistisches Bundesamt (2024a): Anzahl der deutschen Krankenhäuser nach Trägerschaft in den Jahren 2000 bis 2022. Im Internet: https://de.statista.com/statistik/daten/studie/157072/umfrage/anzahl-der-krankenhaeuser-nach-traegerschaft/#statisticContainer (Letzter Aufruf: 28.08.2024).

Statistisches Bundesamt (2024b): Anzahl von Pflegeheimen in Deutschland nach Trägerschaft in den Jahren 1999 bis 2021. Im Internet: https://de.statista.com/statistik/daten/studie/201876/umfrage/anzahl-von-pflegeheimen-nach-traegerschaft-in-deutschland/ (Letzter Aufruf: 28.08.2024).

Strehle, Samuel (2019): Karl Marx: Einleitung zur Kritik der Hegelschen Rechtsphilosophie. In: Christel Gärtner und Gert Pickel (Hg.): Schlüsselwerke der Religionssoziologie. Wiesbaden, Heidelberg: Springer VS (Veröffentlichungen der Sektion Religionssoziologie der Deutschen Gesellschaft für Soziologie), S. 45–55.

Studienzentrum der EKD für Genderfragen (2015): Atlas zur Gleichstellung von Frauen und Männern in der evangelischen Kirche in Deutschland. Eine Bestandsaufnahme.

Tschannen, Oliver (1991): The Secularization Paradigm: A Sytematization. In: Journal for the Scientific Study of Religion 30 (3), S. 395–415.

Tuercke, Christoph (1998): Im Würgegriff der Kirche Muß ein Theologe Christ sein? Der Fall Lüdemann – ein Exempel. In: Die Zeit 41, 01.10.1998. Online verfügbar unter https://www.zeit.de/1998/41/Im_Wuergegriff_der_Kirche (letzter Aufruf: 22.07.2024).

Vögele, Wolfgang (2000): Menschenwürde zwischen Recht und Theologie. Zugl.: Heidelberg, Univ., Habil.-Schr., 1998. Kaiser, Gütersloh: Gütersloher Verl.-Haus.

Vögele, Wolfgang (2016): Der moderne Glaube an die Menschenwürde. Philosophie, Soziologie und Theologie im Gespräch mit Hans Joas. In: Theologische Literaturzeitung. Online verfügbar unter http://www.thlz.com/artikel/18746.

Voigt, Friedemann (2008): Religion und Religionsvertreter in ethischen Diskursen und Kommissionen. In: Michael Zichy und Herwig Grimm (Hg.): Praxis in der Ethik. Zur Methodenreflexion in der anwendungsorientierten Moralphilosophie. Berlin/Boston: De Gruyter, S. 249–273.

Volger, Eberhard (2013): Konventionelle Medizin und Naturheilverfahren: historische Aspekte. In: Eberhard Volger (Hg.): Kursbuch Naturheilverfahren. Für die ärztliche Weiterbildung; mit dem Plus im Web, Zugangscode im Buch. 1. Aufl. München: Urban & Fischer in Elsevier, S. 13–21.

Vollbrecht, Marie (2022): Der Vortrag, den ich nicht halten konnte. In: Zeit Online 28, 06.07.2022. Online verfügbar unter https://www.zeit.de/2022/28/marie-luise-vollbrecht-vortrag-humboldt-universitaet (letzter Aufruf: 23.07.2024).

Wagner, Gerhard (2007): Eine Geschichte der Soziologie. Konstanz: UVK (UTB, 2961).

Weber, Hermann (2013): Akademische Theologie an Universitäten – rechtliche Aspekte. In: Walter Homolka und Hans-Gert Pöttering (Hg.): Theologie(n) an der Universität. Akademische Herausforderung im säkularen Umfeld. Berlin, Boston: De Gruyter, S. 31–45.

Weber, Max (1988 [1922]): Die »Objektivität« sozialwissenschaftlicher und sozialpolitischer Erkenntnis. In: Max Weber (Hg.): Gesammelte Aufsätze zur Wissenschaftslehre. Tübingen: J.C.B. Mohr, S. 146–214.
Weber, Max (1988 [1916]): Gesammelte Aufsätze zur Religionssoziologie, Bd. 1 und 2. Tübingen: Mohr.
Weingart, Peter; Wagner, Gert G.; Tintemann, Ute (Hg.) (2015): Wissenschaftliche Politikberatung im Praxistest. 1. Aufl. Weilerswist: Velbrück Wissenschaft.
Wendel, Saskia (2020): In Freiheit glauben. Grundzüge eines libertarischen Verständnisses von Glauben und Offenbarung. 1st ed. Regensburg: Verlag Friedrich Pustet. Online verfügbar unter https://ebookcentral.proquest.com/lib/kxp/detail.action?docID=6128434.
Wendel, Saskia; Breul, Martin (2020): Vernünftig glauben – begründet hoffen. Praktische Metaphysik als Denkform rationaler Theologie. Freiburg im Breisgau, Basel, Wien: Herder.
Wilhelmy-Dollinger, Petra (2000): Die Berliner Salons. Mit historisch-literarischen Spaziergängen. Berlin, New York: De Gruyter.
Wilhelmy-Dollinger, Petra (2017): Salon. Mainz: Institut für Europäische Geschichte.
Wohlrab-Sahr, Monika (2000): Religion – soziale Ordnung – Geschlechterordnung. Zur Bedeutung der Unterscheidung von Reinheit und Unreinheit im religiösen Kontext. In: Ingrid Lukatis, Regina Sommer und Christof Wolf (Hg.): Religion und Geschlechterverhältnis. Opladen: Leske + Budrich (Veröffentlichungen der Sektion „Religionssoziologie" der Deutschen Gesellschaft für Soziologie, Bd. 4), S. 279–298.
Wohlrab-Sahr, Monika; Burchardt, Marian (2012): Multiple Secularities: Toward a Cultural Sociology of Secular Modernities. In: Comparative Sociology 11, S. 875–909.
World Economic Forum (2023): Global Gender Gap Report 2023. Insight Report June 2023. Köln, Genf. Online verfügbar unter https://www3.weforum.org/docs/WEF_GGGR_2023.pdf (letzter Aufruf: 23.07.2024).
WR, Wissenschaftsrat (2010): Empfehlungen zur Weiterentwicklung von Theologien und religionsbezogenen Wissenschaften an deutschen Hochschulen. Köln: WR.

Sachregister

Die Angaben verweisen auf die Seitenzahlen des Buches.

A
AGIL-Schema 50
Alchemie 98
Alternative Medizin 150
Atheismus; Atheist:innen 11, 19, 21, 23, 34–36, 54, 55, 105
Aufklärung 18, 19, 21, 22, 32, 116

B
Befreiungstheologie/Befreiungstheolog:innen 119–122

C
Common Sense 81–83

D
Deutscher Ethikrat 32, 155, 157–159, 161–164
Diskriminierung 34, 127
Diskurstheorie 81

E
Evolution 34, 39, 63, 65, 101, 103, 104
Evolutionstheorie 33, 54, 101, 104, 105

F
Falsifikation 170, 172
Frühzeit der Soziologie 17, 19, 21, 22, 38, 56, 59, 60, 157

G
Genderforschung 132, 133, 135
Geschlechterordnung 34, 125, 129, 130, 132–136, 139

H
Heliozentrisches Weltbild 89, 92
Hippokratischer Eid 145

J
Junghegelianer 18

K
Keimbahn 155, 156, 159, 160, 162, 164, 165
Konstruktivismus 69, 71

Kontingenz(bewältigung) 13, 51, 173
Kreationismus/Kreationist:innen 11, 21, 33, 34, 54
Kultursystem 37, 41, 42, 45

L
Lehramt 110

M
Magie 37, 47, 48
Marxismus 120, 122, 159
Materialismus 31
Missio Canonica 112

N
Naturgesetz 26, 28, 63, 97, 102, 105
Naturheilkunde 143, 150, 151
Neuer Atheismus 21, 34, 36, 55, 105

P
Positivismus 25, 31, 41, 66
Postsäkulare Gesellschaft 80

S
Schamanismus 143, 150, 151
Schwangerschaftsabbruch 155, 156
Sinn 25, 42, 44, 45, 67, 71, 72, 95, 104, 134, 144, 172
Sinnwelten 73, 74, 86, 134, 135
SKIP-Argumente 163, 164
Spiritual Care 150
Spiritualität 150, 152, 174, 175
Synodaler Weg 140
Systemtheorie 37, 49, 50, 52, 135

T
Totemismus 61, 63, 64

W
Weltablehnung 44
Weltbild 19, 32, 34, 77, 87, 89–92, 95, 96, 98, 99, 101, 103, 105, 144, 147, 152, 169, 170
Wertsphäre 37, 43, 45, 46, 56, 69
Wissenssoziologie 69–71, 74

Personenregister

Die Angaben verweisen auf die Seitenzahlen des Buches.

B
Berger, Peter 70
Butler, Judith 133

C
Comte, Auguste 17, 21, 25–31, 34, 35, 41, 42, 44, 46, 47, 69, 91

D
d'Alembert, Jean 22, 23
Darwin, Charles 15, 33, 39, 88, 99, 101–105, 177
Dawkins, Richard 21, 22, 34
Descartes, René 96, 98, 99
Diderot, Denis 22, 23
Durkheim, Émile 13, 40, 59–65, 67–69, 71

E
Engels, Friedrich 18, 19, 29, 31, 32, 101, 102

F
Fleck, Ludwik 59, 60, 65–69, 171

G
Galilei, Galileo 15, 87–93, 95–97, 99, 101, 104, 177
Gould, Steven Jay 37, 49, 54, 55

H
Habermas, Jürgen 55, 59, 70, 75, 80–84, 86, 113, 114, 158, 163, 175
Hegel, Georg Friedrich Wilhelm 19, 29, 171

K
Kant, Immanuel 117, 163

Kopernikus, Nikolaus 89, 90, 92, 93
Kuhn, Thomas 66, 171

L
Latour, Bruno 59, 66, 69, 70, 75–79, 84, 116, 173
Luckmann, Thomas 59, 70–75, 85, 134, 151
Luhmann, Niklas 13, 37, 38, 49–53, 73, 173

M
Mannheim, Karl 70
Marx, Karl 18, 19, 21, 25, 29–32, 63, 69, 120, 122, 159, 171
Mill, John Stuart 29

N
Newton, Isaac 15, 88, 95–99, 101, 104, 177

P
Papst Franziskus 122, 127, 137, 138, 140
Parson, Talcott 49–51
Popper, Karl 170–173, 175

S
Scheler, Max 70
Schütz, Alfred 71, 151
Simmel, Georg 37, 40, 42, 43, 45, 49
Spencer, Herbert 39–42, 46

W
Weber, Max 37, 40, 43, 56, 60, 69

Bereits erschienen in der Reihe
STUDIENKURS RELIGION

Zur Reihe im NomosShop

Globales Christentum
Von Prof. Dr. Yan Suarsana
2024, 243 Seiten, broschiert,
ISBN 978-3-8487-7141-7

Religion und Migration
Von Prof. Dr. Martin Baumann und
Prof. Dr. Alexander-Kenneth Nagel
2023, 243 Seiten, broschiert,
ISBN 978-3-8487-7916-1

Religionen und Tod
Von PD Dr. Anna-Katharina Höpflinger und Yves Müller
2022, 193 Seiten, broschiert,
ISBN 978-3-8487-6714-4

Bereits erschienen in der Reihe STUDIENKURS RELIGION

Religionsvergleich
Von Prof. Dr. Oliver Freiberger
2022, 191 Seiten, broschiert,
ISBN 978-3-8487-6876-9

Religionsphilosophie
Von Prof. Dr. Sebastian Gäb
2022, 242 Seiten, broschiert,
ISBN 978-3-8487-6580-5